물권이야기

오 지 용

이 저서는 2014년도 충북대학교 연구년제 지원에
의하여 저술되었음

머 리 말

물권법은 그 복잡성과 난해성으로 인해 민법의 영역 중 가장 어려운 영역으로 인식되고 있다. 호기를 가지고 민법공부를 시작하던 학생들이 물권법 영역에서 민법에 대한 흥미를 잃는 경우가 많으므로 민법에서 차지하는 물권법 영역의 중요성에 비추어 볼 때 물권법에 대한 좀 더 쉬운 접근이 필요한 상황이다.

본저는 법학전문대학원생에게 물권법을 쉽게 설명하기 위한 목적으로 저술되었다. 따라서 법리설명에 판례의 사안을 통한 실무해설 방식을 도입함으로써 기존의 물권법 학술도서와는 차별되는 물권법 도서를 저술하고자 하였다. 물권법 영역의 판례를 모두 수집한 후 물권법의 각 법리를 설명하는 사안으로서 판례의 사안을 활용하였고, 판례의 취지가 기존 법리를 어떻게 수용하였고 기존 법리를 어떤 방향으로 발전시키는 계기를 마련하게 되었는지에 대해 서술함으로써 소유권 및 점유권의 영역과 용익물권 및 담보물권, 그리고 비전형물권까지 포괄하는 물권 전반에 관한 이해에 도움이 될 수 있도록 하였다.

본저는 법률실무가에게 물권법리를 이해하는데 도움을 줄 수 있고, 법학전문대학원생 및 후학들이 물권법을 이해하는데 있어 보다 쉽게 접근할 수 있을 것인바, 독자들에게 살아 있는 물권법리 이해의 기회를 제공하게 될 것이다.

본저는 2014년 충북대학교 연구년제 지원에 의해 저술되었다. 연구년이 주어짐으로써 28년 동안의 법조인 및 법학자로서의 생활에 대해 깊은 성찰을 해볼 수 있는 계기가 되었기에 지면을 빌어 학교당국에게 감사의 인사를 전한다. 그리고 교정을 도와 준 지도제자 배은정, 안종국, 홍성애 학생에게도 고마움을 표하며 따뜻하고 훌륭한 법조인이 되기를 바라마지 않는다.

2015. 1.

개신벌 연구실에서

저자 씀

목 차

물권으로의 초대

◈ 토지조사령

일제강점기에 공포된 토지조사령에 의하면 토지 소유자는 토지의 소재, 소유자의 주소, 지목 등을 임시토지국장에게 신고하도록 했고(제4조), 임시토지국장은 토지 소유자로부터 신고 받은 토지를 대상으로 토지의 소유자를 사정하였고(제8조), 토지소유자의 권리는 사정에 의하여 확정되도록 하였다(제15조). 즉 토지조사령에 따라 토지소유자로 사정(査定 : 조사하거나 심사하여 결정함)받은 자는 토지조사령에 따라 소유권을 확정적으로 취득한 것이므로 등기가 없어도 토지 소유권을 취득하였던 것이다.

◈ 농지개혁법

1949. 6. 21. 제정된 농지개혁법에 의하면 일본인 소유의 농지와 소유자가 불분명한 농지는 무상으로, 농민이 아닌 자의 농지에 대해서는 적당한 보상으로 정부가 매수한 후, 정부에게 각 귀속시킨 후 농민에게 적절히 유상분배 하도록 하였다. 정부로부터 농지를 분배받은 농민은 일정기간 내에 상환금을 납입하게 되는데, 상환금을 완납하면 그 소유권은 등기를 필요로 하지 아니하고 자동적으로 수분배자에게 이전되었다.

◈ 귀속재산처리법

1945.8.9. 이후 일본정부나 일본인 등의 소유로서 미군정청의 관할 내에 존재하는 재산은 1945.9.25.자로 미군정청의 소유로 되었다가 1948.9.11.자로 대한민국에 그 권리가 이양되었는데, 귀속재산처리법에 의하면 이 귀속재산(歸屬財産 : 위 일본인 등의 소유재산으로서 농경지를 제외한 재산, 농경지의 경우에는 농지개혁법 적용을 받음)

은 매각하도록 하였고, 1964. 12. 말일까지 매매계약이 체결되지 아니한 귀속재산은 국가가 무상으로 소유하도록 하였다. 즉 그 날까지 매각되지 아니한 귀속재산은 1965. 1.1. 부터 국유재산이 되는 것이다. 한편 귀속재산을 매수한 자는 그 매수대금을 완납하면 그 소유권은 등기를 필요로 하지 아니하고 자동적으로 매수자에게 이전되었다.

◈ 국토의계획및이용에관한법률

국토의계획및이용에관한법률 제118조에 의하면 토지거래허가구역에 있는 토지에 관한 소유권·지상권을 이전하거나 설정하는 계약을 체결하려는 당사자는 공동으로 시장·군수 또는 구청장의 허가를 받아야 하고, 허가를 받지 아니하고 체결한 토지거래계약은 그 효력이 발생하지 아니한다.

◈ 농지법

농지법 제8조에 의하면 농지를 취득하려는 자는 농지 소재지를 관할하는 시장, 구청장, 읍장 또는 면장에게서 농지취득자격증명을 발급받아야 하고, 농지취득자격증명을 발급받아 농지를 취득하는 자가 그 소유권에 관한 등기를 신청할 때에는 농지취득자격증명을 첨부하여야 한다. 따라서 농지를 매수하였다고 하더라도 농지취득자격증명을 발급받지 아니하면 소유권이전등기를 경료 할 수 없게 된다.

제 1 장

물권의 이해

제1장 물권의 이해

Ⅰ. 물권의 기초

1. 개황

물권법 : 물권에 관한 사항을 규율하는 법

물권 : 물건에 대한 권리관계

물건 : 유체물 및 전기 기타 관리할 수 있는 자연력

채권법은 계약자유의 원칙상 대체로 임의규정이 많다.

물권법은 배타성을 갖는 물권을 규율하므로 대부분 강행규정

물권법정주의 : 물권의 종류와 내용의 법정화

물권의 본질 : 채권의 본질과 비교 필요

물권은 특정의 물건을 직접 지배하여 이익을 얻는 배타적 권리이다.

1. 재산권으로서의 물권 : 채권과 더불어 재산권 구성

   물권 : 특정의 물건을 직접 지배하여 배타적으로 권리를 실현(對物權)

   채권 : 특정인의 행위(작위, 부작위)를 청구하여 권리를 실현(對人權)

   무체재산권, 어업권, 광업권, 가족권과의 비교필요

2. 지배권으로서의 물권 : 채권은 채무자의 채무이행이라는 특정한 행위를 매개로 하여 간접적으로 물건을 지배할 수 있는 권리인데 비해 물권은 타인의 행위를 매개함이 없이 직접 지배하여 이익을 향유할 수 있는 권리이다.

   사용가치에 대한 지배 : 소유권, 용익물권

   교환가치에 대한 지배 : 소유권, 담보물권

3. 절대권으로서의 물권 : 물권은 모든 사람에게 주장할 수 있는 절대권으로서 對世權인데 비해 채권은 특정인에게 청구할 수 있는 상대권으로서 對人權이다.

물권이 제3자에 의해 침해 - 물권적 청구권 발생, 불법행위에 기한 손해배상청구권 발생

채권이 제3자에 의해 침해 - 채권은 특정의 채무자에 의해 침해될 수 있는 것이고 제3자에 의한 침해의 경우 당연히 불법행위로 되는 것이 아니다.

<u>물권의 특질</u> : 물건에 대한 직접이고 배타적인 지배

1. 직접적인 지배 : 물권은 타인의 행위를 기다리지 않고 직접 물건을 이용하여 이익을 향유할 수 있는 권리(소유권은 사용 · 수익 · 처분할 수 있는 권리)인데 비해 채권은 채무자의 급부행위(채무이행)를 매개로 하여서만 비로소 물건에 대한 지배권을 취득한다.

◉ 채권인 임차권은 임차인이 채무자인 임대인에 대하여 임차 목적물을 이용할 수 있도록 임대인의 이행을 청구할 수 있을 뿐이고 임대인의 채무이행이 있어야 비로소 임차목적물을 직접 이용할 수 있는 권리이다.

2. 배타적인 지배 : 하나의 물건에 양립할 수 없는 지배가 성립하면 다른 자의 지배를 인정할 수 없게 된다.

채권은 같은 내용의 채권이 여러 개 병존할 수 있으나 물권은 배타성으로 인해 양립할 수 없는 내용의 물권이 여러 개 병존할 수 없다.
물권의 배타성은 공시방법(등기, 점유)을 통해 실현된다.
채권도 예외적으로 공시방법을 갖추는 경우 배타성이 인정된다(채권의 물권화 현상).

물권의 객체 : 물권의 대상은 물건이다.

1. 물권의 객체는 원칙적으로 물건이다.
   다만, 채권 기타의 권리 등에 대해서도 예외적으로 물권이 성립할 수 있다. 즉 채권은 권리질권의 목적이 되기도 하고(345조), 지상권이나 전세권을 목적으로 하는 저당권도 인정(371조1항)된다.

   발명·저작물과 같은 지능적 창조물은 물건이 아니므로 물권의 객체가 되지 못하고 특허권, 저작권, 상표권 등의 무체재산권의 객체가 된다.
   광업권과 어업권은 특별법에 의해 물권으로 인정되고 있다.

> 광업법 제10조(광업권의 성질)
> ① 광업권은 물권으로 하고, 이 법에서 따로 정한 경우 외에는 부동산에 관하여 「민법」과 그 밖의 법령에서 정하는 사항을 준용한다.
>
> 수산업법 제18조(어업권의 취득과 성질)
> ① 제8조에 따라 어업면허를 받은 자와 제21조에 따라 어업권을 이전하거나 분할받은 자는 제19조의 어업권원부(어업권원부)에 등록을 함으로써 어업권을 취득한다.
> ② 어업권은 물권(물권)으로 하며, 이 법에서 정한 것 외에는 「민법」 중 토지에 관한 규정을 준용한다.

2. 물건은 독립한 물건이어야 한다.
   물권의 객체는 사회통념상 하나의 물건으로 다루어질 수 있는 독립된 물건이어야 한다.
   물건의 일부나 구성부분 또는 집합부분은 공시가 곤란하고 물권인정의 실익이 적기 때문이다. - 물권의 배타성에서 유래 다만, 1필의 토지 일부나 1동의 건물 일부에 등기(도면첨부)함으로써 용익물권을 설정 할 수 있다(부동산등기법 136, 137, 139조).

1필의 토지 일부에 대해서는 독립된 소유권이 성립할 수 없으므로 먼저 분필절차를 밟아야 한다(부동산등기법 93조).

1동의 건물 일부는 구분소유로 등기할 수 있으므로(집합건물 소유 및 관리에 관한 법률) 그 일부에 대하여 소유권이 성립할 수 있다.

3. 일물일권주의 : 하나의 물건 위에는 양립할 수 없는 내용의 물권이 하나밖에 존재할 수 없다는 원칙을 일물일권주의(一物一權主義)라 한다. 물권의 배타성과 절대성에서 유래.

예외 : 어느 정도의 공시가 가능하고 사회적 필요성이 있을 때는 일물일권주의 예외가 인정된다.

물건의 일부 또는 구성부분에 대한 물권의 성립

1. 토지

* 공부상 분필되지 않은 1필의 토지 일부에 대하여 점유취득시효에 의한 소유권 취득이 가능함 - 분필등기 후 소유권이전등기를 할 수 있으므로.
  다만 분필등기를 하기 전에 토지의 일부에 대한 양도는 불가함.
* 용익물권설정은 분필절차를 밟지 않아도 토지의 일부에 설정 가능함.
* 미채굴광물은 토지의 구성부분이지만 토지소유권이 미치지 않고 광업권의 객체가 된다 : 지하수나 온천수는 토지의 구성부분이며 토지와 별개의 독립한 물건이 아니다.

2. 건물

* 토지의 정착물이지만 별개의 부동산이다.
* 1동의 건물 일부에 대해서도 구분소유가 인정된다(215조, 집합건물의 소유 및 관리에 관한 법률).

3. 수목 및 미분리 과실

* 수목은 토지의 정착물로 취급되는 것이 원칙
* 입목에 관한 법률에 의해 등기된 수목집단, 판례에 의해 명인방법을 갖춘 경우에는 독립된 부동산으로 다루어진다.
* 미분리 과실은 원칙적으로 수목의 일부이나 명인방법을 갖춘 경우에는 독립된 물건으로 본다.

4. 농작물

* 토지에서 경작되는 농작물은 토지의 구성부분이다.
* 임차권과 같은 정당한 권원에 의하여 타인의 토지에서 경작된 농작물은 토지에 부합하지 않고 토지와 독립한 별개의 물건으로 다루어진다.
* 토지 소유자는 미분리 농작물을 토지와 별개의 객체로 하여 타인에게 양도할 수 있다. 다만, 이 경우 농작물의 소유권이 이전되기 전에 명인방법을 갖추어야 한다(ex : 쪽파를 밭떼기로 팔 경우).
* 파종 후 수개월 내에 수확할 수 있는 농작물은 정당한 권원 없이 타인의 토지에서 경작된 경우에도 그 소유권은 언제나 경작자에게 속한다(명인방법 불요).

집합물에 대한 물권의 성립

1. 적당한 공시방법을 갖출 수 있고 사회적 요청이 강한 경우에는 일물일권주의의 예외로서 집합물에 하나의 물권이 성립할 수 있다.

* 입목에 관한 법률은 등기된 수목의 집단을 하나의 부동산으로 보고 그 위에 소유권과 저당권의 성립을 인정하고 있다.
* 공장저당법, 광업재단저당법을 제정하여 기업을 구성하는 다수의 기업재산을 하나의 재단으로 구성함으로써 그 위에 하나의 담보물권(저당권)을 설정할 수 있도록 하고 있다.
* 동산을 담보로 제공하기로 하는 담보약정에 따라 동산을 목적으로 등기한 담보권인 동산담보권은 하나의 동산은 물론 여러 개의 동산도 목적물이 된다.

2. 특별법이 없어도 물건의 집합에 하나의 물권 성립을 인정할 수 있는가?

* 재고상품, 제품, 원자재 등과 같은 집합물을 하나의 물건으로 보아 이를 일정 기간 계속하여 채권담보의 목적으로 삼으려는 이른바 집합물에 대한 양도담보권설정계약에 있어서는 그 목적동산을 종류, 장소 또는 수량지정 등의 방법에 의하여 특정할 수만 있다면 그 집합물 전체를 하나의 재산권으로 하는 담보권의 설정이 가능하다(대법원 1988.12.27. 선고 87누1043 판결).
* 돼지를 양도담보의 목적물로 하여 소유권을 양도하되 점유개정의 방법으로 양도담보설정자가 계속하여 점유·관리하면서 무상으로 사용·수익하기로 약정한 경우, 양도담보 목적물로서 원물인 돼지가 출산한 새끼 돼지는 천연과실에 해당하고 그 천연과실의 수취권은 원물인 돼지의 사용·수익권을 가지는 양도담보설정자에게 귀속되므로, 다른 특별한 약정이 없는 한 천연과실인 새끼 돼지에 대하여는 양도담보의 효력이 미치지 않는다(대법원 1996.9.10. 선고 96다25463 판결).

3. 집합동산 양도담보의 공시방법은 점유개정이다.

* 집합동산을 2중으로 양도담보의 목적물로 제공하면 나중의 양도담보는 무효이다.
* 동산에 대하여 점유개정의 방법으로 이중양도담보를 설정한 경우 원래의 양도담보권자는 뒤의 양도담보권자에 대하여 배타적으로 자기의 담보권을 주장할 수 있으므로, 뒤의 양도담보권자가 양도담보의 목적물을 처분함으로써 원래의 양도담보권자로 하여금 양도담보권을 실행할 수 없도록 하는 행위는, 이중양도담보 설정행위가 횡령죄나 배임죄를 구성하는지 여부나 뒤의 양도담보권자가 이중양도담보 설정행위에 적극적으로 가담하였는지 여부와 관계 없이, 원래의 양도담보권자의 양도담보권을 침해하는 위법한 행위이다(대법원 2000.6.23. 선고 99다65066 판결).
* 동산소유자가 2중으로 매도하고 각 점유개정의 방법으로 매도인이 점유하는 경우 매수인들 간에 있어서는 후에 현실 인도받은 자만이 소유권을 취득한다(대법원 1975.1.28. 선고 74다1564 판결).

※ 선행매도의 경우에 매수인은 적법한 매수인으로서 소유권을 취득. 후행매도의 경우 매수인이 선의취득으로 소유권을 취득.

2. 물권법정주의 : 185조

물권의 종류와 내용은 민법 기타의 법률 또는 관습법에 의하는 것에 한하여 인정되고 당사자가 그 밖의 내용과 종류를 자유로이 창설하지 못한다는 원칙을 물권법정주의라고 한다.

* 물권이 배타적인 지배권이므로 거래의 안전을 위해 물권법정주의가 필요.
* 물권을 법정화해 놓은 경우 법적 안정성은 있으나 새로운 경제활동의 흐름에 적절히 대처할 수 있는 탄력성을 갖지 못하는 문제점이 있다.
* 전통적인 관습의 존중에 따라 새로운 물권이 창설
  분묘기지권 - 지상권과 유사한 권리
  관습법상의 법정지상권
  양도담보 등 - 관습법에 의한 물권이었으나 가등기담보에 관한 법률의 제정으로 인해 특별법에 의한 물권으로 전환

민법 제185조는, "물권은 법률 또는 관습법에 의하는 외에는 임의로 창설하지 못한다."고 규정하여 이른바 물권법정주의를 선언하고 있고, 물권법의 강행법규성은 이를 중핵으로 하고 있으므로, 법률(성문법과 관습법)이 인정하지 않는 새로운 종류의 물권을 창설하는 것은 허용되지 아니한다 할 것인바, 원심이 인정한 관습상의 통행권은 성문법과 관습법 어디에서도 근거가 없으므로, 원심이 원고들에게 관습상의 통행권이 있다고 판단하여 원고들의 통행권 확인 청구를 인용한 것은 물권법정주의에 관한 법리를 오해하여 판결 결과에 영향을 미친 위법을 저지른 것이다(대법원 2002.2.26. 선고 2001다64165 판결).

민법 제211조는 "소유자는 법률의 범위 내에서 그 소유물을 사용, 수익, 처분할 권리가 있다."고 규정하고 있으므로, 소유자가 채권적으로 상대방에 대하여 사용·수익의 권능을 포기하거나 사용·수익권 행사에 제한을 설정하는 것 외에 소유권의 핵심적 권능에 속하는 배타적인 사용·수익 권능이 소유자에게 존재하지 아니한다고 하는 것은 물권법정주의에 반하여 특별한 사정이 없는 한 허용될 수 없다.

甲 지방자치단체가 토지소유자 乙을 상대로 일반 공중의 통행에 무상으로 제공하는 토지임을 이유로 배타적 사용·수익권의 부존재 확인을 구한 사안에서, 乙이 토지를 내왕하는 사람들에 대하여 배타적 사용·수익권을 주장하며 통행을 방해하는 등의 행위를 할 수 없다고 하더라도, 이러한 권리행사 제약이나 그에 따른 법률상 지위는 채권적인 것에 불과하여 구체적 상황과 맥락에 따라 乙이 수인하여야 하는 권리행사상 제약의 내용이나 범위가 달라질 수밖에 없으므로, 일반적으로 토지소유자에 대하여 '배타적 사용·수익권이 존재하지 않는다'는 취지의 확인을 구하는 것은 특별한 사정이 없는 한 당사자 또는 제3자 사이의 권리관계 불안이나 위험을 제거할 수 있는 유효·적절한 수단이 된다고 볼 수 없어 확인을 구할 이익이 없는데도, 이와 달리 본 원심판결에 법리오해의 위법이 있다(대법원 2012.6.28 선고 2010다81049 판결).

3. 물권의 일반적 효력

가. 우선적 효력

1) 물권 상호간의 우선적 효력

먼저 성립한 물권이 나중에 성립한 물권보다 우선한다.

저당권이 설정된 후 전세권 등의 용익물권이 설정된 경우 저당권이 실행되면 후순 용익물권은 소멸됨.

1순위 저당권이 용익물권에 우선한다면 용익물권에 비해 후순위인 저당권이 실행되어도 용익물권은 소멸됨.

소유권이전등기청구권을 가등기한 경우에는 본등기 하는 것을 전제로 가등기 시점 기준으로 권리의 우열을 가린다.

2) 채권에 우선하는 효력 : 원칙적인 모습

성립시기의 선후를 불문하고 물권은 채권에 비해 우선함

예외 * 최종 3개월분의 임금과 재해보상금 채권은 사용자의 총재산에 대하여 담보권에 따라 담보된 채권에 우선하여 변제되어야 한다(근로기준법 38조 2항).

* 주택임대차보호법상의 소액보증금(8조)
* 상가건물임대차보호법상의 소액보증금(14조)

3) 물권화된 채권

* 부동산 임차권을 등기한 경우에는 그 후에 성립한 물권에 우선하는 효력이 있다(621조).
* 주택임차권의 경우 등기를 하지 않더라도 주택의 인도와 주민등록을 마치면 그 다음 날부터 제3자에 대한 대항력이 발생하고, 대항력과 임대차계약증서상의 확정일자를 갖춘 임차인은 임차보증금을 우선하여 변제받을 권리가 있다.
* 상가건물임차권의 경우 등기를 하지 않더라도 건물의 인도와 사업자등록신청을 하면 그 다음 날부터 제3자에 대하여 대항력이 발생하고, 관할 세무서장으로부터 임대차계약서상의 확정일자를 받은 임차인은 임차보증금을 우선하여 변제받을 권리가 있다.

나. 물권적 청구권

1) 의의

물권이 침탈 또는 방해를 받거나 방해를 받을 위험이 있는 경우에 물권자가 방해자에 대해 반환, 방해의 제거, 방해의 예방을 청구할 수 있는 권리.

* 물권적 반환청구권 : 점유를 빼앗긴 경우 그 반환을 청구하여 점유를 회복할 권리
* 물권적 방해제거청구권 : 점유를 빼앗기는 이외의 형태로 방해를 받는 경우에 그 방해의 제거를 청구할 수 있는 권리(무단으로 이루어진 타인명의 등기의 말소를 구하는 경우)
* 물권적 방해예방청구권 : 방해의 염려가 있을 때 그 예방을 청구하는 권리

2) 성질

* 물권이 절대적으로 소멸하면 물권적 청구권도 소멸(부종성)
* 물권적 청구권은 침해자에 대해 발생하므로 채권과 마찬가지로 상대적인 성질을 가지는 권리로서 채권편의 규정이 준용
* 물권적 청구권은 물권이 이전하면 따라서 이전하고 물권과 분리하여 따로 이전될 수 없다.

3) 상대방

* 현재의 침해자가 상대방이다.
* 침해의 염려가 있는 자도 상대방이 된다.
* 직접점유자, 간접점유자 모두에게 청구가 가능하다.
* 사실심 변론종결당시의 점유자이다(인도를 구하는 본안소송을 제기하기 전에 점유이 전금지가처분 필요).
* 점유보조자는 상대방이 될 수 없다.

4) 행사요건

* 침해 또는 침해의 가능성만으로 충분하고 현실의 손해발생이 있을 것을 요하지 않는다.
* 침해자의 고의, 과실이 필요 없다.
* 소유권에 기한 물권적 청구권은 상대방에게 점유할 권리가 없어야 행사할 수 있다(매도인은 매수인에게 물권적 청구권을 행사할 수 없다).

5) 비용부담 : 행위청구로 볼 것인가, 아니면 수인청구로 볼 것인가?

반환청구권과 방해제거 청구권이 충돌하는 경우에 문제됨

* 행위청구권설 : 상대방이 비용부담 : 어느 쪽이든지 원고로 된 쪽이 상대방에게 비용을 부담케 할 수 있다는 문제점이 있다.

* 인용청구권설 : 청구권자가 비용부담 : 민법은 물권적 청구권을 행위청구권으로 규정하고 있으므로 민법의 해석과 괴리가 있다는 문제점이 있다.

* 판례 : 직접적으로 언급하고 있는 판례는 없으나 실무상 "물건을 인도하라", "방해를 제거하라"는 이행판결을 하고 있고, 이행판결의 강제집행비용은 민사집행법상 피고가 부담하여야 한다는 점에 비추어 볼 때 실무에서는 행위청구권설을 취하고 있는 것으로 이해할 수 있다.

6) 시효문제 : 물권적 청구권은 소멸시효에 걸리는가?

* 부정설 : 소유권뿐만 아니라 제한물권에 기한 물권적 청구권도 소멸시효에 걸리지 않는다.

* 긍정설 : 소유권에 기한 물권적 청구권도 채권 및 소유권 이외의 재산권에 해당하므로 20년의 소멸시효에 걸린다.

* 제한적 긍정설 : 소유권에 기한 물권적 청구권은 소멸시효에 걸리지 않으나 제한물권에 기한 물권적 청구권은 소멸시효에 걸린다.

* 판례 : 제한물권에 기한 물권적 청구권에 대한 판례는 없고 소유권에 기한 물권적 청구권은 소멸시효에 걸리지 않는다고 한다.

> 채권담보의 목적으로 이루어지는 부동산 양도담보의 경우에 있어서 피담보채무가 변제된 이후에 양도담보권설정자가 행사하는 등기청구권은 양도담보권설정자의 실질적 소유권에 기한 물권적 청구권이므로 따로이 시효소멸되지 아니한다.
> 대법원 1979.2.13. 선고 78다2412 판결

Ⅱ. 물권의 변동

물권의 변동은 물권의 발생, 변경, 소멸을 말한다.

* 물권의 발생 : 절대적 발생(원시취득)
상대적 발생(승계취득)

* 물권의 변경 : 물권의 내용 또는 작용이 변화하는 것(주체의 변경은 제외)
목적물의 증감, 저당권에 있어 피담보채권의 이율 변경

* 물권의 소멸 : 절대적 소멸(멸실, 포기, 혼동)
상대적 소멸(타인에게 승계되어 종래의 주체가 물권을 잃는 것)

1. 물권변동의 입법주의

당사자의 의사표시만으로 물권변동이 일어나는가, 아니면 그 밖의 공시방법을 갖추어야 물권변동이 일어나는가?

* 의사주의(意思主義) : 불법주의(佛法主義)
물권변동은 당사자의 의사표시만으로 발생, 공시방법은 대항요건

* 형식주의(形式主義) : 독법주의(獨法主義)
당사자의 의사표시 이외에도 일정한 공시방법을 갖춤으로써 변동의 효력이 발생, 공시방법은 성립요건

* 민법 - 형식주의(186조, 188조 1항) : 공시방법 : 등기, 인도, 명인방법
신민법(1960.1.1.시행)시행 이전에 적용된 의용민법은 의사주의.
신민법 시행일전의 법률행위로 인한 부동산에 관한 물권의 득실변경은 시행일로부터 6년 내에 등기하지 않으면 그 효력을 잃고, 시행일전의 동산에 관한 물권의 양도는 시행일로부터 1년 내에 인도를 받지 못하면 그 효력을 잃는다(민법 부칙 제10조).

2. 공신의 원칙

공시방법에 의하여 공시된 물권이 존재하는 것으로 상대방이 신뢰하여 양수받는 경우에 그 공시방법에 상응하는 물권이 실제로 존재하지 않더라도 상대방의 신뢰를 보호하여 마치 물권이 존재하는 것과 같은 효과를 부여하는 법원칙을 공신의 원칙이라 한다.

* 거래의 안전을 보호하고 제3자의 신뢰를 보호
* 동산 : 공신의 원칙 인정 : 선의 취득(제249조)
* 부동산 : 공신의 원칙 부인

동산의 경우에는 부동산보다 더 빈번히 행해지고, 따라서 거래의 원활과 안전을 보호 할 필요성이 더욱 크다는 점이 고려됨.

민법 제249조의 동산 선의취득제도는 동산을 점유하는 자의 권리외관을 중시하여 이를 신뢰한 자의 소유권 취득을 인정하고 진정한 소유자의 추급을 방지함으로써 거래의 안전을 확보하기 위하여 법이 마련한 제도이므로, 위 법조 소정의 요건이 구비되어 동산을 선의취득한 자는 권리를 취득하는 반면 종전 소유자는 소유권을 상실하게 되는 법률효과가 법률의 규정에 의하여 발생되므로, 선의취득자가 임의로 이와 같은 선의취득 효과를 거부하고 종전 소유자에게 동산을 반환받아 갈 것을 요구할 수 없다.

대법원 1998.06.12. 선고 98다6800 판결

Ⅲ. 물권행위

1. 의의

물권변동을 목적으로 하는 의사표시를 요소로 하는 법률행위

채권행위는 채권채무의 발생을 목적으로 하는 법률행위이므로 채권행위에 의해 채권이 발생하므로 이행이라는 문제가 발생하지만 물권행위는 물권변동이 일어나고 이행의 문제가 남지 않는다.

* 채권행위가 있고 그 이행으로서 물권행위가 행해진다 : 채권행위는 물권행위의 원인이 되므로 원인행위라 한다.

* 채권행위 : 나는 그대에게 소유권을 이전할 것을 약속한다.
  물권행위 : 나는 그대에게 소유권을 이전한다.

2. 물권행위의 성격

형식주의 원칙상 물권행위의 요소는 물권적 의사표시만인가, 아니면 공시방법이 포함되는가? : 즉 공시방법이 또 하나의 요건인가?

물권행위는 법률행위의 일종이다. 법률행위는 의사표시로 구성된다는 점에서 다른 법률요건과 구별된다. 법률행위가 유효하게 성립되면 당사자가 의도한 법률효과가 발생한다. 현행민법은 법률행위로 인한 물권변동은 당사자의 의사표시만으로 부족하고 등기, 인도와 같은 공시방법을 갖춘 때에 일어난다.

가. 학설

1) 공시방법이 물권행위의 요소라는 견해

물권적 합의만으로는 아무런 법률효과가 발생하지 않는데 법률효과를 발생시키지 않는 법률행위는 있을 수 없으므로, 공시방법이 물권행위의 요소에 포함된다고 주장.

* 등기와 인도같은 사실행위를 법률행위인 물권행위의 요소로 본다는 문제점이 있다.
* 모든 물권행위는 요식행위가 되므로 비요식행위를 원칙으로 하는 민법체계와 충돌하게 된다.

2) 공시방법을 물권행위 요소에서 제외시키는 견해

물권적 의사표시만으로 물권행위는 성립되고 공시방법이 갖추어지지 않으면 물권 변동이 일어나지 않는다는 견해(공시방법이 물권변동의 효력요건이라는 견해와 공시방법은 물권행위 이외에 법률이 요구하는 물권변동의 또 하나의 요건이라는 견해가 있다.)

* 물권행위는 채권행위와 달리 이행문제가 남지 않는 것인데 이 학설에 따르면 물권 행위가 있어도 이행문제가 남게 된다.
* 공시방법을 구비하는 것과 별도로 물권적 의사표시가 있다는 것인데, 구체적으로 언제 물권적 의사표시가 있는 것인가?
* 채권행위 시 물권적 의사표시가 있다고 보게 되면 채권행위와 따로 물권행위를 인정할 실익은 무엇인가?

나. 물권행위의 독자성 여부

물권행위와 채권행위는 이론상 별개의 법률행위인데 현실적으로 별개의 행위로서 행해지는가, 아니면 양 행위가 하나의 행위로서 행해지는 것이 원칙인가? : 학설은 물권행위의 독자성을 인정하는 것이 다수설이다.

* 판례 : 물권행위의 독자성을 부인

민법 548조 1항 본문에 의하면 계약이 해제되면 각 당사자는 상대방을 계약이 없었던 것과 같은 상태에 복귀케 할 의무를 부담한다는 뜻을 규정하고 있는바 계약에 따른 채무의 이행으로 이미 등기나 인도를 하고 있는 경우에 그 원인행위인

> 채권계약이 해제됨으로써 원상회복 된다고 할 때 그 이론 구성에 관하여 소위 채권적 효과설과 물권적 효과설이 대립되어 있으나 우리의 법제가 물권행위의 독자성과 무인성을 인정하고 있지 않는 점과 민법 548조 1항 단서가 거래안정을 위한 특별규정이란 점을 생각할 때 계약이 해제되면 그 계약의 이행으로 변동이 생겼던 물권은 당연히 그 계약이 없었던 원상태로 복귀한다 할 것이다.
> 대법원 1977.5.24. 선고 75다1394 판결

* 다수설에 대한 비판 : 다수설은 부동산의 매매대금을 완납하고 등기서류를 교부한 때, 동산의 경우 동산의 점유를 이전한 때에 물권행위가 있었다고 보는데 매매계약과 등기 사이에, 그리고 매매계약과 인도 사이에 물권변동을 내용으로 하는 의사표시의 교환이 있었다고 볼 여지가 없다.

다. 물권행위의 무인성 여부

채권행위에 기해 물권행위가 행해진 경우 채권행위의 실효에 의해 물권행위가 영향을 받는가?

* 무인성설 : 채권행위의 무효, 취소에 직접 영향을 받지 않는다.
  상대적 무인성설은 채권행위와 물권행위가 외형상 하나의 행위로 이루어지는 경우, 원인행위의 실효원인이 물권행위에도 공통된 경우, 채권 행위의 유효를 물권행위의 조건으로 한 경우에는 물권행위 역시 영향을 받는다고 한다.
* 유인성설 : 채권행위에 의해 영향을 받는다.

> 매매계약이 합의해제된 경우에도 매수인에게 이전되었던 소유권은 당연히 매도인에게 복귀하는 것이므로 합의해제에 따른 매도인의 원상회복청구권은 소유권에 기한 물권적 청구권이라고 할 것이고 이는 소멸시효의 대상이 되지 아니한다.
> 대법원 1982.7.27. 선고 80다2968 판결

제 2 장

부동산등기

제2장 부동산등기

Ⅰ. 등기제도

1. 부동산 공시방법

부동산에 관한 법률행위로 인한 물권의 득실변경은 등기하여야 그 효력이 생긴다(제186조).

등기를 요하지 않는 부동산물권취득이 있었어도 등기를 하지 않으면 물권을 처분하지 못한다(제187조 단서).

* 물권변동시점 : 등기관이 등기를 마친 경우 그 등기는 접수한 때로부터 효력을 발생하되(부동산등기법 제6조 2항), 등기신청정보가 전산정보처리조직에 저장된 때 접수된 것으로 본다(부동산등기법 제6조 1항).
등기관은 등기사무를 전산정보처리조직을 이용하여 등기부에 등기사항을 기록하는 방식으로 처리하여야 한다(부동산등기법 제 11조 제2항).

2. 등기종류

종국등기와 가등기로 나뉜다.

가. 종국등기 : 본등기 : 물권변동의 효력을 발생시키는 등기

* 기입등기 : 새로운 등기원인에 의하여 어떤 사항을 등기부에 새로 기입하는 등기 : 소유권보존등기, 소유권이전등기, 저당권설정등기 등

* 경정등기 : 등기의 절차상 착오 또는 오류로 인하여 생긴 등기와 실체관계 사이에 원시적 불일치를 고치기 위한 등기
등기할 당시에 주소나 주민등록번호를 잘못 기재한 경우 이를 고치기 위해 하는 등기

* 변경등기 : 등기 후에, 등기된 사항의 변경으로 생긴, 등기와 실체관계 사이에 후발적 불일치를 고치기 위한 등기
등기 후에 소유자 주소가 변경된 경우 이를 고치는 등기

* 말소등기 : 이미 존재하는 등기의 전부를 말소하는 등기
원시적으로 없는 등기 : 등기서류 위조하여 등기한 경우
후발적으로 없게 된 등기 : 저당권설정 후에 피담보채권이 소멸한 경우

* 멸실등기 : 부동산이 전부 멸실한 경우에 행해지는 등기
일부 멸실한 경우에는 면적에 관한 표시의 변경등기가 행해진다.

* 회복등기 : 말소회복등기 : 기존의 등기 전부 또는 일부가 부적법하게 말소된 경우에 행해지는 등기
멸실회복등기 : 등기부가 전부 또는 일부 멸실된 경우에 행해지는 등기

나. 가등기 : 본등기의 순위보전을 위하여 하는 예비등기

* 순위보전적 효력 : 가등기는 본등기 시 본등기의 순위를 가등기의 순위에 의하도록 하는 순위보전적 효력만이 있을 뿐이고 가등기만 으로는 아무런 실체법상 효력을 갖지 않는다.

* 물권변동시점 : 본등기 시 : 물권변동효력이 가등기한 때로 소급하여 발생하지 않는다.

* 물권적 청구권 : 부정 : 가등기만으로는 아무런 실체법적 효력을 갖지 않으므로 중복된 소유권보존등기가 무효라고 하더라도 가등기권리자는 그 말소를 청구할 권리가 없다.

* 권리추정력 : 부정 : 소유권이전청구권 보전을 위한 가등기가 있다고 하여 소유권이전등기를 청구할 어떤 법률관계가 있다고 추정되지 않는다.

* 말소청구 : 가등기 후에 제3자에게 소유권이전의 본등기가 된 경우에 가등기 권리자는 본등기를 하지 않고는 가등기 이후의 본등기에 대해 말소를 청구할 수 없다.

3. 등기부와 대장

등기부 : 부동산에 관한 권리관계를 기재하는 공적 장부 : 토지등기부, 건물등기부. 등기부란 전산정보처리조직에 의하여 입력·처리된 등기정보자료를 대법원규칙으로 정하는 바에 따라 편성한 것을 말한다(부동산등기법 제2조 제1호).

대장 : 국가가 과세나 징세 등을 위하여 부동산의 상황을 명확하게 파악하고 관리하는 공적 장부 : 토지대장, 임야대장, 건축물관리대장

* 물적 편성주의 : 등기부에는 1필의 토지 또는 1동의 건물에 대하여 1용지를 사용

* 등기용지 : 등기번호란, 표제부, 갑구, 을구로 나뉜다.
  등기번호란과 표제부는 동일지면에 있으므로 3면으로 구성된다.
  등기번호란 : 각 토지 또는 건물대지 지번을 기재한다.
  표제부 : 부동산의 표시와 그 변경에 관한 사항을 기재
  갑구 : 소유권에 관한 사항을 기재
  을구 : 소유권 이외의 권리에 관한 사항을 기재

[등기부예시]

등기부 등본(말소사항 포함) - 토지

[토지] 청주시 흥덕구 개신동 250 고유번호1147-1998-132280

【표 제 부】 (토지의 표시)					
표시번호	접 수	소 재 지 번	지목	면 적	등기원인 및 기타사항
1 (전 2)	1982년3월5일	청주시 흥덕구 개신동 250	대	660㎡	 부동산등기법 제177조의 6 제1항의 규정에 의하여 1998년 03월11일 전산이기

【갑 구】 (소유권에 관한 사항)				
순위번호	등기목적	접 수	등 기 원 인	권 리 자 및 기 타 사 항
1 (전 3)	소유권이전	1992년11월25일 제12517호	1992년10월17일 매매	소유자 김태국 320112-1896242 서울 서초구 서초동 362 부동산등기법 제177조의 6 제1항의 규정에 의하여 1998년 03월11일 전산이기
2	소유권이전	2000년12월20일 제17426호	2000년5월15일 매매	소유자 신나라 641220-2556625 청주시 상당구 내덕동 721 내덕아파트 201동 302호
3	소유권이전	2012년9월11일 제17123호	2012년5월9일 매매	소유자 현중국 650923-1122339 청주시 흥덕구 복대2동 321
4	소유권이전	2013년6월25일 제21612호	2013년6월20일 매매	소유자 차화란 701112-2171172 충북 청원군 내수읍 학평리 187

【 을 구 】	(소유권 이외의 권리에 관한 사항)			
순위번호	등기목적	접 수	등 기 원 인	권 리 자 및 기 타 사 항
1	근저당권설정	2008년11월25일 제15218호	2008년11월24일 설정계약	채권최고액 금130,000,000원 채무자 신나라 청주시 상당구 내덕동 721 내덕아파트 201동 302호 근저당권자 영운동새마을금고 150144-0004908 청주시 상당구 영운동 921-11
2	~~근저당권설정~~	~~2012년9월10일~~ ~~제13423호~~	~~2012년9월10일~~ ~~설정계약~~	~~채권최고액 금195,000,000원~~ ~~채무자 현중국~~ ~~청주시 흥덕구 복대2동 321~~ ~~근저당권자 새나라저축은행~~ ~~150144-0002718~~ ~~청주시 흥덕구 성화동 231~~
3	2번근저당권설정 등기말소	2013년10월10일 제17216호	2013년10월10일 해지	
4	근저당권설정	2013년10월12일 제18111호	2013년10월12일 설정계약	채권최고액 금195,000,000원 채무자 차화란 충북 청원군 내수읍 학평리 187 근저당권자 나래은행 주식회사 150144-0001103 서울 서초구 서초2동 1172

-- 이 하 여 백 --

수수료 800원 영수함 관할등기소 청주지방법원 등기과 / 발행등기소 법원행정처 등기정보중앙관리소

이 등본은 부동산 등기부의 내용과 틀림 없음을 증명합니다.

서기 2013년 10월 25일

법원행정처 등기정보중앙관리소 전산운영책임관

[인터넷 발급] 문서 하단의 바코드를 스캐너로 확인하거나, 대법원 인터넷등기소 홈페이지(http://www/iros.go.kr)의 발급확인 메뉴에서 발급확인번호를 입력하여 위·변조 여부를 확인할 수 있습니다. 발급확인번호를 통한 확인은 발급일로부터 3개월까지 5회에 한하여 가능합니다.

발행번호 801236710954132467541110869200110987642313125087161

발급확인번호 MLAS-FYUS-6134 1/1 발행일 2013/10/25

등기부와 대장의 관계 : 등기부와 대장이 불일치 한 경우

* 표제부 사항 : 부동산의 물적 상황 내지 동일성에 관한 사항 : 등기가 대장의 기재를 따름
* 권리변동 사항 : 권리변동에 관한 사항 : 대장이 등기를 따름
* 예외 : 소유권보존등기에 관하여는 소유권의 확인에 있어 대장의 기재를 등기의 기초로 한다.

Ⅱ. 등기의 효력

1. 본등기의 효력

가. 권리변동적 효력 : 창설적 효력

물권적 합의에 따른 등기가 있으면 부동산 물권변동의 효력이 생긴다.

등기관이 등기를 마친 경우 그 등기는 접수한 때부터 효력이 발생.

나. 대항적 효력

권리변동 외의 일정한 사항을 등기할 수 있는데 이를 등기하면 제3자에 대하여 대항할 수 있다.

제한물권과 부동산환매권 및 부동산 임차권의 경우 존속기간, 지료, 전세금, 이자, 지급시기 등을 등기할 수 있는데 이를 등기하면 대항적 효력 발생.

다. 순위확정적 효력

동일한 부동산에 관하여 등기한 권리의 순위는 법률의 다른 규정이 없으면 등기의 선후에 의하여 정해진다.

부기등기의 순위는 주등기의 순위에 의하고, 부기등기 상호간의 순위는 그 선후에

의한다.

라. 등기의 추정력

부동산에 관하여 소유권이전등기가 마쳐져 있는 경우 그 등기명의자는 제3자에 대하여서뿐만 아니라 그 전 소유자에 대하여서도 적법한 절차 및 원인에 의하여 소유권을 취득한 것으로 추정되므로, 그 절차 및 원인이 부당하여 그 등기가 무효라는 사실은 이를 주장하는 자에게 입증책임이 있으나, 등기절차가 적법하게 진행되지 아니한 것으로 볼 만한 의심스러운 사정이 있음이 입증되는 경우에는 그 추정력은 깨어진다(대법원 2010.7.22. 선고 2010다21702 판결).

마. 등기의 공신력 : 인정되지 않는다.

2. 가등기의 효력

가등기에는 청구권보존의 가등기와 담보가등기가 있는데 본질적인 모습은 청구권보존의 가등기이다.

가. 본등기 후의 효력 : 본등기 순위보전의 효력

가등기에 기해 본등기를 하면 본등기 순위는 가등기 순위에 따르게 되는데 이를 순위보전적 효력이라고 함

물권변동은 본등기 할 때에 발생.

가등기는 그 성질상 본등기의 순위보전에 효력만이 있고 후일 본등기가 경료된 때에는 본등기의 순위가 가등기한 때로 소급함으로써 가등기후 본등기 전에 이루어진 중간처분이 본등기보다 후순위로 되어 실효될 뿐이고 본등기에 의한 물권변동의 효력이 가등기한 때로 소급하여 발생하는 것은 아니다.

대법원 1982.6.22. 선고 81다1298,1299 판결

> 부동산의 강제경매절차에서 경매목적부동산이 낙찰된 때에도 소유권이전등기청구권의 순위보전을 위한 가등기는 그보다 선순위의 담보권이나 가압류가 없는 이상 담보목적의 가등기와는 달리 말소되지 아니한 채 낙찰인에게 인수되는 것인바, 권리신고가 되지 않아 담보가등기인지 순위보전의 가등기인지 알 수 없는 경우에도 그 가등기가 등기부상 최선순위이면 집행법원으로서는 일단 이를 순위보전을 위한 가등기로 보아 낙찰인에게 그 부담이 인수될 수 있다는 취지를 입찰물건명세서에 기재한 후 그에 기하여 경매절차를 진행하면 족한 것이지, 반드시 그 가등기가 담보가등기인지 순위보전의 가등기인지 밝혀질 때까지 경매절차를 중지하여야 하는 것은 아니다.
>
> 대법원 2003.10.6. 자 2003마1438 결정

나. 본등기 청구 : 누구를 상대로 본등기를 청구하여야 하는가?

가등기권리자는 현재의 등기명의인(소유자)이 아니라 매도인에게 본등기 청구를 하여야 한다.

본등기가 되면 가등기 이후에 있었던 제3자의 본등기는 직권으로 말소 된다.

> 가등기 후에 제3자에게 소유권이전의 본등기가 된 경우에 가등기권리자는 본등기를 경료하지 아니하고는 가등기이후의 본등기의 말소를 청구할 수 없다.
>
> 위의 경우에 가등기권자는 가등기의무자인 전소유자를 상대로 본등기청구권을 행사할 것이고 제3자를 상대로 할 것이 아니다.
>
> 가등기권자가 소유권이전의 본등기를 한 경우에는 등기공무원은 가등기 이후에 한 제3자의 본등기를 직권 말소할 수 있다.
>
> 대법원 1962.12.24. 자 4294민재항675 결정

다. 본등기 전의 효력

본등기가 없는 한 가등기설정자의 처분행위를 저지할 수 없고, 이에 의한 제3취

득자에 대하여도 대항할 수 없다.

가등기가 있다고 하여 소유권이전등기를 청구할 어떤 법률관계가 추정되는 것도 아니다.

> 가등기는 부동산등기법 제6조 제2항의 규정에 의하여 그 본등기시에 본등기의 순위를 가등기의 순위에 의하도록 하는 순위보전적 효력만이 있을 뿐이고, 가등기만으로는 아무런 실체법상 효력을 갖지 아니하고 그 본등기를 명하는 판결이 확정된 경우라도 본등기를 경료하기까지는 마찬가지이므로, 중복된 소유권보존등기가 무효이더라도 가등기권리자는 그 말소를 청구할 권리가 없다.
> 대법원 2001.3.23. 선고 2000다51285 판결
>
> 소유권이전청구권의 보전을 위한 가등기가 있다하여 반드시 소유권이전등기할 어떤 계약관계가 있었던 것이라 단정할 수 없으므로 소유권이전등기를 청구할 어떤 법률관계가 있다고 추정이 되는 것도 아니라 할 것이다.
> 대법원 1979.5.22. 선고 79다239 판결

Ⅲ. 등기 추정력

등기 있는 곳에 실체적 권리가 존재하는 것으로 추정되는가?

등기가 형식적으로 존재하기만 하면 무효인 등기라도 그에 부합하는 권리가 실체법상으로도 존재하는 것으로 추정된다. 따라서 이를 부정하는 측에서 등기의 무효를 주장, 입증하여야 한다.

1. 추정력이 미치는 범위

* 등기된 권리는 등기명의인에게 귀속한 것으로 추정되고, 권리변동도 유효한 것으로 추정된다.

전등기명의인에 대하여도 유효한 권리변동의 추정효를 주장할 수 있다.

> 매매를 원인으로 소유권이전 등기가 거쳐진 경우 전 소유명의인이 이를 부인하고 그 등기원인의 무효를 주장하여 소유권이전등기의 말소등기절차의 이행을 구하려면 그 무효사실을 주장하고 이를 입증하여야 할 책임이 있다.
> 대법원 1977.6.7. 선고 76다3010 판결
>
> 소유권이전등기가 경료되어 있는 경우에는 그 등기명의자는 제3자에 대하여서 뿐만 아니라 그 전소유자에 대하여도 적법한 등기원인에 의하여 소유권을 취득한 것으로 추정된다.
> 대법원 2004.9.24. 선고 2004다27273 판결

* 절차의 적법추정 : 등기가 있으면 적법한 절차로 경료된 등기라고 추정된다.
  등기가 있으면 토지거래허가절차, 소재지관청의 증명서의 제출 등도 적법하게 이루어진 것으로 추정된다.

> 전 등기명의인이 미성년자이고 당해 부동산을 친권자에게 증여하는 행위가 이해상반행위라 하더라도 일단 친권자에게 이전등기가 경료된 이상, 특별한 사정이 없는 한, 그 이전등기에 관하여 필요한 절차를 적법하게 거친 것으로 추정된다(특별대리인이 선임된 것으로 추정 : 921조).
> 대법원 2002.2.5. 선고 2001다72029 판결

* 기재사항의 적법추정

1) 등기권리의 적법추정 : 등기된 부동산물권에 적법추정력이 부여된다.
   등기된 임차권의 경우 임차권의 적법성도 추정된다.
   저당권설정등기의 경우 피담보채권의 존재가 추정된다.

2) 등기원인의 적법추정 : 견해가 나뉘는데 판례는 등기원인의 추정력 인정

부동산에 관하여 소유권이전등기가 마쳐져 있는 경우에는 그 등기명의자는 제3자에 대하여뿐 아니라 그 전소유자에 대하여서도 적법한 등기원인에 의하여 소유권을 취득한 것으로 추정되는 것이므로 이를 다투는 측에서 그 무효사유를 주장·입증하여야 한다.

대법원 1994.9.13. 선고 94다10160 판결

부동산등기는 그것이 형식적으로 존재하는 것 자체로부터 적법한 등기원인에 의하여 마쳐진 것으로 추정되고, 등기명의자가 등기부에 기재된 것과 다른 원인으로 등기 명의를 취득하였다고 주장하고 있지만 그 주장 사실이 인정되지 않는다 하더라도 그 자체로 등기의 추정력이 깨어진다고 할 수 없으므로, 그와 같은 경우에도 등기가 원인 없이 마쳐진 것이라고 주장하는 쪽에서 그 무효 사유를 주장·입증할 책임을 지게 된다.

대법원 1997.9.30. 선고 95다39526 판결

부동산 등기는 현재의 진실한 권리상태를 공시하면 그에 이른 과정이나 태양을 그대로 반영하지 아니하였어도 유효한 것으로서, 등기명의자가 전 소유자로부터 부동산을 취득함에 있어 등기부상 기재된 등기원인에 의하지 아니하고 다른 원인으로 적법하게 취득하였다고 하면서 등기원인 행위의 태양이나 과정을 다소 다르게 주장한다고 하여 이러한 주장만 가지고 그 등기의 추정력이 깨어진다고 할 수는 없다.

대법원 2005.9.29. 선고 2003다40651 판결

ex : 원인행위가 증여인데 등기원인이 매매로 되어 있는 경우

3) 대리권 존재의 추정 : 매매를 원인으로 하는 소유권이전등기의 등기명의인은 본인이 직접 또는 대리인에 의해 적법하게 매수한 것으로 추정된다. 따라서 대리인의 대리권의 부존재, 즉 무권대리의 요건은 상대방이 이를 증명할 책임이 있다.

전등기명의인의 직접적인 처분행위에 의한 것이 아니라 제3자가 그 처분행위에 개입된 경우 현등기명의인이 그 제3자가 전등기명의인의 대리인이라고 주장하더라도 현등기명의인의 등기가 적법히 이루어진 것으로 추정되므로 그 등기가 원인무효임을 이유로 말소를 청구하는 전등기명의인으로서는 그 반대사실 즉, 그 제3자에게 전등기명의인을 대리할 권한이 없었다든지, 또는 그 제3자가 전등기명의인의 등기서류를 위조하였다는 등의 무효사실에 대한 입증책임을 진다.

대법원 1993.10.12. 선고 93다18914 판결

2. 특수한 등기의 추정력

가. 보존등기 : 보존등기도 추정력을 갖는다.

소유권이 진실하게 보존되어 있다는 사실에 관하여만 추정력이 있고 권리변동 사실은 추정되지 않는다. 등기명의인이 원시취득자가 아니라는 사실이 밝혀지면(토지를 사정받은 자가 따로이 있는 경우) 그 추정력은 부정되고 등기명의자가 적법하게 소유권을 취득한 사실을 증명하여야 한다.

구 토지조사령(1912.8.13. 제령 제2호)에 의한 토지의 사정명의인은 당해 토지를 원시취득하므로 적어도 구 토지조사령에 따라 토지조사부가 작성되어 누군가에게 사정되었다면 그 사정명의인 또는 그의 상속인이 토지의 소유자가 되고, 따라서 설령 국가가 이를 무주부동산으로 취급하여 국유재산법령의 절차를 거쳐 국유재산으로 등기를 마치더라도 국가에게 소유권이 귀속되지 않는다.

토지에 관한 소유권보존등기의 추정력은 그 토지를 사정받은 사람이 따로 있음이 밝혀진 경우에는 깨어지고 등기명의인이 구체적으로 그 승계취득 사실을 주장·입증하지 못하는 한 그 등기는 원인무효이다.

대법원 2005.5.26. 선고 2002다43417 판결

소유권보존등기 추정력은 보존등기 명의인 이외의 자가 당해 토지를 사정받은 것

으로 밝혀지면 깨지는 것이나, 한편 부동산 소유권에 기한 물권적 방해배제청구권 행사의 일환으로서 부동산에 관하여 마쳐진 타인 명의의 소유권보존등기 말소를 구하려면 먼저 자신에게 말소를 청구할 수 있는 권원이 있음을 적극적으로 주장·증명하여야 하며, 만일 그러한 권원이 있음이 인정되지 않는다면 설사 타인 명의의 소유권보존등기가 말소되어야 할 무효의 등기라고 하더라도 청구를 인용할 수 없다. 따라서 사정 이후에 사정명의인이 토지를 다른 사람에게 처분한 사실이 인정된다면 사정명의인 또는 상속인들에게는 소유권보존등기 명의인을 상대로 등기의 말소를 청구할 권원이 없게 되므로, 그 청구를 인용할 수 없다.

대법원 2011.5.13. 선고 2009다94384 판결

나. 말소등기 : 말소된 권리의 소멸 내지 부존재가 추정된다.

등기는 물권의 효력 발생 요건이고 존속 요건은 아니어서 등기가 원인 없이 말소된 경우에는 그 물권의 효력에 아무런 영향이 없고, 그 회복등기가 마쳐지기 전이라도 말소된 등기의 등기명의인은 적법한 권리자로 추정되므로 원인 없이 말소된 등기의 효력을 다투는 쪽에서 그 무효 사유를 주장·입증하여야 한다.

대법원 1997.9.30. 선고 95다39526 판결

※ 등기가 원인 없이 말소된 경우, 그 말소된 등기의 추정력에 관한 판례이다.

다. 가등기 : 가등기에는 가등기원인에 대한 적법추정력이 없으므로 소유권이전등기청구권이 있다고 추정되지 않는다.

소유권이전청구권의 보전을 위한 가등기가 있다하여 반드시 소유권이전등기 할 어떤 계약관계가 있었던 것이라 단정할 수 없으므로 소유권이전등기를 청구할 어떤 법률관계가 있다고 추정이 되는 것도 아니라 할 것이다.

대법원 1979.5.22. 선고 79다239 판결

라. 특별조치법에 의한 등기의 추정력 : 일반등기보다 더 강한 추정력이 인정된다.

구 임야소유권이전등기등에관한특별조치법(실효, 이하 '특별조치법'이라 한다)에 따라 등기를 마친 자가 보증서나 확인서에 기재된 취득원인이 사실과 다름을 인정하더라도 그가 다른 취득원인에 따라 권리를 취득하였음을 주장하는 때에는, 특별조치법의 적용을 받을 수 없는 시점의 취득원인 일자를 내세우는 경우와 같이 그 주장 자체에서 특별조치법에 따른 등기를 마칠 수 없음이 명백하거나 그 주장하는 내용이 구체성이 전혀 없다든지 그 자체로서 허구임이 명백한 경우 등의 특별한 사정이 없는 한 위의 사유만으로 특별조치법에 따라 마쳐진 등기의 추정력이 깨어진다고 볼 수는 없으며, 그 밖의 자료에 의하여 새로이 주장된 취득원인 사실에 관하여도 진실이 아님을 의심할 만큼 증명되어야 그 등기의 추정력이 깨어진다고 할 것이다.

대법원 2001.11.22. 선고 2000다71388,71395 전원합의체 판결

구 부동산 소유권이전등기 등에 관한 특별조치법(1982.4.3. 법률 제3562호 이하 '특별조치법'이라 한다)에 의하여 경료된 등기는 실체적 권리관계에 부합하는 등기로 추정되고, 특별조치법 소정의 보증서나 확인서가 허위 또는 위조된 것이라거나 그 밖의 사유로 적법하게 등기된 것이 아니라는 입증이 없는 한 이전등기의 추정력은 깨어지지 않는 것이며, 또 특별조치법에 따라 등기를 마친 자가 보증서나 확인서에 기재된 취득원인이 사실과 다름을 인정하더라도 그가 다른 취득원인에 따라 권리를 취득하였음을 주장하는 때에는 그 주장 자체에서 특별조치법에 따른 등기를 경료할 수 없음이 명백하거나 그 주장하는 내용이 구체성이 전혀 없다든지 그 자체로서 허구임이 명백하다는 등의 특별한 사정이 없는 한 위와 같은 사유만으로는 특별조치법에 의하여 경료된 등기의 추정력이 깨어진다고 볼 수 없고, 그 밖의 자료에 의하여 새로 주장된 취득원인사실에 관하여도 진실이 아님을 의심할 만큼 증명되어야 비로소 그 등기의 추정력이 깨어진다고 할 것이다.

대법원 2012.4.26. 선고 2011다59025 판결

구 부동산 소유권이전등기 등에 관한 특별조치법(1982.4.3. 법률 제3562호, 실효)과 구 임야 소유권이전등기 등에 관한 특별조치법(1969.5.21. 법률 제2111호,

실효)에 의하여 마친 등기는 실체적 권리관계에 부합하는 등기로 추정되고, 위 각 특별조치법 소정의 보증서나 확인서가 허위 또는 위조된 것이라거나 그 밖의 사유로 적법하게 등기된 것이 아니라는 입증이 없는 한 그 소유권보존등기나 이전등기의 추정력은 깨어지지 않는 것이며, 여기서 허위의 보증서나 확인서라 함은 권리변동의 원인에 관한 실체적 기재 내용이 진실에 부합하지 않는 보증서나 확인서를 뜻하는 것인바, 위 각 특별조치법이 부동산의 사실상의 양수인에 대하여 그 권리 변동 과정과 일치하지 않는 등기를 허용하는 것임에 비추어 권리취득의 원인인 매수일자가 전등기명의인의 사망일자보다 뒤로 되어 있거나 보증서나 확인서상의 매도인 명의나 매수일자의 기재가 실제와 달리 되어 있거나 보증서에 구체적 권리변동사유의 기재가 생략되고 현재의 권리상태에 대해서만 기재되어 있다 하더라도 그것만으로는 바로 그 등기의 적법추정력이 깨어진다고 할 수 없다. 또한 위 각 특별조치법에 따라 등기를 마친 자가 보증서나 확인서에 기재된 취득원인이 사실과 다름을 인정하더라도 그가 다른 취득원인에 따라 권리를 취득하였음을 주장하는 때에는, 특별조치법의 적용을 받을 수 없는 시점의 취득원인 일자를 내세우는 경우와 같이 그 주장 자체에서 특별조치법에 따른 등기를 마칠 수 없음이 명백하거나 그 주장하는 내용이 구체성이 전혀 없다든지 그 자체로서 허구임이 명백한 경우 등의 특별한 사정이 없는 한 위의 사유만으로 특별조치법에 따라 마쳐진 등기의 추정력이 깨어진다고 볼 수는 없으며, 그 밖의 자료에 의하여 새로이 주장된 취득원인 사실에 관하여도 진실이 아님을 의심할 만큼 증명되어야 그 등기의 추정력이 깨어진다고 할 것이다.

대법원 2009.6.11. 선고 2009다15145 판결

Ⅳ. 등기청구권

1. 의의

등기는 당사자의 신청 또는 관공서의 촉탁에 따라 한다(부동산등기법 제22조 제1항). 그리고 당사자의 신청에 따라 등기를 하게 되는 경우에 등기는 법률에 다른 규

정이 없는 경우에는 등기권리자와 등기의무자가 공동으로 신청한다(부동산등기법 제23조 제1항). 따라서 등기를 공동으로 신청함에 있어 등기의무자가 협력하지 않을 경우에 등기권리자는 그에게 그 협력을 청구할 수 있는데 이러한 청구를 할 수 있는 권리를 등기청구권이라 한다.

2. 법적 성격

* 일반적 성격

등기청구권의 법적성격에 대해서는 채권적 청구권설과 물권적 기대권에 기초한 물권적 청구권설의 대립이 있다.

판례는 채권적 청구권으로 보고 있다.

법률행위에 의한 등기청구권의 소멸시효 : 채권적 청구권으로 이해하는 한 원칙적으로 소멸시효에 걸린다.

<u>판례는 등기청구권은 채권적 청구권이기는 하지만 목적물을 점유하고 있으면 소멸시효에 걸리지 않는다는 특이한 입장 견지</u>

> 신민법하의 부동산에 관한 매매에 있어서는 등기가 없는 한 소유권을 취득하지 못하므로 그 매수인은 소유권을 전제로 한 물권적 청구권에 의하여 소유권이전등기를 청구할 수 없으나 매매계약에 따라 물권을 이전하라는 채권적 청구권에 의하여 소유권의 이전등기를 청구할 수 있다고 이해할 것이다.
>
> 대법원 1962.5.10. 4294민상1232
>
> 시효제도의 존재이유에 비추어 보아 부동산 매수인이 그 목적물을 인도받아서 이를 사용수익하고 있는 경우에는 그 매수인을 권리 위에 잠자는 것으로 볼 수도 없고 또 매도인 명의로 등기가 남아 있는 상태와 매수인이 인도받아 이를 사용수익하고 있는 상태를 비교하면 매도인 명의로 잔존하고 있는 등기를 보호하기 보

다는 매수인의 사용수익상태를 더욱 보호하여야 할 것이므로 그 매수인의 등기청구권은 다른 채권과는 달리 소멸시효에 걸리지 않는다고 해석함이 타당하다.
대법원 1976.11.6. 선고 76다148 전원합의체 판결

부동산의 매수인이 그 부동산을 인도받은 이상 이를 사용·수익하다가 그 부동산에 대한 보다 적극적인 권리 행사의 일환으로 다른 사람에게 그 부동산을 처분하고 그 점유를 승계하여 준 경우에도 그 이전등기청구권의 행사 여부에 관하여 그가 그 부동산을 스스로 계속 사용·수익만 하고 있는 경우와 특별히 다를 바 없으므로 위 두 어느 경우에나 이전등기청구권의 소멸시효는 진행되지 않는다고 보아야 한다.
대법원 1999.3.18. 선고 98다32175 전원합의체 판결

부동산을 매수한 후 다른 사람에게 임대하는 등 점유(간접점유)를 하고 있는 것이라면 이 부동산에 대한 소유권이전등기청구권의 소멸시효는 진행되지 아니한다.
대법원 1988.9.27. 선고 86다카2634 판결

* 실체관계와 등기가 일치하지 않는 경우 : 물권적 청구권

원인관계가 실효된 경우 실체적 권리관계와 등기가 일치하지 않기 때문에 등기말소(말소등기청구)와 회복(진정명의회복을 원인으로 하는 소유권이전등기청구)을 위한 등기청구권이 인정됨.
방해제거를 위한 물권적 청구권으로서 등기청구권이 인정됨.
물권적 청구의 이행불능에 대해서는 채무불이행을 원인으로 한 손해배상책임이 인정되지 아니한다.

진정한 등기명의의 회복을 위한 소유권이전등기청구는 이미 자기 앞으로 소유권을 표상하는 등기가 되어 있었거나 법률에 의하여 소유권을 취득한 자가 진정한 등기명의를 회복하기 위한 방법으로 현재의 등기명의인을 상대로 그 등기의 말소를 구하는 것에 갈음하여 허용되는 것으로서 그 법적 성질은 소유권에 기한 방해

배제청구권이므로, 진정한 등기명의의 회복을 위한 소유권이전등기청구권을 행사하기 위하여는 그 상대방인 현재의 등기명의자에 대하여 진정한 소유자로서 그 소유권을 주장할 수 있어야 할 것이다.

대법원 2009.4.9. 선고 2006다30921 판결

소유자가 자신의 소유권에 기하여 실체관계에 부합하지 아니하는 등기의 명의인을 상대로 그 등기말소나 진정명의회복 등을 청구하는 경우에, 그 권리는 물권적 청구권으로서의 방해배제청구권(민법 제214조)의 성질을 가진다. 그러므로 소유자가 그 후에 소유권을 상실함으로써 이제 등기말소 등을 청구할 수 없게 되었다면, 이를 위와 같은 청구권의 실현이 객관적으로 불능이 되었다고 파악하여 등기말소 등 의무자에 대하여 그 권리의 이행불능을 이유로 민법 제390조상의 손해배상청구권을 가진다고 말할 수 없다. 위 법규정에서 정하는 채무불이행을 이유로 하는 손해배상청구권은 계약 또는 법률에 기하여 이미 성립하여 있는 채권관계에서 본래의 채권이 동일성을 유지하면서 그 내용이 확장되거나 변경된 것으로서 발생한다. 그러나 위와 같은 등기말소청구권 등의 물권적 청구권은 그 권리자인 소유자가 소유권을 상실하면 이제 그 발생의 기반이 아예 없게 되어 더 이상 그 존재 자체가 인정되지 아니하는 것이다. 이러한 법리는 선행소송에서 소유권보존등기의 말소등기청구가 확정되었다고 하더라도 그 청구권의 법적 성질이 채권적 청구권으로 바뀌지 아니하므로 마찬가지이다.

국가 명의로 소유권보존등기가 경료된 토지의 일부 지분에 관하여 甲 등 명의의 소유권이전등기가 경료되었는데, 乙이 등기말소를 구하는 소를 제기하여 국가는 乙에게 원인무효인 등기의 말소등기절차를 이행할 의무가 있고 甲 등 명의의 소유권이전등기는 등기부취득시효 완성을 이유로 유효하다는 취지의 판결이 확정되자, 乙이 국가를 상대로 손해배상을 구한 사안에서, 甲 등의 등기부취득시효 완성으로 토지에 관한 소유권을 상실한 乙이 불법행위를 이유로 소유권 상실로 인한 손해배상을 청구할 수 있음은 별론으로 하고, 애초 국가의 등기말소의무 이행불능으로 인한 채무불이행책임을 논할 여지는 없고, 또한 토지의 소유권 상실로 인한 손해배상을 구하는 乙의 청구에 대하여 당사자가 주장하지 아니한 소유권보존등기 말소등기절차 이행의무의 이행불능으로 인한 손해배상책임을 인정할 수 없음에도, 이와 달리 손해배상책임을 인정한 원심판결에 법리오해와 처분권주의 위

반의 위법이 있다.
대법원 2012.5.17 선고 2010다28604 전원합의체 판결
※ 채권적 청구의 경우에만 이행불능을 원인으로 한 손해배상이 문제 됨.

* 시효취득의 경우 : 판례는 취득시효완성에 의한 등기청구권을 채권적 청구권으로 이해하고 있음.

부동산에 대한 점유취득시효 완성을 원인으로 하는 소유권이전등기청구권은 채권적 청구권으로서, 취득시효가 완성된 점유자가 그 부동산에 대한 점유를 상실한 때로부터 10년간 이를 행사하지 아니하면 소멸시효가 완성된다.
대법원 1995.12.5. 선고 95다24241 판결

일단 취득시효기간의 만료로 점유자가 소유권이전등 기 청구권을 취득한 이상 그 후 점유자의 부동산에 대한 점유가 중단되었다 하더라도 그와 같은 점유의 상실이 시효의 이익의 포기와 동일시할 수 없는 한 이미 취득한 소유권이전등기청구권이 소멸된 것으로 보아서는 아니된다.
대법원 1989.4.25. 선고 88다카3618 판결

민법 시행일 전의 시효완성으로 인하여 물권을 취득한 자가 민법부칙 제10조 소정의 기간내에 등기를 하지 아니함으로써 물권을 취득한 효력을 잃게 된다고 하더라도, 그로인하여 취득시효의 완성을 원인으로 소유권이전등기를 청구할 수 있는 채권까지 잃는 것이 아님은 물론, 토지에 관한 취득시효의 완성을 원인으로 한 소유권이전등기청구권은 그 토지에 대한 점유가 계속되는 한 시효로 소멸하지 아니하는 것이다.
대법원 1992.3.10. 선고 91다24311 판결

* 부당이득반환청구권이 소유권이전등기청구권인 경우 : 판례는 점유여부와 관계없이10년의 소멸시효에 걸린다고 한다.

부동산 실권리자명의 등기에 관한 법률 시행 전에 명의수탁자가 명의신탁 약정에 따라 부동산에 관한 소유명의를 취득한 경우 위 법률의 시행 후 같은 법 제11조의 유예기간이 경과하기 전까지 명의신탁자는 언제라도 명의신탁 약정을 해지하고 당해 부동산에 관한 소유권을 취득할 수 있었던 것으로, 실명화 등의 조치 없이 위 유예기간이 경과함으로써 같은 법 제12조 제1항, 제4조에 의해 명의신탁 약정은 무효로 되는 한편, 명의수탁자가 당해 부동산에 관한 완전한 소유권을 취득하게 된다 할 것인데, 같은 법 제3조 및 제4조가 명의신탁자에게 소유권이 귀속되는 것을 막는 취지의 규정은 아니므로 명의수탁자는 명의신탁자에게 자신이 취득한 당해 부동산을 부당이득으로 반환할 의무가 있다 할 것인바, 이와 같은 경위로 명의신탁자가 당해 부동산의 회복을 위해 명의수탁자에 대해 가지는 소유권이전등기청구권은 그 성질상 법률의 규정에 의한 부당이득반환청구권으로서 민법 제162조 제1항에 따라 10년의 기간이 경과함으로써 시효로 소멸한다.

명의신탁계약 및 그에 기한 등기를 무효로 하고 그 위반행위에 대하여 형사처벌까지 규정한 부동산 실권리자명의 등기에 관한 법률의 시행에 따라 그 권리를 상실하게 된 위 법률 시행 이전의 명의신탁자가 그 대신에 부당이득의 법리에 따라 법률상 취득하게 된 명의신탁 부동산에 대한 부당이득반환청구권의 경우, 무효로 된 명의신탁 약정에 기하여 처음부터 명의신탁자가 그 부동산의 점유 및 사용 등 권리를 행사하고 있다 하여 위 부당이득반환청구권 자체의 실질적 행사가 있다고 볼 수 없을 뿐만 아니라, 명의신탁자가 그 부동산을 점유·사용하여 온 경우에는 명의신탁자의 명의수탁자에 대한 부당이득반환청구권에 기한 등기청구권의 소멸시효가 진행되지 않는다고 보아야 한다면, 이는 명의신탁자가 부동산 실권리자명의 등기에 관한 법률의 유예기간 및 시효기간 경과 후 여전히 실명전환을 하지 않아 위 법률을 위반한 경우임에도 그 권리를 보호하여 주는 결과로 되어 부동산 거래의 실정 및 부동산 실권리자명의 등기에 관한 법률 등 관련 법률의 취지에도 맞지 않는다.

대법원 2009.7.9. 선고 2009다23313 판결

V. 이중등기 : 중복등기

1. 동일인 명의의 이중등기

이미 보존등기가 된 부동산에 다시 동일인 명의로 보존등기가 2중으로 된 경우, 후등기를 기초로 하여 다른 사람에게 소유권이전등기하였다면? : 실체관계 부합여부를 가릴 것 없이 시간적으로 뒤에 경료 된 중복등기는 무효이다.

동일 부동산에 관하여 등기명의인을 달리하여 중복된 소유권보존등기가 마쳐진 경우에는 먼저 된 소유권보존등기가 원인무효가 되지 아니하는 한 뒤에 된 소유권보존등기는 1부동산 1등기용지주의를 채택하고 있는 현행 부동산등기법 아래에서는 무효라고 해석함이 상당하므로, 동일 부동산에 관하여 중복된 소유권보존등기에 터잡아 등기명의인을 달리한 소유권이전등기가 각각 마쳐진 경우에 각 등기의 효력은 소유권이전등기의 선후에 의하여 판단할 것이 아니고, 그 소유권이전등기의 바탕이 된 각 소유권보존등기의 선후를 기준으로 판단하여야 하며, 이러한 법리는 위와 같은 중복된 등기부가 모두 멸실된 후 멸실 전의 등기를 회복재현하는 회복된 소유권이전등기가 중복된 경우에도 마찬가지로 적용된다.

대법원 1998.7.14. 선고 97다34693 판결

2. 명의자가 다른 2중보존등기

갑 명의로 보존등기된 부동산을 을에게 매도하고 을이 다시 보존등기를 하였는데 그 후 을이 A에게 이전등기 하였고, 갑도 B에게 이전등기한 경우는? 즉 명의자가 다른 2중 보존등기의 효력은?

* 실체법설 : 실체적 권리관계에 부합하는 등기를 유효로 본다는 견해
* 절차법설 : 선보존등기를 유효로 보는 견해
* 판례 : 먼저 이루어진 소유권보존등기가 원인무효가 되지 않는 한 뒤의 소유권보존등기는 무효이다.

동일 부동산에 관하여 등기명의인을 달리하여 중복된 소유권보존등기가 경료된 경우에는, 먼저 이루어진 소유권보존등기가 원인무효가 되지 아니하는 한, 뒤에 된 소유권보존등기는 실체권리관계에 부합되는지의 여부를 따질 필요도 없이 무효이다.

어느 부동산에 관하여 등기명의인을 달리하여 소유권보존등기가 2중으로 경료된 경우 먼저 이루어진 소유권보존등기가 원인무효가 아니어서 뒤에 된 소유권보존등기가 무효로 되는 때에는, 뒤에 된 소유권보존등기나 이에 터잡은 소유권이전등기를 근거로 하여서는 등기부취득시효의 완성을 주장할 수 없다.

대법원 1996.10.17. 선고 96다12511 전원합의체 판결

※ 1부동산 1용지원칙에 의할 때 등기부취득시효의 대상이 되는 등기는 적법하게 소유권이 보존된 등기를 말함.

중복보존등기의 실체관계를 가려본 결과 그 중 어느 하나가 무효의 보존등기여서 이에 터잡아 이루어진 뒤의 등기도 역시 무효가 되었다 하더라도 현재의 권리관계를 표상하는 등기가 그에 대응하는 실체적 권리관계에 부합하고 그 등기가 있기까지 그 토지에 관하여 등기부상 이해관계를 가지는 제3자가 없을 경우에는 그 등기는 유효한 등기로 보아야 한다.

대법원 1988.3.22. 선고, 87다카2568 판결

※ 무효등기의 유용

제 3 장

물권변동

제3장 물권변동

Ⅰ. 법률행위에 의한 부동산 물권변동

부동산에 관한 법률행위로 인한 물권의 득실변경은 등기하여야 그 효력이 생긴다(제186조).

법률행위에 의한 부동산 물권변동에 관하여 성립요건주의(형식주의)를 채용한 것임. 점유권과 유치권을 제외한 소유권, 지상권, 지역권, 전세권, 저당권의 부동산물권에 적용된다.

1. 186조 적용이 문제되는 경우

가. 원인행위의 실효에 의한 물권의 귀속 : 원인행위가 실효되었을 때 말소등기를 하여야만 물권이 복귀하는가?

* 원인행위가 무효, 취소된 경우 : 물권행위의 유인성 여부에 따라 결론이 달라짐 판례는 물권이 당연 복귀한다는 입장 : 소유권에 기한 물권적 청구권으로서 말소등기 청구.
* 계약해제의 경우 : 계약이 해제 되면 법률효과는 소급적으로 실효되므로 물권행위의유인성을 인정하는 한 물권행위도 실효되므로 이전하였던 물권은 등기 없이도 복귀한다.
* 제3자보호 문제 : 취득자의 등기명의를 믿고 거래한 제3자는 무권리자로부터 물권 을 취득한 것이 되므로 등기의 공신력을 인정하지 않는 한 물권을 취득할 수 없다 : 다만 선의의 제3자를 보호하는 규정이 있다(107조,108조, 109조, 110조, 제548조).

원인행위를 해제한 경우 제3자(선의, 악의를 불문함)의 권리를 해하지 못하므로 제3자에게 이미 등기가 경료되었다면 원인행위를 해제하였다고 하더라도 제3자의 권리는 보호받는다. 그러나 원인행위를 해제한 이후에 제3자에게 등기가 경료되었다면 제3자가 선의인 경우에만 제3자의 권리는 보호를 받는다.

사기에 의한 법률행위의 의사표시를 취소하면 취소의 소급효로 인하여 그 행위의 시초부터 무효인 것으로 되는 것이요 취소한 때에 비로소 무효로 되는 것이 아니므로 취소를 주장하는 자와 양립되지 아니하는 법률관계를 가졌던 것이 취소 이전에 있었던가 이후에 있었던가는 가릴 필요없이 사기에 의한 의사표시 및 그 취소사실을 몰랐던 모든 제3자에 대하여는 그 의사표시의 취소를 대항하지 못한다고 보아야 할 것이고 이는 거래안전의 보호를 목적으로 하는 민법 110조 3항의 취지에도 합당한 해석이 된다.

대법원 1975.12.23. 선고 75다533 판결

※ 사기에 의한 의사표시를 취소한 이후에 비로소 이해관계를 가지게 된 제3자가 민법 110조 3항 소정의 제3자에 해당한다는 취지임.

계약해제시 계약은 소급하여 소멸하게 되어 해약당사자는 각 원상회복의 의무를 부담하게 되나 이 경우 계약해제로 인한 원상회복등기 등이 이루어지기 이전에 해약당사자와 양립되지 아니하는 법률관계를 가지게 되었고 계약해제 사실을 몰랐던 제3자에 대하여는 계약해제를 주장할 수 없고, 이 경우 제3자가 악의라는 사실의 주장·입증책임은 계약해제를 주장하는 자에게 있다.

대법원 2005.6.9. 선고 2005다6341 판결

나. 재단법인의 설립에 있어 출연재산의 귀속

민법 제48조는 「생전처분으로 재단법인을 설립하는 때에는 출연재산은 법인이 성립한 때로부터 법인의 재산이 된다」 고 규정하고 있는데, 출연재산이 부동산인 경우에 그 물권이 재단법인에 귀속하는 것은 민법 제186조에 의하여 등기를 한 때인가, 아니면 법인이 성립한 때인가?

* 등기불요설 : 민법 제48조가 제187조에 규정된 "기타 법률의 규정"에 해당한다고 본다.

* 등기필요설 : 민법 제186조에 따라 등기하여야 물권이 법인에게 귀속된다.

* 판례 : 등기 없이도 출연부동산이 법인설립과 동시에 법인에게 귀속되나(민법 제187조 적용), 법인이 취득한 부동산을 가지고 제3자에게 대항하려면 민법 제186조에 따라 등기하여야 한다는 입장을 보이고 있다.

> 민법 제48조는 재단법인 성립에 있어서 재산출연자와 법인과의 간의 관계에 있어서의 출연재산의 귀속에 관한 규정이고 동 규정은 그 기능에 있어서 출연재산의 귀속에 관해서 출연자와 법인과의 관계를 상대적으로 결정함에 있어서 그의 기준이 되는 것에 불과하여 출연재산은 출연자와 법인과의 관계에 있어서 그 출연행위에 터잡아 법인이 성립되면 그로써 출연재산은 민법의 위 조항에 의하여 법인 설립시에 법인에게 귀속되어 법인의 재산이 되는 것이라고 할 것이고, 출연재산이 부동산인 경우에 있어서도 위 양 당사자간의 관계에 있어서는 위 요건(법인의 성립)외에 등기를 필요로 하는 것이 아니라 함이 상당하다 할 것이다.
>
> 한편, 제3자에 대한 관계에 있어서는 출연행위는 법률행위이므로 출연재산의 법인에의 귀속에는 부동산의 권리에 관한 것일 경우 법인성립 외에 등기를 필요로 한다.
>
> 대법원 1979.12.11. 선고 78다481 전원합의체 판결

다. 소멸시효완성과 물권의 소멸

질권, 저당권은 피담보채권이 시효로 소멸하면 부종성으로 인해 소멸하고, 소유권과 점유권은 소멸시효의 대상이 되지 않으며, 유치권은 점유상실로 소멸하므로, 소멸시효의 대상이 되는 물권은 지상권, 지역권, 전세권이다(시효기간은 20년). 물권에 관하여 소멸시효가 완성되면 등기 없이도 그 물권이 소멸되는가, 아니면 등기를 하여야 소멸되는가?

* 상대적 소멸설 : 시효의 수익자가 전 권리자의 권리소멸을 주장하여 말소등기를 한 때에 권리가 소멸된다고 본다.

* 절대적 소멸설 : 시효기간이 완성되면 권리는 절대적으로 소멸하므로 등기의 말소를 기다리지 않고 물권은 소멸한다고 본다.
* 판례 : 절대적 소멸설에 입각하면서 변론주의 원칙 때문에 소멸시효의 이익을 받을 자가 소송에서 주장하지 않으면 안 된다는 입장을 견지함.

> 소멸시효에 있어서 그 시효기간이 만료되면 권리는 당연히 소멸하지만 그 시효의 이익을 받는 자가 소송에서 소멸시효의 주장을 하지 아니하면 그 의사에 반하여 재판할 수 없고, 그 시효이익을 받는 자는 시효기간 만료로 인하여 소멸하는 권리의 의무자를 말한다.
>
> 대법원 1991.7.26. 선고 91다5631 판결

라. 제한물권의 소멸청구 또는 소멸통고

1) **소멸청구** : 지상권설정자와 전세권설정자는 일정한 경우 지상권 또는 전세권의 소멸을 청구할 수 있다(287조, 311조). 이 경우 제한물권은 말소등기 없이도 소멸하는가, 아니면 말소등기를 하여야 소멸하는가?

* 등기불요설 : 소멸청구는 형성권의 행사이므로 소멸청구의 의사표시만으로 소멸의 효과가 발생한다고 본다.
* 등기필요설 : 186조에 의한 물권변동이라고 보아 등기가 필요하다고 본다.
* 판례는 없다 : 소멸청구의 법적 성격상 등기불요설이 타당하다.

2) **소멸통고** : 전세권의 존속기간이 정하여지지 아니한 때에는 각 당사자는 언제든지 상대방에게 전세권의 소멸을 통고할 수 있고, 상대방이 이 통고를 받은 날로부터 6월이 경과하면 전세권이 소멸한다(313조, 314조 2항).

등기필요 여부는 위 소멸청구와 동일하게 해석해야 할 것이다.

2. 등기와 실체관계의 불일치

* 원칙적 모습 : 등기가 물권적 합의와 내용에 있어 어긋나면 물권변동은 발생하지 않는다.

  A토지에 대해 매매계약을 체결하였는데 B토지에 대한 소유권이전등기를 하면 그 등기는 무효이다(B토지에 대한 원인행위가 존재하지 않으므로).

  지상권설정의 합의가 있었는데 전세권설정등기를 하여도 그 등기는 무효이다.

* 부분적 불일치 : 물권적 합의와 등기가 그 내용에 있어 일부분만이 맞는 경우에는 등기가 모두 무효로 되지는 않는다.

  등기된 양이 물권적 합의의 양보다 클 때에는 물권적 합의의 한도 내에서 효력이 있다.

  반면에 등기의 양이 물권적 합의의 양보다 적은 때에는 등기기재의 한도 내에서 효력을 인정하여야 한다.

> 채권담보의 목적으로 소유권이전등기를 한 경우에는 그 채권의 일부가 무효라고 하더라도 나머지 채권이 유효인 이상 채무자는 그 채무를 변제함이 없이 말소등기절차를 구할 수 없다
>
> 대법원 1970.9.17. 선고, 70다1250 판결

* 실제와 다른 등기원인 : 등기에 있어 등기원인이 실제와 다르게 기재 되는 경우가 있다.

  실제는 증여인데 매매를 원인으로 하여 소유권이전등기하는 경우, 원인행위가 실효되어 물권이 복귀하는 경우에 말소등기대신 새로운 이전등기를 하는 경우가 있다.

  학설 및 판례는 그 유효성을 인정하고 있다

부동산 등기는 현실의 권리 관계에 부합하는 한 그 권리취득의 경위나 방법 등이 사실과 다르다고 하더라도 그 등기의 효력에는 아무런 영향이 없는 것이므로 증여에 의하여 부동산을 취득하였지만 등기원인을 매매로 기재하였다고 하더라도 그 등기의 효력에는 아무런 하자가 없다.
대법원 1980.7.22. 선고 80다791 판결

이미 자기 앞으로 소유권을 표상하는 등기가 되어 있었거나 법률에 의하여 소유권을 취득한 자가 진정한 등기명의를 회복하기 위한 방법으로는 현재의 등기명의인을 상대로 그 등기의 말소를 구하는 외에 "진정한 등기명의의 회복"을 원인으로 한 소유권이전등기절차의 이행을 직접 구하는 것도 허용되어야한다.
대법원 1990.11.27. 선고 89다카12398 전원합의체판결

3. 진정한 등기명의의 회복을 원인으로 한 이전등기

말소등기 대신 이전등기를 할 수 있는데 이러한 이전등기청구권은 소유권에 기한 물권적 청구권의 성질을 갖기 때문에 소멸시효의 대상이 아니다.

진정명의의 회복을 위한 소유권이전등기는 이미 자기 앞으로 소유권을 표상하는 등기가 되어 있었거나 법률에 의하여 소유권을 취득한 진정한 소유권자가 그 등기명의를 회복하기 위한 방법으로 그 소유권에 기하여 현재의 등기명의인을 상대로 진정한 등기명의의 회복을 원인으로 한 소유권이전등기절차의 이행을 구하는 것이다.
대법원 1990.12.21. 선고 88다카20026 판결

등기부가 멸실된 경우에는 멸실회복등기를 할 수가 있을 것이나 그 회복등기를 하지 아니하고 그 부동산에 관하여 매도인의 상속인 명의로 이미 소유권보존등기가 되어 있다면 매수인 또는 그 상속인은 위 매도인의 상속인을 상대로 위 등기의 멸실회복에 대신하여 소유권이전등기절차의 이행을 구할 수 있고 이는 진정한

명의의 회복을 구하는 것으로서 시효로 인하여 소멸하는 권리가 아니다.
대법원 1993.8.24. 선고 92다43975 판결

* 허용요건 : 진정한 등기명의의 회복을 원인으로 하는 소유권이전등기의 허용요건

가. 이전 등기를 청구하는 자가 현재 소유권을 취득하고 있을 것

판례가 허용한 경우 : 1) 매매계약의 무효나 취소로 인하여 물권이 당연히 복귀하는 경우의 매도인

2) 멸실회복등기 대신에 보존등기가 되어 있는 매도인의 상속인을 상대로 하는 이전등기를 구하는 매수인이나 그 상속인

3) 명의신탁이 무효인 경우 등기를 한 적이 있었던 명의신탁자

4) 공유부동산에 대해 타인 명의의 무효등기가 경료된 경우 공유자 중의 한 사람

부동산의 공유자 중 한 사람은 공유물에 대한 보존행위로서 그 공유물에 관한 원인무효의 등기 전부의 말소를 구할 수 있고, 진정명의회복을 원인으로 한 소유권이전등기청구권과 무효등기의 말소청구권은 어느 것이나 진정한 소유자의 등기명의를 회복하기 위한 것으로서 실질적으로 그 목적이 동일하고 두 청구권 모두 소유권에 기한 방해배제청구권으로서 그 법적 근거와 성질이 동일하므로, 공유자 중 한 사람은 공유물에 경료된 원인무효의 등기에 관하여 각 공유자에게 해당 지분별로 진정명의회복을 원인으로 한 소유권이전등기를 이행할 것을 단독으로 청구할 수 있다.
대법원 2005.9.29. 선고 2003다40651 판결

원칙적으로 일반 명의신탁의 명의신탁자는 명의수탁자를 상대로 원인무효를 이유로 그 등기의 말소를 구하여야 하는 것이기는 하나, 자기 명의로 소유권을 표상

하는 등기가 되어 있었거나 법률에 의하여 소유권을 취득한 진정한 소유자는 그 등기명의를 회복하기 위한 방법으로 그 소유권에 기하여 현재의 원인무효인 등기명의인을 상대로 진정한 등기명의의 회복을 원인으로 한 소유권이전등기절차의 이행을 구할 수도 있으므로, 명의신탁대상 부동산에 관하여 자기 명의로 소유권이전등기를 경료한 적이 있었던 명의신탁자로서는 명의수탁자를 상대로 진정명의 회복을 원인으로 한 이전등기를 구할 수도 있다.

대법원 2002.9.6. 선고 2002다35157 판결

판례가 부인한 경우 : 1) 민법부칙 10조 1항에서 정한 기간 내에 소유권등기를 마치지 않은 매수인(신민법 시행일 전의 법률행위로 인한 부동산에 관한 물권의 득실변경은 1960.1.1.부터 6년 내에 등기하지 않으면 그 효력을 잃는다.)

2) 명의신탁한 부동산이 수탁자로부터 원인 없이 제3자에게 이전등기가 된 경우 명의신탁자

3) 특정유증을 받은 자(포괄유증의 경우는 다르다.)

진정한 등기명의의 회복을 위한 소유권이전등기청구는 자기 명의로 소유권의 등기가 되어 있었거나 법률에 의하여 소유권을 취득한 진정한 소유자가 현재의 등기명의인을 상대로 그 등기의 말소를 구하는 것에 갈음하여 소유권에 기하여 진정한 등기명의의 회복을 구하는 것이므로, 자기 앞으로 소유권의 등기가 되어 있지 않았고 법률에 의하여 소유권을 취득하지도 않은 사람이 소유권자를 대위하여 현재의 등기명의인을 상대로 그 등기의 말소를 청구할 수 있을 뿐인 경우에는 진정한 등기명의의 회복을 위한 소유권이전등기청구를 할 수 없다.

대법원 2003.05.13. 선고 2002다64148 판결

양자간 등기명의신탁에서 명의수탁자가 신탁부동산을 처분하여 제3취득자가 유효하게 소유권을 취득하고 이로써 명의신탁자가 신탁부동산에 대한 소유권을 상실하였다면, 명의신탁자의 소유권에 기한 물권적 청구권, 즉 말소등기청구권이나

진정명의회복을 원인으로 한 이전등기청구권도 더 이상 그 존재 자체가 인정되지 않는다.

대법원 2013.2.28. 선고 2010다89814 판결

구민법 당시 부동산을 매수하였으나 민법 시행일로부터 6년 내에 등기하지 아니한 경우에는 민법 부칙 제10조 제1항에 의하여 위 매매에 의하여 취득한 부동산의 소유권을 상실하고, 이러한 민법 부칙 제10조 제1항의 규정은 법률행위의 당사자뿐만 아니라 제3자에 대한 관계에서도 적용되는 것이다.

대법원 2009.4.9. 선고 2006다30921 판결

포괄적 유증을 받은 자는 민법 제187조에 의하여 법률상 당연히 유증받은 부동산의 소유권을 취득하게 되나, 특정유증을 받은 자는 유증의무자에게 유증을 이행할 것을 청구할 수 있는 채권을 취득할 뿐이므로, 특정유증을 받은 자는 유증받은 부동산의 소유권자가 아니어서 직접 진정한 등기명의의 회복을 원인으로 한 소유권이전등기를 구할 수 없다.

대법원 2003.5.27. 선고 2000다73445 판결

나. 이전등기청구의 상대방은 현재의 등기명의인이어야 한다.

진정한 등기명의의 회복을 위한 소유권이전등기청구는 이미 자기 앞으로 소유권을 표상하는 등기가 되어 있었거나 법률에 의하여 소유권을 취득한 자가 진정한 등기명의를 회복하기 위한 방법으로 현재의 등기명의인을 상대로 그 등기의 말소를 구하는 것에 갈음하여 허용되는 것으로서 그 법적 성질은 소유권에 기한 방해배제청구권이므로, 진정한 등기명의의 회복을 위한 소유권이전등기청구권을 행사하기 위하여는 그 상대방인 현재의 등기명의자에 대하여 진정한 소유자로서 그 소유권을 주장할 수 있어야 할 것이다.

대법원 2009.4.9. 선고 2006다30921 판결

진정한 등기명의의 회복을 위한 소유권이전등기청구는 이미 자기 앞으로 소유권

> 을 표상하는 등기가 되어 있었거나 법률에 의하여 소유권을 취득한 자가 진정한 등기명의를 회복하기 위한 방법으로 현재의 등기명의인을 상대로 그 등기의 말소를 구하는 것에 갈음하여 허용되는 것인데, 말소등기에 갈음하여 허용되는 진정명의회복을 원인으로 한 소유권이전등기청구권과 무효등기의 말소청구권은 어느 것이나 진정한 소유자의 등기명의를 회복하기 위한 것으로서 실질적으로 그 목적이 동일하고, 두 청구권 모두 소유권에 기한 방해배제청구권으로서 그 법적 근거와 성질이 동일하므로, 비록 전자는 이전등기, 후자는 말소등기의 형식을 취하고 있다고 하더라도 그 소송물은 실질상 동일한 것으로 보아야 하고, 따라서 소유권이전등기말소청구소송에서 패소확정판결을 받았다면 그 기판력은 그 후 제기된 진정명의회복을 원인으로 한 소유권이전등기청구소송에도 미친다.
>
> 대법원 2001.9.20. 선고 99다37894 전원합의체 판결

4. 무효등기의 유용

어떤 등기가 실체적 권리관계에 부합하지 않으면 무효이지만, 사후적으로 그 등기에 부합하는 실체적 권리관계가 있게 된 때에 그 등기를 유효인 것으로 유용할 수 있는가?

무효등기를 유용하기 위해서는 반드시 무효등기의 유용 전에 새로운 이해관계를 가진 제3자가 없어야 한다는 점이 전제되어야 한다.

가. 처음에는 등기에 부합하는 실체관계가 없어서 무효이었으나 나중에 그러한 실체관계가 있으면 그 때부터 등기는 유효한 것으로 볼 수 있다.

가장매매를 원인으로 한 소유권이전등기는 무효이나, 후에 적법한 매매 등이 있는 경우 처음의 무효등기를 유용할 수 있다.

> 당사자가 실체적 권리의 소멸로 인하여 무효로 된 가등기를 이용하여 거래를 하기로 하였다면 그 구등기에 부합하는 가등기설정계약의 합의가 있어 구등기를 유용하기로 하고 거래를 계속하기로 한 취의라고 해석함이 타당하여 위 등기유용합

의 이전에 등기상 이해관계 있는 제3자가 나타나지 않는 한 위 가등기는 원래의 담보채무소멸 후에도 유효하게 존속한다.
대법원 1986.12.9. 선고 86다카716 판결

나. 처음에는 물권행위에 부합하는 유효한 등기였지만 후에 실체관계를 잃게 되어 무효로 되었으나, 다시 그 후에 처음의 등기와 내용이 비슷한 별개의 실체관계가 생긴 경우, 등기의 유용이 가능하다.

다. 저당등기의 유용성 여부 : 무효로 된 저당권등기가 말소되지 않고 그대로 남아 있는 경우에 당사자 사이의 계약으로 이 무효로 된 등기를 다른 저당권을 위한 등기로 유용할 수 있을 것인가?
학설과 판례는 유용의 합의 이전에 등기상의 이해관계를 가진 제3자가 없는 경우에 한하여 유효하다고 보는데 일치함.

가등기의 등기원인이 실효된 이후에 전소유자와의 무효등기의 유용에 관한 합의에 따라 가등기 명의인이던 갑 명의로 마쳐진 소유권이전의 본등기는 그 등기유용의 합의가 이루어지기 전에 이미 소유권이전등기를 한 등기상의 이해관계인인 을에 대한 관계에서는 실질관계를 결한 무효의 등기로 평가되므로, 위 갑 명의의 소유권이전등기나 이 등기를 기초로 하여 마쳐진 병명의의 소유권이전등기가 원인무효의 등기로 말소될 때에는, 직권말소된 을 명의 소유권이전등기에 관하여 등기공무원이 직권으로 그 말소등기의 회복등기를 하여야 하는 것으로서 그 말소회복등기가 되기 전이라도 을은 등기명의인으로서의 권리를 그대로 보유하고 있기 때문에 소유자로 추정된다.
대법원 1989.10.27. 선고 87다카425 판결

근저당권설정등기의 유용은 그 유용합의 이전에 있어서 등기상의 이해관계가 있는 제3자가 없는 경우에 한하여 가능한 것이므로 유용합의 이전에 가등기권자가 있는 경우에는 근저당권설정등기 유용에 관한 합의는 가등기권자에 대한 관계에 있어서 그 효력이 없으며 그 범위 내에서 위 등기는 실체관계에 부합치 아니하는 무효의 등기다.

대법원 1974.9.10. 선고 74다482 판결

5. 중간생략등기

부동산물권이 최초의 양도인으로부터 중간취득자를 거쳐 최후의 양수인에게 전전 이전되어야 할 경우에 중간취득자에의 등기를 생략해서 최초의 양도인으로부터 직접 최후의 양수인에게 등기하는 것을 말한다.

이러한 중간생략등기가 행해지면 물권변동의 과정이 등기부에 제대로 나타나지 않는다.

* 중간생략등기는 유효한가?

부동산등기특별조치법(2조2항, 8조)에서 이를 금지하고 있는데, 그 규정이 효력규정이라고 인정되면 중간생략등기는 당연히 무효라고 할 것이다.

그러나 판례와 통설은 그 규정을 단속규정으로 이해하고 있다. 따라서 그에 위반하더라도 벌칙의 제재는 별론으로 하고 사법상 효력이 없어지는 것은 아니다.

부동산등기특별조치법상 조세포탈과 부동산투기 등을 방지하기 위하여 위 법률 제2조 제2항 및 제8조 제1호에서 등기하지 아니하고 제3자에게 전매하는 행위를 일정 목적범위 내에서 형사처벌하도록 되어 있으나 이로써 순차매도한 당사자 사이의 중간생략등기합의에 관한 사법상 효력까지 무효로 한다는 취지는 아니다.

대법원 1993.1.26. 선고 92다39112 판결

토지거래허가구역 내의 토지가 관할 관청의 허가 없이 전전매매되고 그 당사자들 사이에 최초의 매도인으로부터 최종 매수인 앞으로 직접 소유권이전등기를 경료하기로 하는 중간생략등기의 합의가 있는 경우, 이러한 중간생략등기의 합의란 부동산이 전전매도된 경우 각 매매계약이 유효하게 성립함을 전제로 그 이행의 편의상 최초의 매도인으로부터 최종의 매수인 앞으로 소유권이전등기를 경료하기로 한다는 당사자 사이의 합의에 불과할 뿐 그러한 합의가 있다고 하여 최초의 매도인과 최종의 매수인 사이에 매매계약이 체결되었다는 것을 의미하는 것은 아니고, 따라서 최종 매수인은 최초 매도인에 대하여 직접 그 토지에 관한 토지거래허가 신청절차의 협력의무 이행청구권을 가지고 있다고 할 수 없으며, 설사 최종 매수인이 자신과 최초 매도인을 매매 당사자로 하는 토지거래허가를 받아 최종 매수인 앞으로 소유권이전등기를 경료하더라도 그러한 소유권이전등기는 적법한 토지거래허가 없이 경료된 등기로서 무효이다.

대법원 1996.6.28. 선고 96다3982 판결

* 중간생략등기청구 : 최종양수인이 중간자를 거치지 않고 곧바로 최초양도인에게 직접소유권이전등기를 청구할 수 있는가?
판례는 최초양도인, 중간자, 최종양수인 사이의 3자간 합의가 없으면 최종양수인은 최초양도인에 대하여 직접 소유권이전등기를 청구할 수 없다고 본다.

부동산이 전전 양도된 경우에 중간생략등기의 합의가 없는 한 그 최종 양수인은 최초 양도인에 대하여 직접 자기 명의로의 소유권이전등기를 청구할 수 없고, 부동산의 양도계약이 순차 이루어져 최종 양수인이 중간생략등기의 합의를 이유로 최초 양도인에게 직접 그 소유권이전등기청구권을 행사하기 위하여는 관계 당사자 전원의 의사 합치, 즉 중간생략등기에 대한 최초 양도인과 중간자의 동의가 있는 외에 최초 양도인과 최종 양수인 사이에도 그 중간등기 생략의 합의가 있었음이 요구되므로, 비록 최종 양수인이 중간자로부터 소유권이전등기청구권을 양도받았다 하더라도 최초 양도인이 그 양도에 대하여 동의하지 않고 있다면 최종 양수인은 최초 양도인에 대하여 채권양도를 원인으로 하여 소유권이전등기절차 이행을 청구할 수 없다.

대법원 1997.5.16. 선고 97다485 판결

※ 위 사안의 경우 양도인의 양도통지가 없었음.

한 단계 더 나아가 부동산의 매매로 인한 소유권이전등기청구권은 물권의 이전을 목적으로 하는 매매의 효과로서 매도인이 부담하는 재산권이전의무의 한 내용을 이루는 것이고, 매도인이 물권행위의 성립요건을 갖추도록 의무를 부담하는 경우에 발생하는 채권적 청구권으로 그 이행과정에 신뢰관계가 따르므로, 소유권이전등기청구권을 매수인으로부터 양도받은 양수인은 매도인이 그 양도에 대하여 동의하지 않고 있다면 매도인에 대하여 채권양도를 원인으로 하여 소유권이전등기절차의 이행을 청구 할 수 없고, 따라서 매매로 인한 소유권이전등기청구권은 특별한 사정이 없는 이상 그 권리의 성질상 양도가 제한되고 그 양도에 채무자의 승낙이나 동의를 요한다고 할 것이므로 통상의 채권양도와 달리 양도인의 채무자에 대한 통지만으로는 채무자에 대한 대항력이 생기지 않으며 반드시 채무자의 동의나 승낙을 받아야 대항력이 생긴다(대법원 2004다67653, 67660 판결).

전 점유자의 점유를 승계한 자는 그 점유 자체와 하자만을 승계하는 것이지 그 점유로 인한 법률효과까지 승계하는 것은 아니므로 부동산을 취득시효기간 만료 당시의 점유자로부터 양수하여 점유를 승계한 현 점유자는 자신의 전 점유자에 대한 소유권이전등기청구권을 보전하기 위하여 전 점유자의 소유자에 대한 소유권이전등기청구권을 대위행사할 수 있을 뿐, 전 점유자의 취득시효 완성의 효과를 주장하여 직접 자기에게 소유권이전등기를 청구할 권원은 없다.

대법원 1995.3.28. 선고 93다47745 전원합의체 판결

Ⅱ. 법률행위에 의하지 않은 부동산물권의 변동

민법 제187조는 「상속, 공용징수, 판결, 경매 기타 법률의 규정에 의한 부동산에 관한 물권의 취득은 등기를 요하지 아니 한다」고 규정하고 있다.

다만, 점유취득시효로 인한 소유권취득의 경우 법률행위에 의하지 않은 부동산물권 변동이지만 등기를 시효취득의 요건으로 하고 있으므로 187조의 예외이다.

※ 원시취득의 경우 187조에 따라 소유권 취득.

* 상속 : 부동산물권변동이 일어나는 시기는 피상속인이 사망한 때이다. 포괄적 유증(1078조)과 회사합병(상법 235조,269조,530조,603조)도 상속과 동일하므로 등기 없이 물권변동이 있게 된다.

> 포괄적 유증을 받은 자는 민법 제187조에 의하여 법률상 당연히 유증받은 부동산의 소유권을 취득하게 되나, 특정유증을 받은 자는 유증의무자에게 유증을 이행할 것을 청구할 수 있는 채권을 취득할 뿐이므로, 특정유증을 받은 자는 유증받은 부동산의 소유권자가 아니어서 직접 진정한 등기명의의 회복을 원인으로 한 소유권이전등기를 구할 수 없다.
>
> 대법원 2003.5.27. 선고 2000다73445 판결

* 공용징수 : 공익사업을 위하여 국민의 특정재산권을 법률의 힘에 의하여 강제적으로 취득하는 것이 공용징수이다(공익사업을 위한 토지 등의 취득 및 보상에 관한 법률).

  협의수용 : 협의에서 정해진 시기에 물권변동

  재결수용 : 재결에서 정한 수용의 개시일에 물권변동

* 판결 : 판결의 확정으로 권리변동이 일어나는 것은 형성판결뿐이다.

  형성판결에는 사해행위취소의 판결(406조), 공유물분할판결(269조1항), 상속재산분할판결(1013조2항)

  이행판결이나 확인판결이 있더라도 소유권이전등기 경료시까지는 부동산을 취득할 수 없다.

* 경매 : 민사집행법의 집행절차에 의한 경매와 국세징수법에 의한 경매가 있다.

매수인(경락인)이 매각대금을 완납한 때에 소유권을 취득한다(민사집행법 제135조).

- 부동산경매절차 -

1. 경매개시결정과 동시에 부동산압류
   압류는 경매개시결정등기가 된 때 효력이 발생한다.
   압류가 되면 처분금지효력이 발생한다.
2. 매각절차
3. 매각허가결정
4. 매각대금완납
   매수인은 매각대금을 다 낸 때에 매각의 목적인 권리를 취득한다.
5. 소유권이전등기

* 기타 법률의 규정에 의한 물권변동 : 법률에는 관습법도 포함된다.

1) 신축건물의 소유권취득

2) 법정지상권의 취득

3) 관습법상의 법정지상권취득

4) 법정저당권 취득(649조)

5) 분배농지의 상환완료에 의한 소유권취득

6) 용익물권의 존속기간만료에 의한 소멸

7) 피담보채권의 소멸에 의한 저당권의 소멸

8) 혼동에 의한 물권의 소멸

9) 소멸시효에 의한 물권의 소멸

10) 법률행위의 무효, 취소에 의한 물권복귀

소유권보존등기는 토지대장등본 또는 임야대장등본에 의하여 자기 또는 피상속인이 토지대장 또는 임야대장에 소유자로서 등록되어 있는 것을 증명하는 자(부동산

등기법 제130조 제1호), 판결에 의하여 자기의 소유권을 증명하는 자(같은 조 제2호), 수용으로 소유권을 취득한 자(같은 조 제3호)가 신청할 수 있는데, 대장(토지대장, 임야대장)등본에 의하여 자기 또는 피상속인이 대장에 소유자로서 등록되어 있는 것을 증명하는 자는 대장에 최초의 소유자로 등록되어 있는 자 및 그 자를 포괄승계한 자이며, 대장상 소유권이전등록을 받았다 하더라도 물권변동에 관한 형식주의를 취하고 있는 현행 민법상 소유권을 취득했다고 할 수 없고, 따라서 대장상 소유권이전등록을 받은 자는 자기 앞으로 바로 보존등기를 신청할 수는 없으며, 대장상 최초의 소유명의인 앞으로 보존등기를 한 다음 이전등기를 하여야 한다.

미등기 토지에 관한 토지대장에 소유권을 이전받은 자는 등재되어 있으나 최초의 소유자는 등재되어 있지 않은 경우, 위 토지대장상 소유권이전등록을 받은 자에게 국가를 상대로 토지소유권확인청구를 할 확인의 이익이 있다.

대법원 2009.10.15. 선고 2009다48633 판결

건축허가는 시장·군수 등의 행정관청이 건축행정상 목적을 수행하기 위하여 수허가자에게 일반적으로 행정관청의 허가 없이는 건축행위를 하여서는 안 된다는 상대적 금지를 관계 법규에 적합한 일정한 경우에 해제함으로써 일정한 건축행위를 하도록 회복시켜 주는 행정처분일 뿐, 허가받은 자에게 새로운 권리나 능력을 부여하는 것이 아니다. 그리고 건축허가서는 허가된 건물에 관한 실체적 권리의 득실변경의 공시방법이 아니며 그 추정력도 없으므로 건축허가서에 건축주로 기재된 자가 그 소유권을 취득하는 것은 아니며, 건축 중인 건물의 소유자와 건축허가의 건축주가 반드시 일치하여야 하는 것도 아니다.

건축 중인 건물의 양수인은 건축공사 진행에 필요한 행정관청에의 신고 등을 하고 공사를 계속하기 위해 건축주 명의를 변경할 필요가 있고, 준공검사 후 건축물관리대장에 소유자로 등록하여 양수인 명의로 소유권보존등기를 신청하기 위해서도 건축주 명의를 변경할 필요가 있으므로, 건축 중인 건물을 양도한 자가 건축주명의변경에 동의하지 아니한 경우 양수인으로서는 그 의사표시에 갈음하는 판결을 받을 필요가 있다.

건축 중인 건물의 양도인이 건축허가의 건축주를 상대로 그 건물의 소유권확인을 구하는 소를 제기하여 계속 중에 있다 하더라도, 그 건물의 양수인은 양도인을 대위하여 위 소유권확인청구와는 별도로 향후 건축공사를 계속할 필요에서나 또

는 건축물이 완공된 후 건축물관리대장의 정리 등을 위하여, 그 건물의 건축주명의변경에 동의하지 아니하는 건축허가의 건축주를 상대로 그 의사표시에 갈음하는 판결을 받을 필요가 있다.

대법원 2009.3.12. 선고 2006다28454 판결

건물이 설계도상 처음부터 여러 층으로 건축할 것으로 예정되어 있고 그 내용으로 건축허가를 받아 건축공사를 진행하던 중에 건축주의 사정으로 공사가 중단되었고 그와 같이 중단될 당시까지 이미 일부 층의 기둥과 지붕 그리고 둘레 벽이 완성되어 그 구조물을 토지의 부합물로 볼 수 없는 상태에 이르렀다고 하더라도, 제3자가 이러한 상태의 미완성 건물을 종전 건축주로부터 양수하여 나머지 공사를 계속 진행한 결과 건물의 구조와 형태 등이 건축허가의 내용과 사회통념상 동일하다고 인정되는 정도로 건물을 축조한 경우에는, 그 구조와 형태가 원래의 설계 및 건축허가의 내용과 동일하다고 인정되는 건물 전체를 하나의 소유권의 객체로 보아 그 제3자가 그 건물 전체의 소유권을 원시취득한다고 보는 것이 옳고, 건축허가를 받은 구조와 형태대로 축조된 전체 건물 중에서 건축공사가 중단될 당시까지 기둥과 지붕 그리고 둘레 벽이 완성되어 있던 층만을 분리해 내어 이 부분만의 소유권을 종전 건축주가 원시취득한다고 볼 것이 아니다. 또한, 구분소유가 성립하는 시점은 원칙적으로 건물 전체가 완성되어 당해 건물에 관한 건축물대장에 구분건물로 등록된 시점이라고 할 것이므로, 건축공사가 중단될 당시까지 종전 건축주에 의하여 축조된 미완성 건물의 구조와 형태가 구분소유권의 객체가 될 수 있을 정도가 되었다고 하더라도 마찬가지이다.

대법원 2006.11.9. 선고 2004다67691 판결

※ 대법원은 구분건물이 물리적으로 완성되기 전에도 건축허가신청이나 분양계약 등을 통해 장래 신축되는 건물을 구분건물로 하겠다는 구분위사가 객관적으로 표시되면 구분행위를 인정할 수 있고, 이후 1동의 건물과 구분건물이 객관적, 물리적으로 완성되면 그 건물이 집합건축물대장에 등록되거나 구분건물로써 등기부에 등기되지 않았더라도 그 시점에서 구분소유가 성립한다(대법원 2013.1.17. 선고 2010다71578 전원합의체판결)고 판시하여 기존의 입장을 변경하였으므로 대법원 2006.11.9. 선고 2004다67691 판결의 해당부분은 변경되었다.

구 토지조사령(1912.8.13. 제령 제2호)에 의한 토지의 사정명의인은 당해 토지를 원시취득하므로 적어도 구 토지조사령에 따라 토지조사부가 작성되어 누군가에게 사정되었다면 그 사정명의인 또는 그의 상속인이 토지의 소유자가 되고, 따라서 설령 국가가 이를 무주부동산으로 취급하여 국유재산법령의 절차를 거쳐 국유재산으로 등기를 마치더라도 국가에게 소유권이 귀속되지 않는다.
대법원 2005.5.26. 선고 2002다43417 판결

일제강점기의 토지조사령에 기하여 행하여진 토지조사사업에서 토지 소유자로 사정받은 사람은 당해 토지의 소유권을 원시적 · 창설적으로 취득하는 것으로서, 사정은 토지소유권관계의 출발점을 이룬다. 또한 토지사정 이후 100여 년에 이르는 오랜 기간 동안에 토지에 관한 거래 기타 법률관계에 관한 변동원인이 있었을 적지 않은 개연성, 그 사이에 우리 사회에 일어난 전란 기타 현저한 사회적 · 경제적 변동 또는 토지이용현황의 추이 등에도 불구하고, 사정명의인의 후손은 일단 상속이라는 포괄적 권리승계원인에 의하여 사정명의인이 가지던 토지소유권의 승계취득을 쉽사리 증명할 수 있다.
대법원 2011.11.24 선고 2011다56972 판결

농지대가의 상환을 완료한 수분배자는 구 농지개혁법(1994.12.22. 법률 제4817호 농지법 부칙 제2조 제1호 로 폐지)에 의하여 등기 없이도 완전히 그 분배농지에 관한 소유권을 취득하게 되는 것이고, 구 농지법(1994.12.22. 법률 제4817호로 제정되어 1996.1.1.부터 시행된 것) 부칙 제3조 의 규정도 '농지대가 상환 또는 등기 등'이라고 하지 아니하고 '농지대가 상환 및 등기 등'이라고 규정함으로써 농지대가 상환 및 등기가 모두 종료되지 아니한 경우에 관하여 정하고 있는 것이라고 해석되므로, 농지대가 상환을 완료하여 구 농지개혁법에 의하여 등기 없이 완전한 소유권을 취득한 자가 농지법 시행일부터 3년 내에 등기를 마치지 아니하였다고 하여 그 소유권을 상실한다고는 볼 수 없다.
대법원 2007.10.11 선고 2007다43856 판결

귀속재산처리법에 의한 관재기관의 매각행위는 행정처분으로서 같은 법 제22조의 규정취지에 비추어 매수자가 그 매수대금을 완납하면 그 소유권은 등기를 필

요로 하지 아니하고 자동적으로 매수자에게 이전된다고 할 것이다.
대법원 1984.12.11. 선고 84다카557 전원합의체 판결

농지의 수분배자가 수분배농지의 소유권을 취득하는 것은 국가와 수분배자와의 법률행위에 의한 소유권의 득실이라고 할 수 없고 법률의 규정에 의한 부동산에 관한 물권의 취득에 해당한다고 해석함이 본법의 입법취지에 적합하다.
대법원 1962.5.10 선고 61다1232 판결

Ⅲ. 동산물권의 변동

* 법률행위에 의한 동산물권변동 : 물권적 합의와 인도의 요소를 갖추어야 하는 형식주의를 취하고 있다.
  등기(선박), 등록(자동차)으로 공시되는 동산의 경우는 예외

* 법률행위에 의하지 않은 동산물권변동 : 187조와 같은 총칙규정이 없다.
  선의취득(249조), 무주물선점(252조), 유실물습득(253조), 매장물발견(254조), 동산의 부합(257조), 혼화(258조), 가공(259조)

1. 인도

점유의 이전 : 물건에 대한 사실상의 지배를 이전하는 것

* 현실의 인도 : 실제로 물건에 대한 사실상의 지배를 양도인으로부터 양수인에게로 이전하는 것을 말한다.

* 간이인도 : 양수인이 이미 물건을 점유하고 있는 경우에는 소유권이전에 관한 양도인과 양수인의 의사표시만으로 소유권이 이전된다.

* 점유개정 : 양도인이 물건을 양도하면서 양수인과의 사이에 점유매개관계를 설정함으로써 양수인에게 간접점유를 취득시키고 스스로는 양수인의 점유매개자가 되어 점유를 계속하는 것을 뜻한다.

점유개정에 의한 이중양도 :- 양도인이 점유개정으로 계속 물건을 점유하면서 다시 제3자에게 점유개정에 의하여 이중으로 양도한 경우 누가 소유권을 취득하는가?

- 이중양도담보의 경우는 어떻게 되는가?

동산소유자가 2중으로 매도하고 각 점유개정의 방법으로 매도인이 점유하는 경우 매수인들 간에 있어서는 후에 현실 인도받은 자만이 소유권을 취득한다.

대법원 1975.1.28. 선고 74다1564 판결

※ 선행매수인의 경우에는 동산의 소유자로서 물권적 청구권을 행사하여 동산을 반환받는 것이고 후행매수인의 경우에는 현실인도를 받게 될 경우에 선의취득하게 된다.

동산에 대하여 점유개정의 방법으로 이중양도담보를 설정한 경우 원래의 양도담보권자는 뒤의 양도담보권자에 대하여 배타적으로 자기의 담보권을 주장할 수 있으므로, 뒤의 양도담보권자가 양도담보의 목적물을 처분함으로써 원래의 양도담보권자로 하여금 양도담보권을 실행할 수 없도록 하는 행위는, 이중양도담보 설정행위가 횡령죄나 배임죄를 구성하는지 여부나 뒤의 양도담보권자가 이중양도담보 설정행위에 적극적으로 가담하였는지 여부와 관계없이, 원래의 양도담보권자의 양도담보권을 침해하는 위법한 행위이다.

대법원 2000.6.23. 선고 99다65066 판결(동산양도담보를 양도담보권이라는 물권으로 이해하고 있는 양도담보권설의 입장이다.)

> 금전채무를 담보하기 위하여 채무자가 그 소유의 동산을 채권자에게 양도하되 점유개정의 방법으로 인도하고 채무자가 이를 계속 점유하기로 약정한 경우 특별한 사정이 없는 한 그 동산의 소유권은 신탁적으로 이전되는 것에 불과하여, 채권자와 채무자 사이의 대내적 관계에서는 채무자가 소유권을 보유하나 대외적인 관계에서의 채무자는 동산의 소유권을 이미 채권자에게 양도한 무권리자가 되는 것이어서 다시 다른 채권자와 사이에 양도담보설정계약을 체결하고 점유개정의 방법으로 인도하더라도 선의취득이 인정되지 않는 한 나중에 설정계약을 체결한 채권자로서는 양도담보권을 취득할 수 없는데, 현실의 인도가 아닌 점유개정의 방법으로는 선의취득이 인정되지 아니하므로 결국 뒤의 채권자는 적법하게 양도담보권을 취득할 수 없다.
>
> 대법원 2005.2.18. 선고 2004다37430(동산양도담보를 신탁적 소유권이전으로 보는 신탁적 소유권이전설의 입장이다.)

* 목적물반환청구권의 양도 : 양도인이 목적물의 간접점유자이고 제3자가 이를 직접점유 하고 있는 경우에 양도인이 제3자에 대한 반환청구권을 양 수인에게 양도함으로써 소유권이 이전되는 것을 말한다.

2. 선의취득

가. 의의 및 제도적 취지

동산을 점유하고 있는 자를 권리자로 믿고 평온, 공연, 선의, 무과실로 거래한 경우에는 비록 그 양도인이 정당한 권리자가 아니더라도 양수인에게 그 동산에 대한 소유권 또는 질권의 취득을 인정하는 제도이다.

거래의 안전과 신속을 위하여 권리의 외관을 신뢰한 자를 보호하는 제도 : 동산에 공신력 인정.

외관을 신뢰한 제3자를 보호하여 권리를 취득하게 하면 반사적으로 진정한 권리자는 권리를 상실하게 된다.

민법 제249조의 동산 선의취득제도는 동산을 점유하는 자의 권리외관을 중시하여 이를 신뢰한 자의 소유권 취득을 인정하고 진정한 소유자의 추급을 방지함으로써 거래의 안전을 확보하기 위하여 법이 마련한 제도이므로, 위 법조 소정의 요건이 구비되어 동산을 선의취득한 자는 권리를 취득하는 반면 종전 소유자는 소유권을 상실하게 되는 법률효과가 법률의 규정에 의하여 발생되므로, 선의취득자가 임의로 이와 같은 선의취득 효과를 거부하고 종전 소유자에게 동산을 반환받아 갈 것을 요구할 수 없다.

대법원 1998.6.12. 선고 98다6800 판결

나. 요건

1) 객체에 관한 요건

* 원칙 : 선의취득의 객체는 동산이어야 한다. 그러므로 부동산에 관한 권리는 선의취득의 대상이 될 수 없다.

* 예외 : ① 금전 : 가치의 표상으로 유통되는 금전은 선의취득의 대상이 아니다. 금전의 경우 점유 있는 곳에 소유권이 있다고 보므로 타인 소유의 금전을 점유·소비한 경우에는 원칙적으로 부당이득반환청구권의 문제가 될 뿐이다.

② 등기 또는 등록으로 공시되는 동산 : 선박, 자동차, 항공기, 건설기계 등은 법률상 부동산과 같이 취급되므로 선의취득의 대상이 될 수 없다.

③ 명인방법에 의하여 공시되는 지상물 : 수목의 집단, 미분리과실은 명인방법에 의하여 공시될 수 있으므로 선의취득의 객체가 되지 못한다.

④ 증권적 채권 : 지시채권, 무기명채권은 선의취득에 관한 특별규정(514,

524조)이 있으므로 동산의 선의취득 규정이 적용되지 않는다.

⑤ 양도가 금지되어 있는 물건 : 국유문화재, 아편, 음란물 등

⑥ 증권에 의해 표상되는 동산 : 화물상환증, 창고증권, 선하증권 등과 같이 증권에 의하여 표상되는 동산은 증권의 배서 및 교부에 의하여 인도 되지만, 만일 창고업자 또는 운송업자가 증권 없이 물건을 처분한 경우에는 상대방은 그 물건을 선의취득하게 된다. 이 경우에 증권자체의 선의취득도 가능(514, 524조)하므로, 양자의 선의취득이 경합하게 되는데 이 경우 물건의 선의취득이 우선하게 된다.

2) 前主(양도인)에 관한 요건

* 전주가 목적물을 점유하고 있을 것

여기서의 점유는 직접점유이든, 간접점유이든, 또는 자주점유이든, 타주점유이든 상관없다.

점유보조자가 점유물을 처분한 경우가 문제될 수 있는데 선의취득제도가 권리외관을 신뢰한 제3자를 보호하기 위한 제도라는 점에 비추어 그 취득자의 선의취득도 인정되어야 할 것이라고 본다.

* 전주가 무권리자일 것

전주가 동산의 소유권 또는 처분권이 없는 자이어야 한다.

3) 선의취득자(양수인)에 관한 요건

① 동산물권에 관한 유효한 거래행위

* 동산물권은 실제로 소유권과 질권에 한하게 된다(유치권은 거래행위를 통해 취득하게 되는 권리가 아니므로 선의취득의 대상이 될 수 없다).

* 선의취득은 거래의 안전을 보호하기 위한 제도이므로 그 대상으로서 거래행

위가 존재하여야 한다 : 선의취득은 개별적인 거래를 보호하기 위한 제도이므로 특정승계에 국한되며, 상속 또는 회사의 합병과 같은 포괄승계의 경우에는 인정되지 않는다.
거래행위는 매매, 질권의 설정, 변제를 위한 급부, 소비대차의 이행으로서의 급부 등과 같은 동산의 소유권과 질권에 대한 처분행위를 의미한다.

* 거래행위가 유효하여야 한다 : 거래 당사자에게 무능력, 대리권의 흠결, 의사표시의 하자 등이 있어 거래행위가 무효, 또는 취소가 되는 경우에 는 선의취득이 적용될 여지가 없다.

② 평온, 공연, 선의, 무과실에 의한 양수인의 점유취득

* 양수인은 평온, 공연, 선의, 무과실일 것 : 무과실도 추정되는가?
다수설 : 200조에 기초하여 추정된다.
소수설 : 197조에 근거 없다고 주장.
판례 : 소수설 입장

> 동산질권을 선의취득하기 위하여는 질권자가 평온, 공연하게 선의이며 과실없이 질권의 목적동산을 취득하여야 하고, 그 취득자의 선의, 무과실은 동산질권자가 입증하여야 한다.
> 대법원 1981.12.22. 선고 80다2910 판결
> ※ 선의는 추정(민법 제197조)되므로 무과실에 대한 입증만 있으면 될 것이다.

* 양수인이 점유를 취득하였을 것 : 여기서의 점유는 현실의 인도, 간이인도, 목적물반환청구권의 양도를 의미한다.
점유개정에 의한 점유취득의 경우에는 선의취득이 인정되지 아니한다.

> 양도인이 소유자로부터 보관을 위탁받은 동산을 제3자에게 보관시킨 경우에 양도인이 그 제3자에 대한 반환청구권을 양수인에게 양도하고 지명채권 양도의 대항요건을 갖추었을 때에는 동산의 선의취득에 필요한 점유의 취득 요건을 충족한다.
> 대법원 1999.1.26. 선고 97다48906 판결
>
> 동산의 선의취득에 필요한 점유의 취득은 현실적 인도가 있어야 하고 점유개정에 의한 점유취득만으로서는 그 요건을 충족할 수 없다.
> 대법원 1978.1.17. 선고 77다1872 판결

다. 선의취득의 효과

1) 물권의 취득 : 취득되는 물권은 소유권과 질권에 한한다.

2) 선의취득의 성격

* 원시취득이라는 견해 : 양도인이 무권리자임에도 불구하고 권리취득이 인정되고 법률의 규정에 의한 취득이라는 점을 고려한 견해. 종전 소유자에게 존재하였던 제한은 선의취득과 더불어 소멸한다.

* 승계취득이라는 견해 : 선의취득을 승계취득으로 보아 전 소유자에게 존재하였던 제한이 그대로 존속하는 것으로 보는 견해.

라. 도품 및 유실물에 관한 특칙 : 250조, 251조

1) 적용범위

특칙이 적용되는 것은 도품, 유실물과 같은 점유이탈물의 선의취득의 경우이다.

도품 : 점유자의 의사에 반하여 점유를 상실한 물건

유실물 : 점유자의 의사에 기하지 않고서 그의 점유를 이탈한 물건으로서 도품이 아닌 것.

사기, 횡령의 목적물은 도품이나 유실물이 아니다.

화폐로서 통용되는 금전은 도품, 유실물이더라도 반환청구를 하지 못한다(250조).

2) 반환청구권

* 당사자 : 반환청구권자 : 피해자 또는 유실자이다.
  상대방 : 도품, 유실물을 취득하여 현재 점유하고 있는 자이다.
  절도범위나 습득자에 한정되는 것이 아니라 그로부터 승계 취득한 자도 포함된다.

* 반환청구권의 성질 : 다수설 : 청구권이라고 본다.
  소수설 : 형성권이라고 본다.
  피해자나 유실자는 반환청구에 의하여 이미 소유권을 회복하고 실제로 점유자로부터 목적물을 반환받았을 때 점유도 회복되는 것으로 본다면 형성권이라고 보는 것이 타당하다고 본다.

* 반환청구기간 : 도난 또는 유실한 날로부터 2년간이다.
  피해자 또는 유실자가 그 물건을 평온, 공연, 선의, 무과실로 점유한 자에 대해서도 도난당한 후 또는 유실한 후 2년 내에는 아무런 대가를 지급할 필요 없이 그 물건의 반환을 청구할 수 있다는 의미이다.
  반환청구권을 형성권으로 본다면 2년은 시효기간이 아니라 제척간이라고 할 것이다.

* 소유권의 귀속 : 반환청구권이 인정되는 2년 동안 동산의 소유권은 선의취득자에 속한다. 다만 2년 내에는 원소유자에게 반환청구를 받음으로써 그 소유권을 상실할 수 있게 되는 것이다.

* 대가의 변상 : 원칙적으로 무상으로 할 수 있다. 다만 251조에 의하여 대가를 변상하여야 하는 경우가 있다.

제 4 장

점유권

제4장 점유권

Ⅰ. 점유

1. 개념정리

점유 : 물건에 대한 사실상의 지배.

점유권 : 물건에 대한 사실상의 지배에 부여되는 법적 지위를 말함.

본권 : 사실상의 지배(점유)를 법적으로 정당화 할 수 있는 권리를 본권이라 함.

점유권 : 본권의 유무를 묻지 않고 사실상의 지배에 의하여 성립하는 권리이다.

점유자 : 점유자는 직접점유자와 간접점유자가 있다.

점유보조자 : 타인의 지시를 받아 물건에 대한 사실상의 지배를 하는 자를 점유보조자라고 한다(195조).

점유보조자는 점유권을 취득하지 못하고 占有主만이 점유권자이다.

2. 직접점유와 간접점유

점유매개관계의 설정을 통하여 다른 사람에게 물건을 사실상 지배하게 하는 경우 그 타인을 통해 점유하는 것을 간접점유라고 하고, 그 타인의 점유를 직접점유라고 한다.

* 직접점유의 존재 : 점유매개자의 직접점유가 있어야 한다.
점유매개자의 점유는 타주점유이다.

* 점유매개관계의 존재 : 점유매개관계는 계약 또는 법률에 의하여 성립하든 구체적 법률관계에 기초하고 있어야 한다.

간접점유자는 점유매개자에 대하여 반환청구권을 가지는데 그 반환청구권의 성질은 점유매개관계를 성립시킨 법률관계에 따라 물권적 청구권일 수도 있고, 채권적 청구권일 수도 있다.

* 간접점유자의 지위 : 간접점유자도 점유권을 갖는다.

간접점유자는 직접점유자에 대하여 점유보호청구권이나 자력구제권을 행사할 수 없고 점유매개관계 또는 본권에 의거한 청구권을 행사할 수 있을 뿐이다.

직접점유자는 간접점유자에 대하여 점유매개관계에서 발생하는 청구권뿐만 아니라 점유보호청구권과 자력구제권을 행사할 수 있다.

간접점유를 인정하기 위해서는 간접점유자와 직접점유를 하는 자 사이에 일정한 법률관계, 즉 점유매개관계가 필요하다. 이러한 점유매개관계는 직접점유자가 자신의 점유를 간접점유자의 반환청구권을 승인하면서 행사하는 경우에 인정된다.
대법원 2012.2.23. 선고 2011다61424 판결

직접점유자가 임의로 점유를 타에 양도한 경우에는 점유이전이 간접점유자의 의사에 반한다 하더라도 간접점유자의 점유가 침탈된 경우에 해당하지 않는다.
대법원 1993.3.9. 선고 92다5300 판결

주택임대차보호법 제3조 제1항 에 정한 대항요건은 임차인이 당해 주택에 거주하면서 이를 직접 점유하는 경우뿐만 아니라 타인의 점유를 매개로 하여 이를 간접점유하는 경우에도 인정될 수 있다.
주택임차인이 임차주택을 직접 점유하여 거주하지 않고 그곳에 주민등록을 하지 아니한 경우라 하더라도, 임대인의 승낙을 받아 적법하게 임차주택을 전대하고 그 전차인이 주택을 인도받아 자신의 주민등록을 마친 때에는, 이로써 당해 주택

이 임대차의 목적이 되어 있다는 사실이 충분히 공시될 수 있으므로, 임차인은 주택임대차보호법에 정한 대항요건을 적법하게 갖추었다고 볼 것이다.
대법원 2007.11.29 선고 2005다64255 판결

3. 자주점유와 타주점유

가. 자주점유의 의의

소유의 의사를 가지고 하는 점유가 자주점유이고, 그 이외의 점유가 타주점유이다. 여기서 소유의 의사라 함은 소유자로서 사실상 물건을 지배하려는 의사를 말하며 반드시 소유권이 있다고 믿고서 하는 점유를 의미하는 것은 아니다.
따라서 무효인 매매에 있어서의 매수인이나 타인의 물건을 훔친 자도 자주점유자이다.

자주점유는 소유자와 동일한 지배를 하려는 의사를 가지고 하는 점유를 의미하는 것이지, 법률상 그러한 지배를 할 수 있는 권한 즉, 소유권을 가지고 있거나 또는 소유권이 있다고 믿고서 하는 점유를 의미하는 것은 아니다.
대법원 1987.4.14. 선고 85다카2230 판결

나. 구별실익

취득시효(245조이하), 무주물선점(252조), 점유자의 회복자에 대한 책임(202조) 등에서 자주점유와 타주점유의 구별은 중요성을 갖는다.

다. 자주점유의 판단 : 점유취득의 원인이 된 사실, 즉 점유권원의 객관적 성질에 의하여 정해진다.

취득시효에 있어 자주점유의 요건인 소유의 의사는 객관적으로 점유권원의 성질에 의하여 그 존부를 결정하여야 할 것이고 다만 그 점유권원의 성질이 분명하지

않을 때에는 민법 제197조 제1항에 의하여 소유의 의사로 점유한 것으로 추정된다고 할 것이나, 처분권한이 없는 자로부터 그 사실을 알면서 부동산을 취득하거나 어떠한 법률행위가 무효임을 알면서 그 법률행위에 의하여 부동산을 취득하여 점유를 시작한 때에는 그 점유의 시작에 있어 이미 자신이 그 부동산의 진정한 소유자의 소유권을 배제하고 마치 자기의 소유물처럼 배타적 지배를 할 수 없다는 것을 알면서 점유하는 자이므로 점유 시작 당시에 소유의 의사가 있다고 할 수 없는 것이다.
대법원 2000.9.29. 선고 99다50705 판결

* 권원의 성질이 객관적으로 분명하게 정해진 경우

매수인은 언제나 자주점유자이고 지상권자, 전세권자, 질권자, 임차인, 수치인, 등기명의수탁자 등은 언제나 타주점유자이다.

매매 이외에도 교환이나 증여를 통하여 물건을 점유하는 자의 점유는 자주점유라고 할 것이다.

토지매수인이 매매계약에 기하여 목적토지의 점유를 취득한 경우에는그 매매가 설사 타인의 토지의 매매로서 그 소유권을 취득할 수 없다고 하더라도 다른 특별한 사정이 없는 이상 매수인의 점유는 소유의 의사로써 하는 것이라고 해석된다.
대법원 1993.10.12. 선고 93다1886 판결

부동산을 매수하여 이를 점유하게 된 자는 그 매매가 무효가 된다는 사정이 있음을 알았다는 등의 특단의 사정이 없는 한 그 점유의 시초에 소유의 의사로 점유한 것이라고 할 것이며, 가사 후일에 그 매도자에게 처분권이 없었다는 등의 이유로 그 매매가 무효로 되어 진실한 소유자에 대한 관계에서 그 점유가 결과적으로는 불법으로 되었다고 하더라도 매수자의 소유권취득의 의사로 한 위와 같은 점유의 성질은 변하지 않는다고 할 것이다.
대법원 1994.12.27. 선고 94다25513 판결

부동산을 타인에게 매도하여 그 인도의무를 지고 있는 매도인의 점유는 특별한

사정이 없는 한 타주점유로 변경된다.
대법원 1997.12.12. 선고 97다40100 판결

타인의 부동산을 점유하는 사람은 일응 소유의 의사로 점유하는 것으로 추정되고 그 추정을 번복할 만한 특별한 사정이 있는 경우에 한하여 타주점유로 인정할 수 있다 할 것인바, 토지의 점유자가 이전에 토지 소유자를 상대로 그 토지에 관하여 매매를 원인으로 한 소유권이전등기 청구소송을 제기하였다가 패소하고 그 판결이 확정되었다 하더라도 그 사정만을 들어서는 토지 점유자의 자주점유의 추정이 이로써 번복되어 타주점유로 전환된다고 할 수 없다.
대법원 1997.12.12. 선고 97다30288 판결

토지의 매수인이 매매계약에 의하여 목적 토지의 점유를 취득한 경우 설사 그것이 타인의 토지의 매매에 해당하여 그에 의하여 곧바로 소유권을 취득할 수 없다고 하더라도 그것만으로 매수인이 점유권원의 성질상 소유의 의사가 없는 것으로 보이는 권원에 바탕을 두고 점유를 취득한 사실이 증명되었다고 단정할 수 없을 뿐만 아니라, 매도인에게 처분권한이 없다는 것을 잘 알면서 이를 매수하였다는 등의 다른 특별한 사정이 입증되지 않는 한, 그 사실만으로 바로 그 매수인의 점유가 소유의 의사가 있는 점유라는 추정이 깨어지는 것이라고 할 수 없는 것이지만, 통상 부동산을 매수하려는 사람은 매매계약을 체결하기 전에 그 등기부등본이나 지적공부 등에 의하여 소유관계 및 면적 등을 확인한 다음 매매계약을 체결하므로 매매 대상 토지의 면적이 공부상 면적을 상당히 초과하는 경우에는 계약당사자들이 이러한 사실을 알고 있었다고 보는 것이 상당하며, 그러한 경우에는 매도인이 그 초과 부분에 대한 소유권을 취득하여 이전하여 주기로 약정하는 등의 특별한 사정이 없는 한 그 초과 부분은 단순한 점용권의 매매로 보아야 할 것이므로 그 점유는 권원의 성질상 타주점유에 해당한다.
대법원 2007.3.30. 선고 2006다83451 판결

자신 소유의 대지상에 건물을 건축하면서 인접 토지와의 경계선을 정확하게 확인해 보지 아니한 탓에 착오로 건물이 인접 토지의 일부를 침범하게 되었다고 하더라도 그것이 착오에 기인한 것인 이상 그것만으로 그 인접 토지의 점유를 소유의

의사에 기한 것이 아니라고 단정할 수는 없다고 할 것이나, 일반적으로 자신 소유의 대지상에 새로 건물을 건축하고자 하는 사람은 건물이 자리 잡을 부지 부분의 위치와 면적을 도면 등에 의하여 미리 확인한 다음 건축에 나아가는 것이 보통이라고 할 것이므로, 그 침범 면적이 통상 있을 수 있는 시공상의 착오 정도를 넘어 상당한 정도에까지 이르는 경우에는 당해 건물의 건축주는 자신의 건물이 인접 토지를 침범하여 건축된다는 사실을 건축 당시에 알고 있었다고 보는 것이 상당하다고 할 것이고, 이 경우 그 침범으로 인한 인접 토지의 점유는 권원의 성질상 소유의 의사가 있는 점유라고 할 수 없다고 할 것이다.

대법원 2009.5.14. 선고 2009다1078 판결

토지를 매수·취득하여 점유를 개시함에 있어서 매수인이 인접 토지와의 경계선을 정확하게 확인해 보지 아니하고 착오로 인접 토지의 일부를 그가 매수·취득한 토지에 속하는 것으로 믿고서 점유하고 있다면 인접 토지의 일부에 대한 점유는 소유의 의사에 기한 것으로 보아야 한다.

대법원 2007.6.14. 선고 2006다84423 판결

구 귀속재산처리에관한특별조치법(1963. 5. 29. 법률 제1346호, 실효) 제2조 제1호 및 부칙 제5조에 의하면 1964년 12월 말일까지 매매계약이 체결되지 아니한 귀속재산은 무상으로 국유로 한다고 규정되어 있으므로 그 날까지 매각되지 아니한 귀속재산은 1965. 1. 1.부터 국유재산이 되어 그 이후에는 소유의 의사로 이를 점유하는 것이 가능하나, 그렇다고 이에 대한 점유가 그 때부터 당연히 자주점유로 되는 것은 아니고, 이 경우에도 소유의사의 유무는 점유개시 당시의 점유취득의 원인이 된 권원의 성질이나 점유와 관계가 있는 모든 사정에 의하여 외형적·객관적으로 결정하여야 한다.

자주점유의 요건인 소유의 의사는 객관적으로 점유권원의 성질에 의하여 그 존부를 결정하는 것이나 다만 그 점유권원의 성질이 분명하지 않을 때에는 민법 제197조 제1항에 의하여 소유의 의사로 점유한 것으로 추정된다고 하더라도, 처분권한이 없는 자로부터 그 사실을 알면서 부동산을 취득하거나 어떠한 법률행위가 무효임을 알면서 그 법률행위에 의하여 부동산을 취득하여 점유하게 된 때에는 그 점유의 개시에 있어 이미 자신이 그 부동산의 진정한 소유자의 소유권을 배제

하고 마치 자기의 소유물처럼 배타적 지배를 할 수 없다는 것을 알면서 점유하는 자이므로 점유개시 당시에 소유의 의사로 점유한 것으로 볼 수 없다.

대법원 2000.6.9. 선고 99다36778 판결

※ 1945.8.9. 이후 일본정부나 일본인 등의 소유로서 미군정청의 관할 내에 존재하는 재산은 1945.9.25.자로 미군정청의 소유로 되었다가 1948.9.11.자로 대한민국에 그 권리가 이양됨 ⇒ 점유자는 단순한 보관자의 지위에 있음.

귀속재산은 1965.1.1. 이후에는 자주점유 가능.

귀속재산에 관한 점유는 그 권원의 성질상 타주점유임.

귀속재산이라는 것을 알고 매수하여 점유한 경우 자주점유 추정 번복됨.

공유 부동산은 공유자의 한 사람이 전부를 점유하고 있다고 하여도 그 권원의 성질상 특별한 사정이 없는 한 다른 공유자의 지분비율의 범위 내에서는 이를 타주점유라고 볼 수밖에 없을 것인바, 이 사건 원심의 사실인정과 같이 소외 2가 다른 상속인들과 함께 이 사건 토지를 공동으로 상속한 것이라면 그 토지는 상속인들의 공유에 속하는 것이므로 설사 소외 2가 이 사건 토지의 전부를 점유하여 왔다고 하더라도 다른 특별한 사정이 없는 한 자신의 상속지분을 초과하는 부분의 점유에 대해서는 권원의 성질상 이를 타주점유라고 봄이 상당하다 할 것이다.

대법원 2008.9.25. 선고 2008다31485 판결

공유부동산의 경우에 공유자 중의 1인이 공유지분권에 기초하여 부동산 전부를 점유하고 있다고 하여도 다른 특별한 사정이 없는 한 권원의 성질상 다른 공유자의 지분비율의 범위 내에서는 타주점유라고 할 것이다. 그렇지만 이와 달리 구분소유적 공유관계에서 어느 특정된 부분만을 소유·점유하고 있는 공유자가 매매 등과 같이 종전의 공유지분권과는 별도의 자주점유가 가능한 권원에 의하여 다른 공유자가 소유·점유하는 특정된 부분을 취득하여 점유를 개시하였다고 주장하는 경우에는 타인 소유의 부동산을 매수·점유하였다고 주장하는 경우와 달리 볼 필요가 없으므로, 취득 권원이 인정되지 않는다고 하더라도 그 사유만으로 자주점유의 추정이 번복된다거나 점유권원의 성질상 타주점유라고 할 수 없고, 상대방에게 타주점유에 대하여 증명할 책임이 있다.

대법원 2013.3.28 선고 2012다68750 판결

점유자가 점유 개시 당시에 소유권 취득의 원인이 될 수 있는 법률행위 기타 법률요건이 없이 그와 같은 법률요건이 없다는 사실을 잘 알면서 타인 소유의 부동산을 무단점유한 것임이 입증된 경우에는, 특별한 사정이 없는 한 점유자는 타인의 소유권을 배척하고 점유할 의사를 갖고 있지 않다고 보아야 할 것이므로 이로써 소유의 의사가 있는 점유라는 추정은 깨진다.
대법원 2007.12.27. 선고 2007다42112 판결

* 점유권원의 성질이 분명하지 아니한 경우

권원의 성질상 점유자의 점유가 자주점유인지, 타주점유인지 불분명한 경우에 점유자는 자주점유한 것으로 추정된다(197조1항).

따라서 점유자의 점유가 자주점유가 아님을 주장하는 자에게 그 점유가 타주점유임을 증명할 책임이 있다.

민법 제197조 제1항에 의하면 물건의 점유자는 소유의 의사로 점유한 것으로 추정되므로 점유자가 취득시효를 주장하는 경우에 있어서 스스로 소유의 의사를 입증할 책임은 없고, 오히려 그 점유자의 점유가 소유의 의사가 없는 점유임을 주장하여 점유자의 취득시효의 성립을 부정하는 자에게 그 입증책임이 있는 것이고, 부동산 점유취득시효에 있어서 점유자의 점유가 소유의 의사 있는 자주점유인지 아니면 소유의 의사 없는 타주점유인지 여부는 점유자의 내심의 의사에 의하여 결정되는 것이 아니라 점유 취득의 원인이 된 권원의 성질이나 점유와 관계가 있는 모든 사정에 의하여 외형적·객관적으로 결정되어야 하는 것이기 때문에 점유자가 성질상 소유의 의사가 없는 것으로 보이는 권원에 바탕을 두고 점유를 취득한 사실이 증명되었거나, 점유자가 타인의 소유권을 배제하여 자기의 소유물처럼 배타적 지배를 행사하는 의사를 가지고 점유하는 것으로 볼 수 없는 객관적 사정, 즉 점유자가 진정한 소유자라면 통상 취하지 아니할 태도를 나타내거나 소유자라면 당연히 취했을 것으로 보이는 행동을 취하지 아니한 경우 등 외형적·객관적으로 보아 점유자가 타인의 소유권을 배척하고 점유할 의사를 갖고 있지 아니

하였던 것이라고 볼 만한 사정이 증명된 경우에도 그 추정은 깨어지는 것이다.
대법원 2007.4.13. 선고 2006다22944 판결

민법 제197조 제1항에 의하면 물건의 점유자는 소유의 의사로 점유한 것으로 추정되므로 점유자가 취득시효를 주장하는 경우에 있어서 스스로 소유의 의사를 입증할 책임은 없고, 오히려 그 점유자의 점유가 소유의 의사가 없는 점유임을 주장하여 점유자의 취득시효의 성립을 부정하는 자에게 그 입증책임이 있다.

점유자의 점유가 소유의 의사 있는 자주점유인지 아니면 소유의 의사 없는 타주점유인지의 여부는 점유자의 내심의 의사에 의하여 결정되는 것이 아니라 점유취득의 원인이 된 권원의 성질이나 점유와 관계가 있는 모든 사정에 의하여 외형적·객관적으로 결정되어야 하는 것이기 때문에 점유자가 성질상 소유의 의사가 없는 것으로 보이는 권원에 바탕을 두고 점유를 취득한 사실이 증명되었거나, 점유자가 타인의 소유권을 배제하여 자기의 소유물처럼 배타적 지배를 행사하는 의사를 가지고 점유하는 것으로 볼 수 없는 객관적 사정, 즉 점유자가 진정한 소유자라면 통상 취하지 아니할 태도를 나타내거나 소유자라면 당연히 취했을 것으로 보이는 행동을 취하지 아니한 경우 등 외형적·객관적으로 보아 점유자가 타인의 소유권을 배척하고 점유할 의사를 갖고 있지 아니하였던 것이라고 볼 만한 사정이 증명된 경우에도 그 추정은 깨어진다.

점유자가 점유 개시 당시에 소유권 취득의 원인이 될 수 있는 법률행위 기타 법률요건이 없이 그와 같은 법률요건이 없다는 사실을 잘 알면서 타인 소유의 부동산을 무단점유한 것임이 입증된 경우, 특별한 사정이 없는 한 점유자는 타인의 소유권을 배척하고 점유할 의사를 갖고 있지 않다고 보아야 할 것이므로 이로써 소유의 의사가 있는 점유라는 추정은 깨어졌다고 할 것이다.
대법원 1997.8.21. 선고 95다28625 전원합의체 판결
※ 종전의 판례는 무단점유한 것이 입증된 경우에도 자주점유로 추정함.

현행 우리 민법은 법률행위로 인한 부동산 물권의 득실변경에 관하여 등기라는 공시방법을 갖추어야만 비로소 그 효력이 생긴다는 형식주의를 채택하고 있음에도 불구하고 등기에 공신력이 인정되지 아니하고, 또 현행 민법의 시행 이후에도 법생활의 실태에 있어서는 상당기간 동안 의사주의를 채택한 구 민법에 따른 부

동산 거래의 관행이 잔존하고 있었던 점 등에 비추어 보면, 토지의 매수인이 매매계약에 의하여 목적 토지의 점유를 취득한 경우 설사 그것이 타인의 토지의 매매에 해당하여 그에 의하여 곧바로 소유권을 취득할 수 없다고 하더라도 그것만으로 매수인이 점유권원의 성질상 소유의 의사가 없는 것으로 보이는 권원에 바탕을 두고 점유를 취득한 사실이 증명되었다고 단정할 수 없을 뿐만 아니라, 매도인에게 처분권한이 없다는 것을 잘 알면서 이를 매수하였다는 등의 다른 특별한 사정이 입증되지 않는 한, 그 사실만으로 바로 그 매수인의 점유가 소유의 의사가 있는 점유라는 추정이 깨어지는 것이라고 할 수 없고, 민법 제197조 제1항이 규정하고 있는 점유자에게 추정되는 소유의 의사는 사실상 소유할 의사가 있는 것으로 충분한 것이지 반드시 등기를 수반하여야 하는 것은 아니므로 등기를 수반하지 아니한 점유임이 밝혀졌다고 하여 이 사실만 가지고 바로 점유권원의 성질상 소유의 의사가 결여된 타주점유라고 할 수 없다.

대법원 2000.3.16. 선고 97다37661 전원합의체 판결

* 전환 : 타주점유가 자주점유로 전환되려면 타주점유자가 새로운 권원에 기하여 소유의 의사를 가지고 점유를 시작하거나, 타주점유자가 타주점유를 하게 한 자에 대하여 소유의 의사가 있음을 표시하여야 한다.

1) 새로운 권원 : 임차인이 임차물을 매수하면 그 때부터 자주점유가 된다. 상속으로 점유를 승계하는 경우는 새로운 권원에 의한 점유라고 할 수 없다.

2) 소유의사의 표시 : 타주점유자가 타주점유를 하게 한 자에 대하여 소유의 의사를 가지고 점유한다는 사실을 표시한 때에도 자주점유로 전환될 수 있다.

타주점유가 자주점유로 전환하기 위하여는 새로운 권원에 의하여 다시 소유의 의사로 점유하거나 자기에게 점유시킨 자에게 소유의 의사가 있음을 표시해야만 하

고, 면의 기본재산 대장상에 등재하는 것만으로는 소유의 의사를 표시한 행위라 고 볼 수 없다.

대법원 1982.5.25. 선고 81다195 판결

Ⅱ. 점유자와 회복자

본권 없이 점유하는 자는 본권자가 물권적 청구권을 행사하면 점유물을 본권자에게 반환하여야 한다. 이 때 점유자와 회복자 사이에는 1)점유자가 점유 중에 과실을 취득할 수 있는가, 2)점유 중에 그 물건을 멸실, 훼손한 경우 어느 정도의 책임을 지는가, 점유 중에 그 물건에 관하여 지출한 비용은 본권자에게 그 상환을 청구할 수 있는가 등의 문제가 발생한다.

1. 점유자의 과실취득 여부

가. 선의의 점유자

* 선의의 점유자는 점유물의 과실을 취득한다(201조1항).

선의는 과실을 취득할 수 있는 본권(소유권, 전세권, 임차권, 즉 사용,수익이 전제되는 권리)을 가지고 있다고 잘못 생각하는 점유를 말한다 : 과실을 취득할 수 없는 본권(질권, 유치권)을 가지는 것으로 잘못 믿고 있다고 하더라도 이에 해당하지 않는다. 과실은 천연과실과 법정과실을 모두 포함한다 : 물건을 점유하여 사용함으로써 취득하게 되는 이익, 이른바 사용이익도 과실에 준하는 것으로 해석한다.

원물반환의 경우 제201조 제1항은 제748조 제1항의 특칙이다. 따라서 선의의 점유자는 과실을 수취하고 원물만 반환하면 되는 것이고 과실수취로 인한 부당이득반환의무는 면하게 된다.

원물반환의 경우라도 계약해제로 인한 원물의 반환인 경우에는 비록 점유자가 선의라고 하더라도 제548조가 적용된다. 따라서 선의의 점유자에게도 과실수취권이 인정되지 아니하고 점유물의 사용이익을 회복자에게 반환하여야 한다.

민법 제201조 제1항은 "선의의 점유자는 점유물의 과실을 취득한다."라고 규정하고 있는바, 여기서 선의의 점유자라 함은 과실수취권을 포함하는 권원이 있다고 오신한 점유자를 말하고, 다만 그와 같은 오신을 함에는 오신할 만한 정당한 근거가 있어야 한다.

대법원 2000.3.10. 선고 99다63350 판결

민법 제201조 제1항에 의하면 선의의 점유자는 점유물의 과실을 취득한다고 규정하고 있고, 한편 토지를 사용함으로써 얻는 이득은 그 토지로 인한 과실과 동시할 것이므로 선의의 점유자는 비록 법률상 원인 없이 타인의 토지를 점유사용하고 이로 말미암아 그에게 손해를 입혔다 하더라도 그 점유사용으로 인한 이득을 그 타인에게 반환할 의무는 없다.

대법원 1987.9.22. 선고 86다카1996,1997 판결

쌍무계약이 취소된 경우 선의의 매수인에게 민법 제201조가 적용되어 과실취득권이 인정되는 이상 선의의 매도인에게도 민법 제587조의 유추적용에 의하여 대금의 운용이익 내지 법정이자의 반환을 부정함이 형평에 맞다.

대법원 1993.5.14. 선고 92다45025 판결

※ 매매계약이 무효이거나 취소된 경우에 선의의 매수인에 대하여 201조 1항의 적용을 긍정함.

부동산을 점유·사용함으로써 받은 이익은 특별한 사정이 없는 한 임료 상당액이라 할 것이므로, 매수인이 부동산을 인도받아 그 용도대로 사용한 경우, 매수인은 임료 상당의 이익을 받았다고 할 것이고, 가사 그 부동산을 사용하여 영위한 영업이 전체적으로 적자였다고 하더라도 사용으로 인한 이익 자체를 부정할 수는 없다.

계약해제의 효과로서의 원상회복의무를 규정한 민법 제548조 제1항 본문은 부당

이득에 관한 특별 규정의 성격을 가진 것이라 할 것이어서, 그 이익 반환의 범위는 이익의 현존 여부나 선의, 악의에 불문하고 특단의 사유가 없는 한 받은 이익의 전부이다.

대법원 1997.12.9. 선고 96다47586 판결

※ 계약해제의 경우 부당이득에 관한 특칙인 548조를 근거로 201조 1항의 적용을 부정함.

※ 반환할 금전에는 그 받은 날로부터 이자를 더하여야 한다(민법 제548조 제2항).

해제의 경우에는 무효 및 취소와 달리 선의인 경우에도 원상회복하여야 하므로 과실수취권이 인정되지 않음.

※ 계약해제로 인하여 계약당사자가 원상회복의무를 부담함에 있어 당사자 일방이 목적물을 이용하였다면 그 사용으로 인한 이익은 선의인 경우에도 상대방에게 반환하여야 하므로 양도계약의 해제로 인하여 양수인은 목적물의 사용이익을 양도인에게 반환하여야 한다. 한편 양도인은 대금 및 대금을 받은 날로부터의 이자를 반환하여야 한다.

대법원 2013.12.12. 선고 2013다14675 판결계약이 해제된 경우에 각 당사자는 민법 제548조에 따라 상대방에 대하여 원상회복의 의무를 지며, 원상회복의무로서 반환할 금전에는 그 받은 날부터 이자를 가산하여 지급하여야 한다. 이와 같이 계약해제의 효과로서 원상회복의무를 규정한 민법 제548조는 부당이득에 관한 특별 규정의 성격을 가진 것이므로, 그 이익 반환의 범위는 이익의 현존 여부나 선의, 악의에 불문하고 특단의 사유가 없는 한 받은 이익의 전부이다. 따라서 매도인으로부터 매매 목적물의 소유권을 이전받은 매수인이 매도인의 계약해제 이전에 제3자에게 목적물을 처분하여 계약해제에 따른 원물반환이 불가능하게 된 경우에 매수인은 원상회복의무로서 가액을 반환하여야 하며, 이때에 반환할 금액은 특별한 사정이 없는 한 그 처분 당시의 목적물의 대가 또는 그 시가 상당액과 처분으로 얻은 이익에 대하여 그 이득일부터의 법정이자를 가산한 금액이다.

대법원 2013.12.12. 선고 2013다14675 판결.

* 선의의 점유자라도 본권에 관한 소에서 패소한 때에는 그 소가 제기된 때로부터 악의의 점유자로 의제된다(197조2항).

민법 197조 2항의 이른바 본권에 관한 소에 패소한 때라 함은 종국판결에 의하여 패소로 확정한 경우를 말하는 것이다.
대법원 1974.6.25 선고 74다128 판결

진정 소유자가 자신의 소유권을 주장하며 점유자 명의의 소유권이전등기는 원인무효의 등기라 하여 점유자를 상대로 토지에 관한 점유자 명의의 소유권이전등기의 말소등기청구소송을 제기하여 그 소송사건이 점유자의 패소로 확정되었다면, 점유자는 민법 제197조 제2항의 규정에 의하여 그 소유권이전등기말소등기청구소송의 제기시부터는 토지에 대한 악의의 점유자로 간주된다.
토지 점유자가 소유권이전등기말소등기청구소송의 직접 당사자가 되어 소송을 수행하였고 결국 그 소송을 통해 대지의 정당한 소유자를 알게 되었으며, 나아가 패소판결의 확정으로 점유자로서는 토지에 관한 점유자 명의의 소유권이전등기에 관하여 정당한 소유자에 대하여 말소등기의무를 부담하게 되었음이 확정되었으므로, 단순한 악의점유의 상태와는 달리 객관적으로 그와 같은 의무를 부담하고 있는 점유자로 변한 것이어서 점유자의 토지에 대한 점유는 패소판결 확정 후부터는 타주점유로 전환되었다고 보아야 한다.
대법원 1996.10.11. 선고 96다19857 판결

민법 제201조 제1항 에 의하면, 선의의 점유자는 점유물의 과실을 취득한다고 규정되어 있고, 민법 제197조 제1항 에 의하면, 점유는 선의인 것으로 추정되도록 규정되어 있으나, 같은 조 제2항 에는 선의의 점유자라도 본권에 관한 소에 패소한 때에는 그 소가 제기된 때로부터 악의의 점유자로 본다고 규정되어 있는바, 위 민법 제197조 제2항 의 취지와 부당이득반환에 관한 민법 제749조 제2항의 취지 등에 비추어 볼 때, 여기서의 본권에 관한 소에는 소유권에 기하여 점유물의 인도나 명도를 구하는 소송은 물론 부당점유자를 상대로 점유로 인한 부당이득의 반환을 구하는 소송도 포함된다.
대법원 2002.11.22 선고 2001다6213 판결

* 선의의 점유자에게 적극적인 과실취득권이 인정되는가, 아니면 반환의무만을 면하게 되는 것인가? : 단순히 소비한 과실뿐만 아니라 수취한 과실 전부에 대하여 소유권을 취득할 것인지 여부가 문제 된다. 판례는 선의의 점유자에게 적극적인 과실수취권을 인정한다.

> 민법 제201조 제1항에 의하면 선의의 점유자는 점유물의 과실을 취득한다고 규정하고 있고, 한편 건물을 사용함으로써 얻는 이득은 그 건물의 과실에 준하는 것이므로, 선의의 점유자는 비록 법률상 원인 없이 타인의 건물을 점유·사용하고 이로 말미암아 그에게 손해를 입혔다고 하더라도 그 점유·사용으로 인한 이득을 반환할 의무는 없다 고 할 것이다.
>
> 대법원 1996.1.26. 선고 95다44290 판결

나. 악의의 점유자

악의의 점유자는 수취한 과실을 반환하여야 하며, 소비하였거나 과실로 훼손 또는 수취하지 못한 경우에는 그 과실의 대가를 보상하여야 한다(201조2항).

1) 201조 2항과 불법행위와의 관계 : 청구경합인정

> 타인의 점유물을 점유하는 자가 소유자로부터 인도청구의 소가 제기되었음에도 불구하고 이를 계속 점유하여 오다가 그 소에서 패소하였을 때에는 그 소가 제기된 때부터 악의의 점유자가 되는 것이고 한편 그러한 점유자의 위 제소이후의 점유는 일면에 있어 소유자의 권리를 침해하는 불법행위를 구성하는 것이라고 해석되므로 소유자는 그 점유자에 대하여 그 선택에 따라 구 민법 제190조 제1항, 동법 제191조 소정의 보상 또는 배상을 구하거나 구 민법 제709조에 의한 손해배상을 구할 수 있는 것이다.
>
> 대법원 1961.6.29. 선고 4293민상704

2) 748조 2항과의 관계 : 201조 2항은 748조 2항의 특칙인가?

201조 2항은 악의의 점유자에게 과실수취권이 없고 반환의무가 있다는 점을 명확히 하는 규정(반환범위에 대한 것이 아님)으로 이해하고 반환범위는 748조 2항에 따라야 할 것임.

타인 소유물을 권원 없이 점유함으로써 얻은 사용이익을 반환하는 경우 민법은 선의 점유자를 보호하기 위하여 제201조 제1항을 두어 선의 점유자에게 과실수취권을 인정함에 대하여, 이러한 보호의 필요성이 없는 악의 점유자에 관하여는 민법 제201조 제2항을 두어 과실수취권이 인정되지 않는다는 취지를 규정하는 것으로 해석되는바, 따라서 악의 수익자가 반환하여야 할 범위는 민법 제748조 제2항에 따라 정하여지는 결과 그는 받은 이익에 이자를 붙여 반환하여야 한다. 즉, 악의 점유자는 과실을 반환하여야 한다고만 규정한 민법 제201조 제2항이, 민법 제748조 제2항에 의한 악의 수익자의 이자지급의무까지 배제하는 취지는 아니기 때문에, 악의 수익자의 부당이득금 반환범위에 있어서 민법 제201조 제2항이 민법 제748조 제2항의 특칙이라거나 우선적으로 적용되는 관계를 이루는 것은 아니다.

그리고 위 조문에서 규정하는 이자는 당해 침해행위가 없었더라면 원고가 위 임료로부터 통상 얻었을 법정이자 상당액을 말하는 것이므로 악의 수익자는 위 이자의 이행지체로 인한 지연손해금도 지급하여야 할 것이다.

대법원 2003.11.14. 선고 2001다61869

※ 악의의 점유자는(원금+이자)에 대한 지연손해금도 지급하여야 한다.

악의의 점유자는 원물로부터 생긴 법정과실과 사용이익도 반환하여야 하는데 201조2항이 748조 2항의 악의 수익자의 이자지급의무까지 배제하는 것은 아니므로 748조2항에 의해 받은 이익에 이자를 붙여 반환하여야 한다. 그리고 사용이익 및 이자에 대한 이행지체가 있으면 지연손해금을 붙인다. 이 경우 부당이득반환청구권자의 반환청구가 있어야 비로소 이행지체가 발생한다.

2. 목적물의 멸실, 훼손에 대한 책임

점유물이 점유자의 책임 있는 사유로 인하여 멸실 또는 훼손된 경우에 본권이 없는 점유자는 점유물의 회복자에 대하여 그 손해를 배상할 의무가 있는데, 그 배상의 범위는 점유자의 선의, 악의에 따라 달라진다.

* 선의점유자의 책임 : 자주점유인가, 타주점유인가에 따라 달라짐.
자주점유자 : 이익이 현존하는 한도에서 배상할 책임을 진다(202조 전단).
타주점유자 : 점유물의 멸실, 훼손에 대한 전체 손해를 배상(202조 후단)

* 악의점유자 : 손해의 전부를 배상할 의무를 부담(202조 전단)

* 불법행위로 인한 손해배상청구권과의 경합 여부 : 소수설 : 202조는 750조의 특칙
다수설과 판례 : 경합인정

> 피고가 본건 토지의 선의의 점유자로 그 과실을 취득할 권리가 있어 경작한 농작물의 소유권을 취득할 수 있다 하더라도 법령의 부지로 상속인이 될 수 없는 사람을 상속인이라고 생각하여 본건 토지를 점유하였다면 피고에게 과실이 있다고 아니할 수 없고 따라서 피고의 본건 토지의 점유는 진정한 소유자에 대하여 불법행위를 구성하는 것이라 아니할 수 없는 것이고 피고에게는 그 불법행위로 인한 손해배상의 책임이 있는 것이며 선의의 점유자도 과실취득권이 있다하여 불법행위로 인한 손해배상책임이 배제되는 것은 아니다
> 대법원 1966.7.19. 선고 66다994

3. 점유자의 비용배상청구권

* 점유자는 선의, 악의, 또는 소유의 의사 유무를 묻지 않고 필요비의 상환을 청구할 수 있다(203조 1항) : 필요비는 물건을 통상 사용함에 있어 적합한 상태로 보존하고 관리하는데 소요되는 비용을 의미함.

통상의 필요비 : 평상적인 보종 및 관리에 필요한 비용
특별한 필요비 : 태풍으로 인한 주택의 수리비와 같은 경우

* 점유자가 과실을 취득한 때에는 통상의 필요비에 대하여 그 상환을 청구할 수 없다(203조1항). 특별필요비는 청구 가능.

* 점유자는 유익비에 관하여 선의, 악의를 묻지 않고 그 가액의 증가가 현존한 경우에 한하여 회복자의 선택에 좇아 그 지출금액이나 증가액의 상환을 청구할 수 있다(203조 2항). : 유익비는 물건의 개량이나 물건의 가치를 증가시키기 위하여 지출된 비용을 의미

점유자가 점유물을 보존하거나 개량하기 위하여 지출한 필요비나 유익비에 관하여 민법 제203조 제1항, 제2항은 '점유자가 점유물을 반환할 때'에 상환을 청구할 수 있도록 규정하고 있으므로, 그 상환청구권은 점유자가 회복자에게서 점유물 반환을 청구받은 때에 비로소 이를 행사할 수 있는 상태가 되고 이행기가 도래한다.
대법원 2011.12.13 선고 2009다5162 판결

민법 제203조 제2항에 의한 점유자의 회복자에 대한 유익비상환청구권은 점유자가 계약관계 등 적법하게 점유할 권리를 가지지 않아 소유자의 소유물반환청구에 응하여야 할 의무가 있는 경우에 성립되는 것으로서, 이 경우 점유자는 그 비용을 지출할 당시의 소유자가 누구이었는지 관계없이 점유회복 당시의 소유자 즉 회복자에 대하여 비용상환청구권을 행사할 수 있는 것이나, 점유자가 유익비를 지출할 당시 계약관계 등 적법한 점유의 권원을 가진 경우에 그 지출비용의 상환에 관하여는 그 계약관계를 규율하는 법조항이나 법리 등이 적용되는 것이어서, 점유자는 그 계약관계 등의 상대방에 대하여 해당 법조항이나 법리에 따른 비용상환청구권을 행사할 수 있을 뿐 계약관계 등의 상대방이 아닌 점유회복 당시의 소유자에 대하여 민법 제203조 제2항에 따른 지출비용의 상환을 구할 수는 없다.
대법원 2003.7.25. 선고 2001다64752 판결

Ⅲ. 점유보호청구권

본권의 유무와 관계없이 점유 그 자체를 보호하기 위해 인정되는 일종의 물권적 청구권이다 : 점유회수청구권, 점유물방해제거청구권, 점유물방해예방청구권이 있다.

* 청구권자 : 점유보호청구권의 주체는 점유자로서 간접점유자도 포함.
  본권이 있는지 여부와는 무관.
  점유보조자는 점유권이 인정되지 않으므로 주체가 될 수 없다.

* 상대방 : 현재 점유를 침해하고 있는 자.
  점유회수청구에서 침탈자의 포괄승계인은 상대방이 되는데 반해 침탈자의 특정승계인에 대해서는 행사하지 못함. 다만 악의의 승계인에 대해서는 행사할 수 있음(204조 2항) : 따라서 본안소송제기 전에 점유이전금지가처분을 할 실익이 있음.

1. 점유물회수청구권

가. 의의 및 요건

점유자의 점유가 침탈당한 경우에 점유권에 기한 반환청구권이 발생(204조 1항)

점유의 침탈 : 점유자의 의사에 기하지 않고 점유를 상실한 경우를 의미.
사기에 의한 점유이전의 경우 점유의 침탈이라 할 수 없음.
직접점유자가 임의로 타인에게 양도하였다면 그 점유이전이 간접점유자의 의사에 반하더라도 점유가 침탈된 경우에 해당하지 않음.

점유침탈자의 고의 또는 과실은 요건이 아니다.
손해배상청구를 하려면 당연히 고의 또는 과실이 필요함.

나. 내용

점유회수청구권은 물건 자체의 인도를 청구하는 것이다.

인도가 불가능한 경우(이미 매각된 경우)에는 손해배상만이 문제가 된다.

간접점유자에게도 점유물회수청구권이 인정되지만 직접점유자에게 반환할 것을 청구 할 수 있고, 직접점유자가 반환받을 수 없거나 원하지 않는 경우에 비로소 자기에게 반환할 것을 청구할 수 있다(207조 2항) - 점유매개자인 직접점유자의 점유를 보호하기 위함이다.

다. 제척기간

제척기간은 1년 : 점유물회수청구권과 손해배상청구권은 침탈을 당한 날로부터 1년 내에 행사하여야 한다(204조 3항) : 판례는 출소기간으로 보고 있다.

> 민법 제204조 제3항과 제205조 제2항에 의하면 점유를 침탈당하거나 방해를 받은 자의 침탈자 또는 방해자에 대한 청구권은 그 점유를 침탈당한 날 또는 점유의 방해행위가 종료된 날로부터 1년 내에 행사하여야 하는 것으로 규정되어 있는데, 여기에서 제척기간의 대상이 되는 권리는 형성권이 아니라 통상의 청구권인 점과 점유의 침탈 또는 방해의 상태가 일정한 기간을 지나게 되면 그대로 사회의 평온한 상태가 되고 이를 복구하는 것이 오히려 평화질서의 교란으로 볼 수 있게 되므로 일정한 기간을 지난 후에는 원상회복을 허용하지 않는 것이 점유제도의 이상에 맞고 여기에 점유의 회수 또는 방해제거 등 청구권에 단기의 제척기간을 두는 이유가 있는 점 등에 비추어 볼 때, 위의 제척기간은 재판외에서 권리행사하는 것으로 족한 기간이 아니라 반드시 그 기간 내에 소를 제기하여야 하는 이른바 출소기간으로 해석함이 상당하다.
>
> 대법원 2002.4.26. 선고 2001다8097

2. 점유물방해제거청구권

점유의 방해 : 방해는 침탈 이외의 방법으로 기존 점유상태에 대한 부분적인 침해를 의미한다.

방해자의 고의, 과실을 요하지 않으나 손해배상청구를 하는 경우에는 필요하다.

방해의 제거 또는 손해배상청구를 할 수 있다.

방해가 종료한 날로부터 1년의 제척기간 : 방해가 종료하면 방해제거청구권이 인정되지 않으므로 1년의 제척기간은 손해배상청구를 하는 경우에만 관련됨.

공사로 인한 점유의 방해에 대해서는 공사 착공 후 1년을 경과하거나 공사가 완성한 때에는 방해의 제거를 청구하지 못한다 : 손해배상청구는 가능

3. 점유물방해예방청구권

점유의 방해를 받을 염려가 있어야 한다.

방해의 예방 : 방해원인을 제거하여 방해를 방지하는 조치로 작위, 부작위를 가리지 않음. 제척기간이 없다.

제 5 장

소유권

제5장 소유권

Ⅰ. 소유권의 기초

* 소유권은 물건을 사용, 수익, 처분할 수 있는 권리이다.
  사용, 수익 : 사용가치를 지배하는 것
  처분 : 교환가치를 지배하는 것

* 소유권을 인정한다는 것은 시장경제질서에 터 잡은 것으로서 사적 자치의 불가결한 전제가 된다.

* 소유권의 제한 및 한계 : 자본주의 발달에 따라 근대민법의 원리가 수정된 형태로 나타남
  소유권의 제한 : 자본주의의 고도화에 따라 소유권 행사의 자유가 개인의 부자유 등을 초래
  일부 제한의 필요성 대두 : 헌법 23조 2항(재산권의 행사는 공공복리에 적합하도록 하여야 한다)
  제한의 구체적 모습 : 헌법 23조 1항 후문(소유권의 내용과 한계는 법률로 정한다)
  - 민법상의 상린규정과 권리남용규정
  - 주택임대차보호법, 상가건물임대차보호법, 농지법(소유자체를 금지), 국토의 계획 및 이용에 관한 법률, 도시계획법 등
  - 특히 공익사업을 위한 토지 등의 취득 및 보상에 관한 법률은 소유권을 박탈하는 규정을 두고 있다.
  제한의 한계 : 사유재산제도를 부정하거나 소유권의 본질적 내용을 침해하는 것은 허용되지 않는다.

신의칙 규정과 권리남용 규정은 소유권제한을 위한 마지막 보루라고 할 수 있다.

* 소유권의 법적 성질 : 소유권은 물건을 전면적으로 지배할 수 있는 권리.
소유권은 물건의 사용가치, 교환가치의 전부에 대하여 전면적으로 작용한다.
소유권은 일부권능을 제한하는 제한물권이 소멸하면 본래의 전면적 지배로 자동적으로 복귀한다.
존속기한의 정함이 없음 - 소멸시효의 대상이 되지 않음.
권리의 객체는 물건임 - 사람은 해당 안됨.

소유권은 외계 물자의 배타적 지배를 규율하는 기본적 법질서에서 그 기초를 이루는 권리로서 대세적 효력이 있으므로, 그에 관한 법률관계는 이해당사자들이 이를 쉽사리 인식할 수 있도록 명확하게 정하여져야 한다. 그런데 소유권의 핵심적 권능에 속하는 사용·수익의 권능이 소유자에 의하여 대세적으로 유효하게 포기될 수 있다고 하면, 이는 결국 처분권능만이 남는 민법이 알지 못하는 새로운 유형의 소유권을 창출하는 것으로서, 객체에 대한 전면적 지배권인 소유권을 핵심으로 하여 구축된 물권법의 체계를 현저히 교란하게 된다.
대법원 2009.3.26. 선고 2009다228,235 판결

미등기 무허가건물의 양수인이라 할지라도 그 소유권이전등기를 경료받지 않는 한 그 건물에 대한 소유권을 취득할 수 없고, 그러한 상태의 건물 양수인에게 소유권에 준하는 관습상의 물권이 있다고 볼 수도 없으므로, 건물을 신축하여 그 소유권을 원시취득한 자로부터 그 건물을 매수하였으나 아직 소유권이전등기를 갖추지 못한 자는 그 건물의 불법점거자에 대하여 직접 자신의 소유권 등에 기하여 명도를 청구할 수는 없다.
대법원 2007.6.15. 선고 2007다11347 판결

* 토지소유권의 범위 : 토지의 소유권은 정당한 이익이 있는 범위 내에서 토지의 상하에 미친다 : 정당한 이익 여부에 대한 판단은 사회통념에 따른다.

토지소유권의 경계는 지적도와 같은 지적공부에 의하여 결정된다.

어떤 토지가 지적법에 의하여 1필지의 토지로 지적공부에 등록되면 그 토지는 특별한 사정이 없는 한 그 등록으로써 특정되고 그 소유권의 범위는 현실의 경계와 관계없이 공부상의 경계에 의하여 확정되는 것이고, 지적도상의 경계표시가 분할측량의 잘못 등으로 사실상의 경계와 다르게 표시되었다 하더라도 그 토지에 대한 매매도 특별한 사정이 없는 한 현실의 경계와 관계없이 지적공부상의 경계와 지적에 의하여 소유권의 범위가 확정된 토지를 매매 대상으로 하는 것으로 보아야 할 것이나, 다만 지적도를 작성함에 있어서 기술적인 착오로 인하여 지적도상의 경계선이 진실한 경계선과 다르게 작성되었기 때문에 경계와 지적이 실제의 것과 일치하지 않게 되었다는 등의 특별한 사정이 있는 경우에는 실제의 경계에 의하여야 할 것이므로, 이와 같은 사정이 있는 경우 그 토지에 대한 매매에 있어서 매매 당사자 사이에 진실한 경계선과 다르게 작성된 지적도상의 경계대로 매매할 의사를 가지고 매매한 사실이 인정되는 등의 특별한 사정이 없는 한 진실한 경계에 의하여 소유권의 범위가 확정된 토지를 매매 대상으로 하는 것으로 보아야 한다.

대법원 1998.6.26. 선고 97다42823 판결

어느 토지의 지번과 지적을 등기부의 표제부에 등재된 대로 표시하여 경매하였으나 그 토지의 임야도나 지적도의 경계에 따라 측량한 실제 면적이 등기부의 표제부에 등재된 것보다 넓더라도, 집행법원이 직권으로 또는 이해관계인의 집행절차상 불복을 받아들여 별도의 재판을 하지 않은 이상, 등기부상의 지적을 넘는 면적은 경매의 목적물인 토지의 일부로서, 매각허가결정 및 그에 따른 매각대금의 납입에 따라 등기부상의 면적과 함께 매수인에게 귀속되는 것이다.

대법원 2005.12.23. 선고 2004다1691 판결

Ⅱ. 상린관계[1)]

원래 토지는 연속되어 있으나 인위적으로 그 지표에 선을 그어 구별한다. 따라서 토지 소유자가 각자의 소유권을 주장하고 행사하는 경우에 인접하고 있는 토지의 소유권과의 충돌문제가 발생할 수 있다. 민법은 인접하고 있는 토지소유자 상호간의 이용을 조절하기 위한 규정(216~244조)을 둠으로써 인접한 토지 소유권들의 충돌문제를 해결하고 있다.

집합건물의 경우 각 구분소유자들 사이의 상호이용을 조절하기 위한 상린규정이 필요한데 민법 215조만으로 부족하였기에 집합건물의 소유 및 관리에 관한 법률을 마련하여 구분소유자들 사이의 충돌문제를 해결하고 있다.

1. 주위토지통행권

* 의의 : 어느 토지와 공로 사이에 그 토지의 용도에 필요한 통로가 없어서 주위의 토지를 통행하거나 통로를 개설하지 않고는 공로에 출입할 수 없는 경우, 또는 공 로를 통하려면 과다한 비용을 요하는 경우에 주위의 토지를 통하여 공로로 출입할 수 있는 권리를 주위토지통행권이라 한다.
  실무상 : 주위토지통행권 확인 및 방해금지청구

* 성격 : 배타적 점유 불가 : 소유자의 점유를 배제할 수 없고 통행하는 범위 내에서 그 토지를 사용할 수 있는 권리이다.
  토지소유자의 인도청구는 받아들여지지 않는다.
  통행에 방해가 되는 담장과 같은 축조물은 통행권 행사에 의하여 철거되어야 한다.

---

1) 민법에는 216조부터 244조까지의 상린관계 규정을 둠으로써 상린관계에 대해 자세히 규정하고 있지만 사회·경제현실의 변화로 인해 대부분의 규정들이 사문화되어 있기에 본저에서는 실무상 많이 활용되는 주위토지통행권과 집합건물의 이용에 관한 상린관계에 대해서만 설시하기로 한다.

* 요건 : 1) 공로에 출입할 수 없는 경우

토지와 공로 사이에 통로가 전혀 없는 경우뿐만 아니라 이미 기존의 통로가 있더라도 그것이 토지의 용도에 필요한 통로로 기능하지 못하는 경우도 포함된다.

2) 출입 : 토지의 용도에 필요한 출입을 의미함.

주거지의 경우 사람뿐만 아니라 주택에서의 일상생활에 필요한 물건의 운반에 필요한 출입을 포함한다.

3) 토지의 용도에 필요한 통로가 있는 경우

이 통로를 이용하는 것보다 편리하다는 이유만으로 다른 장소로 통행할 권리는 인정되지 않는다.

* 내용

피통행자의 소유권행사를 제한하는 것이므로 그 소유 토지를 이용하는데 필요한 범위에서 허용되어야 한다.

통행으로 인하여 타인의 토지에 대한 손해가 가장 적은 장소와 방법을 선택해야 한다.

통행권이 제대로 기능하기 위하여 필요한 경우에 통행권자는 당초에 적법하게 설치된 담장의 철거를 청구할 수도 있다.

통행권이 발생한 후에 그 토지에 접하는 공로가 개설됨으로써 통행권을 인정할 필요가 없어지면 그 통행권은 소멸한다.

통행 또는 통로의 개설로 인하여 통행지소유자에게 손해가 발생한 때에는 통행권자는 그 손해를 보상하여야 한다(219조 2항).

민법 제219조에 정한 주위토지통행권은 인접한 토지의 상호이용의 조절에 기한 권리로서 토지의 소유자 또는 지상권자, 전세권자 등 토지사용권을 가진 자에게 인정되는 권리이다. 따라서 명의신탁자에게는 주위토지통행권이 인정되지 아니한다.
대법원 2008.5.8. 선고 2007다22767 판결

※ 명의신탁자는 대외적으로 소유자가 아니므로 주위토지통행권이 인정되지 아니함.

등기부상 소유명의자에 대한 명의신탁자의 지위에서는 대외적으로 소유권을 주장할 수 없으며, 따라서 토지에 대한 통행권의 확인이나 그 통행권이 있음을 전제로 한 청구를 할 수 없다.

주위토지통행권은 공로와의 사이에 그 용도에 필요한 통로가 없는 토지의 이용이라는 공익목적을 위하여 피통행지 소유자의 손해를 무릅쓰고 특별히 인정되는 것이므로, 그 통행로의 폭이나 위치 등을 정함에 있어서는 피통행지의 소유자에게 가장 손해가 적게 되는 방법이 고려되어야 하고, 어느 정도를 필요한 범위로 볼 것인가는 구체적인 사안에서 사회통념에 따라 쌍방 토지의 지형적·위치적 형상과 이용관계, 부근의 지리상황, 상린지 이용자의 이해득실 기타 제반 사정을 기초로 판단하여야 한다. 한편, 주거는 사람의 사적인 생활공간이자 평온한 휴식처로서 인간생활에서 가장 중요한 장소라고 아니할 수 없어 우리 헌법도 주거의 자유를 보장하고 있는바, 주위토지통행권을 행사함에 있어서도 이러한 주거의 자유와 평온 및 안전을 침해하여서는 아니 된다.

대법원 2009.6.11. 선고 2008다75300,75317,75324 판결

주위토지통행권자가 민법 제219조 제1항 본문에 따라 통로를 개설하는 경우 통행지 소유자는 원칙적으로 통행권자의 통행을 수인할 소극적 의무를 부담할 뿐 통로개설 등 적극적인 작위의무를 부담하는 것은 아니고, 다만 통행지 소유자가 주위토지통행권에 기한 통행에 방해가 되는 담장 등 축조물을 설치한 경우에는 주위토지통행권의 본래적 기능발휘를 위하여 통행지 소유자가 그 철거의무를 부담한다. 그리고 주위토지통행권자는 주위토지통행권이 인정되는 때에도 그 통로개설이나 유지비용을 부담하여야 하고, 민법 제219조 제1항 후문 및 제2항에 따라 그 통로개설로 인한 손해가 가장 적은 장소와 방법을 선택하여야 하며, 통행지 소유자의 손해를 보상하여야 한다.

대법원 2006.10.26. 선고 2005다30993 판결

주위토지통행권은 어느 토지가 타인 소유의 토지에 둘러싸여 공로에 통할 수 없는 경우뿐만 아니라, 어떤 통로가 이미 있다고 하더라도 그 통로가 당해 토지의

이용에 부적합하여 실제로 통로로서의 충분한 기능을 하지 못하고 있는 경우에도 인정될 수 있다.

대법원 2005.12.9. 선고 2004다63521 판결

주위토지통행권은 그 소유 토지와 공로 사이에 그 토지의 용도에 필요한 통로가 없는 경우에 한하여 인정되는 것이므로, 이미 그 소유 토지의 용도에 필요한 통로가 있는 경우에는 그 통로를 사용하는 것보다 더 편리하다는 이유만으로 다른 장소로 통행할 권리를 인정할 수 없다.

대법원 1995.6.13. 선고 95다1088,95다1095 판결

주위토지통행권은 어느 토지와 공로 사이에 그 토지의 용도에 필요한 통로가 없어서 주위의 토지를 통행하거나 통로를 개설하지 않고서는 공로에 출입할 수 없는 경우 또는 통로가 있더라도 당해 토지의 이용에 부적합하여 실제로 통로로서의 충분한 기능을 하지 못하는 경우에 인정되는 것이므로, 일단 주위토지통행권이 발생하였다고 하더라도 나중에 그 토지에 접하는 공로가 개설됨으로써 주위토지통행권을 인정할 필요성이 없어진 때에는 그 통행권은 소멸한다.

대법원 1998.3.10. 선고 97다47118 판결

주위토지통행권의 범위는 통행권을 가진 자에게 필요할 뿐 아니라 이로 인한 주위토지소유자의 손해가 가장 적은 장소와 방법의 범위 내에서 인정되는 것이므로 사람이 주택에 출입하여 다소의 물건을 공로로 운반하는 등의 일상생활을 영위하는 데 필요한 범위의 노폭까지 인정되고, 토지의 이용방법에 따라서는 자동차 등이 통과할 수 있는 통로의 개설도 허용되지만 단지 생활상의 편의를 위해 다소 필요한 상태라고 여겨지는 정도에 그치는 경우까지 자동차의 통행을 허용할 것은 아니다.

대법원 1994.10.21. 선고 94다16076 판결

* 제한 : 분할이나 일부양도로 인한 주위토지통행권

원래 통로가 없는 토지는 아니었지만 분할 또는 일부양도로 통로 없는 토지로 된 경우에 그 토지소유자는 분할 또는 양도된 다른 토지를 통행할 수 있을 뿐이고 타

인의 토지를 통행할 권리를 가지지 않는다 : 이러한 경우에는 보상의무가 인정되지 않는다(220조).

토지의 불법점유자는 토지소유권의 상린관계로서 주위토지통행권을 주장하지 못한다.

동일인 소유 토지의 일부가 양도되어 공로에 통하지 못하는 토지가 생긴 경우에 포위된 토지를 위한 주위토지통행권은 일부 양도 전의 양도인 소유의 종전 토지에 대하여만 생기고 다른 사람 소유의 토지에 대하여는 인정되지 아니하며, 또 무상의 주위토지통행권이 발생하는 토지의 일부 양도라 함은 1필의 토지의 일부가 양도된 경우뿐만 아니라 일단으로 되어 있던 동일인 소유의 수필지의 토지 중의 일부가 양도된 경우도 포함된다.

대법원 1995.2.10. 선고 94다45869 판결

동일인 소유의 토지의 일부가 양도되어 공로에 통하지 못하는 토지가 생긴 경우에 포위된 토지를 위한 주위토지통행권은 일부 양도 전의 양도인 소유의 종전 토지에 대하여만 생기고 다른 사람 소유의 토지에 대하여는 인정되지 아니하며, 또 무상의 주위토지통행권이 발생하는 토지의 일부 양도라 함은 1필의 토지의 일부가 양도된 경우뿐만 아니라 일단으로 되어 있던 동일인 소유의 수필의 토지 중 일부가 양도된 경우도 포함된다.

대법원 2005.3.10. 선고 2004다65589,65596 판결

2. 집합건물의 이용에 관한 상린관계

구분소유란 1동의 건물을 구분하여 그 부분을 각각 별개로 소유하는 것을 말하며, 건물의 구분된 부분은 독립한 소유권의 객체가 된다(215조) : 1물1권주의의 예외.

토지이용의 고도화, 입체화라는 사회적 요청에 딸 대규모의 공동주택이 일반화되고, 그 결과 215조만에 의해서는 공동주거에 따른 복잡한 법률관계를 합리적으로 규율할 수 없게 되자 1984년 집합건물의 소유 및 관리에 관한 법률이 제정되었다.

집합건물법 제정으로 민법 제215조는 존재의의를 잃게 되었다.
주거용 건물을 대상으로 하던 집합건물법은 2003년 개정되어 상가건물에도 적용된다.

가. 구분소유의 성립

* 독립성

1동의 건물 중 구조상 구분된 수 개의 부분이 독립한 건물로서 사용될 수 있을 때에 구분소유가 성립한다(집합법 1조) : 1동의 건물 중 구분된 각 부분이 구조상의 독립성과 이용상의 독립성을 갖추어야 한다.

> 건물의 일부분이 구분소유권의 객체로 될 수 있으려면 그 부분이 구조상으로나 이용상으로 다른 부분과 구분되는 독립성이 있어야 한다.
> 대법원 1995.6.9. 선고 94다40239 판결

* 구분행위와 등기

1동의 건물 중 구분된 각 부분이 구조상, 이용상 독립성을 가지고 있는 경우에, 그 각 부분을 1개의 구분건물로 하는 것도 가능하고 그 1동 전체를 1개의 건물로 하는 것도 가능하기 때문에 1동 건물의 각 부분을 구분소유의 객체로 할 것인지 여부는 소유자의 의사에 맡겨져 있다.

구분소유가 성립하기 위해서는 구분행위(구분소유를 설정하려는 소유자의 의사)와 구분소유의 등기가 있어야 한다는 견해(종전 대법원 판례)도 있으나, 구분행위는 건물의 물리적 형질에 변경을 가함이 없이 법률관념상 건물의 특정 부분을 구분하여 별개의 소유권의 객체로 하려는 일종의 법률행위로서, 그 시기나 방식에 특별한 제한이 있는 것은 아니고 처분권자의 구분의사가 객관적으로 외부에 표시되면 인정되는 것이므로 구분건물이 물리적으로 완성되기 전에도 건축허가 신청이나 분양계약 등을 통하여 장래 신축되는 건물을 구분건물로 하겠다는 구

분의사가 객관적으로 표시되면 구분행위의 존재를 인정할 수 있고, 이후 1동의 건물 및 그 구분행위에 상응하는 구분건물이 객관적 · 물리적으로 완성되면 아직 그 건물이 집합건축물대장에 등록되거나 구분건물로서 등기부에 등기되지 않았더라도 그 시점에서 구분소유가 성립한다는 견해가 있다(대법원 전원합의체 판결).

1동의 건물 중 구분된 각 부분이 구조상, 이용상 독립성을 가지고 있는 경우에 그 각 부분을 1개의 구분건물로 하는 것도 가능하고, 그 1동 전체를 1개의 건물로 하는 것도 가능하기 때문에, 이를 구분건물로 할 것인지 여부는 특별한 사정이 없는 한 소유자의 의사에 의하여 결정된다고 할 것이므로, 구분건물이 되기 위하여는 객관적, 물리적인 측면에서 구분건물이 구조상, 이용상의 독립성을 갖추어야 하고, 그 건물을 구분소유권의 객체로 하려는 의사표시 즉 구분행위가 있어야 하는 것으로서, 소유자가 기존 건물에 증축을 한 경우에도 증축 부분이 구조상, 이용상의 독립성을 갖추었다는 사유만으로 당연히 구분소유권이 성립된다고 할 수는 없고, 소유자의 구분행위가 있어야 비로소 구분소유권이 성립된다고 할 것이며, 이 경우에 소유자가 기존 건물에 마쳐진 등기를 이와 같이 증축한 건물의 현황과 맞추어 1동의 건물로서 증축으로 인한 건물표시변경등기를 경료한 때에는 이를 구분건물로 하지 않고 그 전체를 1동의 건물로 하려는 의사였다고 봄이 상당하다.
대법원 1999.7.27. 선고 98다35020 판결

1동의 건물에 대하여 구분소유가 성립하기 위해서는 객관적·물리적인 측면에서 1동의 건물이 존재하고 구분된 건물부분이 구조상·이용상 독립성을 갖추어야 할 뿐 아니라 1동의 건물 중 물리적으로 구획된 건물부분을 각각 구분소유권의 객체로 하려는 구분행위가 있어야 한다(대법원 1999.7.27. 선고 98다35020 판결 등 참조). 여기서 구분행위는 건물의 물리적 형질에 변경을 가함이 없이 법률관념상 그 건물의 특정 부분을 구분하여 별개의 소유권의 객체로 하려는 일종의 법률행위로서, 그 시기나 방식에 특별한 제한이 있는 것은 아니고 처분권자의 구분의사가 객관적으로 외부에 표시되면 인정된다. 따라서 구분건물이 물리적으로 완성되기 전에도 건축허가신청이나 분양계약 등을 통하여 장래 신축되는 건물을 구분건물로 하겠다는 구분의사가 객관적으로 표시되면 구분행위의 존재를 인정할 수 있고, 이후 1동의 건물 및 그 구분행위에 상응하는 구분건물이 객관적·물리적으로 완성되면 아직 그 건물이 집합건축물대장에 등록되거나 구분건물로서 등기부에 등기되지 않았더라도 그 시점에서 구분소유가 성립한다.
대법원 2006.3.10. 선고 2004다742 판결 등 참조

이와 달리 구분소유는 건물 전체가 완성되고 원칙적으로 집합건축물대장에 구분건물로 등록된 시점, 예외적으로 등기부에 구분건물의 표시에 관한 등기가 마쳐진 시점에 비로소 성립한다는 취지로 판시한 대법원 1999.9.17. 선고 99다1345 판결, 대법원 2006.11.9. 선고 2004다67691 판결 등의 견해는 이 판결의 견해와 저촉되는 한도에서 이를 변경하기로 한다.
대법원 2013.1.17. 선고 2010다71578 전원합의체 판결

나. 구분소유의 내용

* 전유부분과 공유부분

1) 전유부분

구조상 및 이용상의 독립성을 갖춘 건물부분으로 구분소유권의 목적이 되는 부분을 전유부분이라 한다 : 이 부분은 구분소유자의 배타적 지배의 대상으로 일반소유권과 다르지 않다.

2) 공유부분

다수의 구분소유자가 공동으로 이용하는 부분으로, 건물 중 전유부분을 제외한 부분을 말한다.
공유부분은 성질 및 구조상 당연히 공용부분이 되는 것과 규약에 의하여 공용부분으로 되는 것의 두 가지로 나뉜다.
성질 및 구조상 공유 : 지붕과 같은 전유부분 외의 건물부분, 공용계단이나 엘리베이터 같은 건물의 부속물 : 당연히(등기를 요하지 않는다) 공용부분으로 된다.

규약에 의한 공유 : 관리사무실이나 노인정 : 규약이 있어야 하고 그 취지를 등기하여야 한다(집합법 3조4항).

집합건물에서 구분소유자의 대지사용권은 규약이나 공정증서로써 달리 정하는 등의 특별한 사정이 없는 한 전유부분과 종속적 일체불가분성이 인정되므로(집합건물의 소유 및 관리에 관한 법률 제20조 제1항, 제2항), 대지소유권을 가진 집합건물의 건축자로부터 전유부분을 매수하여 그에 관한 소유권이전등기를 마친 매수인은 전유부분의 대지사용권에 해당하는 토지공유지분에 관한 이전등기를 마치지 아니한 때에도 대지지분에 대한 소유권을 취득한다.

동일인의 소유에 속하는 전유부분과 토지공유지분 중 전유부분만에 관하여 설정된 저당권의 효력은 규약이나 공정증서로써 달리 정하는 등의 특별한 사정이 없는 한 종물 내지 종된 권리인 대지지분에까지 미치므로, 전유부분에 관하여 설정된 저당권에 기한 경매절차에서 전유부분을 매수한 매수인은 대지지분에 대한 소유권을 함께 취득하고, 그 경매절차에서 대지에 관한 저당권을 존속시켜 매수인이 인수하게 한다는 특별매각조건이 정하여져 있지 않았던 이상 설사 대지사용권의 성립 이전에 대지에 관하여 설정된 저당권이라고 하더라도 대지지분의 범위에서는 민사집행법 제91조 제2항이 정한 '매각부동산 위의 저당권'에 해당하여 매각으로 소멸하는 것이며, 이러한 대지지분에 대한 소유권의 취득이나 대지에 설정된 저당권의 소멸은 전유부분에 관한 경매절차에서 대지지분에 대한 평가액이 반영되지 않았다거나 대지의 저당권자가 배당받지 못하였다고 하더라도 달리 볼 것은 아니다.

대법원 2013.11.28. 선고 2012다103325 판결

아파트 지하실이 건축 당시부터 그 지상의 주택 부분과는 별도의 용도나 목적으로 건축되었다고 볼 특별한 사정이 엿보이지 않는다면 건축 당시 그 아파트의 각층 주택의 관리를 위한 기계실 또는 전입주자 공동사용의 목적을 위한 창고, 대피소 등으로 사용하기 위하여 건축된 것으로 봄이 타당하고, 이에 관한 건축물관리대장상 용도가 주택으로 되어 있다거나 그 지하실이 주택 또는 상가 등의 용도로 사용하기에 충분한 높이와 환기 시설 등을 갖추고 있다는 등의 사정만으로 달리 볼 수 없으므로, 이는 구분소유자 전원의 공용에 제공되는 건물 부분으로 그

들의 공유에 속할 뿐 따로 구분소유의 목적이 될 수 없다.
대법원 1995.3.3. 선고 94다4691 판결

집합건물인 상가건물의 지하주차장이 그 건물을 신축함에 있어서 건축법규에 따른 부속주차장으로 설치되기는 하였으나, 분양계약상의 특약에 의하여 그 건물을 분양받은 구분소유자들의 동의 아래 공용부분에서 제외되어 따로 분양되었고, 그 구조상으로나 이용상으로도 상가건물의 지상 및 지하실의 점포, 기관실 등과는 독립된 것으로서, 이와 분리하여 구분소유의 대상이 될 수 있다.
대법원 1995.12.26. 선고 94다44675 판결

집합건물에 있어서 수개의 전유부분으로 통하는 복도, 계단 기타 구조상 구분소유자의 전원 또는 그 일부의 공용에 제공되는 건물부분은 공용부분으로서 구분소유권의 목적이 되지 않으며, 건물의 어느 부분이 구분소유자의 전원 또는 일부의 공용에 제공되는지의 여부는 소유자들 간에 특단의 합의가 없는 한 그 건물의 구조에 따른 객관적인 용도에 의하여 결정되어야 할 것이다.
대법원 1995.2.28. 선고 94다9269 판결

집합건물의 어느 부분이 전유부분인지 공용부분인지 여부는 구분소유가 성립한 시점, 즉 원칙적으로 건물 전체가 완성되어 당해 건물에 관한 건축물대장에 구분건물로 등록된 시점을 기준으로 판단하여야 하고, 그 후의 건물 개조나 이용상황의 변화 등은 전유부분인지 공용부분인지 여부에 영향을 미칠 수 없다(대법원 2011.3.24. 선고 2010다95949 판결 참조). 그리고 구분소유자 상호간에 전유부분의 침해가 있는지 여부에 관하여 다툼이 있을 경우에는 구분건물이 성립할 당시의 관계법령이나 분양상황 등을 고려하여 전유부분의 범위를 정하여야 할 것이다.
대법원 2012.11.29. 선고 2011다69374 판결

* 구분소유의 법률관계

전유부분 : 구분소유자의 배타적 지배대상이다.

상린관계상 제한 : 공동의 이익에 반하는 행위 금지(집합법 5조 1항)

주거용으로 분양된 경우에 용도를 변경하거나 증,

개축을 허용하지 아니함(동조 2항)

타 부분 사용청구권(동조 3항)

구분소유권매도청구행사에 응할 의무(동법 7조)

공용부분 : 공용부분은 구분소유자 전원의 공유에 속한다.

일부 공용부분은 이를 공용하는 구분소유자의 공유에 속한다.

공용부분에 대한 공유지분권은 전유부분의 처분에 수반하며 그 지분권만을 분리해서 처분하지 못한다.

공유자는 공용부분을 그 용도에 따라 사용할 수 있다.

공용부분에 대한 지분은 각자가 가지는 전유부분의 면적의 비율에 의함

공용부분의 분할청구는 허용되지 않는다.

공용부분의 부담 및 수익은 원칙적으로 지분의 비율로 나누어진다.

대지사용권 : 구분소유자는 전유부분을 소유하기 위하여 대지사용권을 갖는다.

대지사용권은 전유부분의 처분에 따른다.

물권적 청구권자 : 구분소유에서 공유물에 대한 물권적 청구권자는 구분소유자 전원 또는 각자이다.

입주자대표회의는 권리권한만을 가지므로 불법점유자에 대한 방해제거청구권을 행사할 수 없다.

건축주가 상가를 건축하여 점포별로 업종을 정하여 분양한 경우 점포의 수분양자나 그의 지위를 양수한 자 또는 점포를 임차한 자는 특별한 사정이 없는 한 상가의 점포 입점자들에 대한 관계에서 상호 묵시적으로 분양계약에서 약정한 업종 제한 등의 의무를 수인하기로 동의하였다고 봄이 타당하므로, 상호간 업종 제한에 관한 약정을 준수할 의무가 있다고 보아야 하고, 따라서 점포 수분양자의 지위를 양수한 자, 임차인 등이 분양계약 등에 정하여진 업종 제한 약정을 위반할

경우 이로 인하여 영업상 이익을 침해당할 처지에 있는 자는 침해배제를 위하여 동종업종의 영업금지를 청구할 권리가 있다.

상가건물이 집합건물의 소유 및 관리에 관한 법률(이하 '집합건물법'이라고 한다)의 규율대상인 집합건물인 경우 분양이 개시되고 입주가 이루어짐으로써 공동관리의 필요가 생긴 때에는 그 당시의 미분양된 전유부분의 구분소유자를 포함한 구분소유자 전원을 구성원으로 하는 집합건물법 제23조에서 말하는 관리단이 당연히 설립되고, 관리단의 설립 이후에는 집합건물법 제28조의 관리단 규약을 통하여 위와 같은 업종 제한을 새로 설정하거나 변경할 수도 있는데, 이러한 업종 제한에는 기본적으로 수분양자 또는 구분소유자에게 해당 업종에 관한 독점적 운영권을 보장하는 의미가 내포되어 있으므로 이를 사후에 변경하기 위해서는 임차인 등의 제3자가 아닌 수분양자들이나 구분소유자들 스스로의 합의가 필요하다. 다만 관리단 규약의 제·개정을 위한 구분소유자의 의결권 행사는 대리인을 통하여서도 할 수 있고(집합건물법 제38조 제2항), 업종 제한의 변경에 관한 구분소유자나 수분양자의 동의의 의사표시도 마찬가지라고 보아야 하며, 이러한 의결권의 위임이나 대리권의 수여가 반드시 개별적·구체적으로 이루어져야만 한다고 볼 근거도 없으므로, 구분소유자나 수분양자가 임차인 등에게 사전적·포괄적으로 상가건물의 관리에 관한 의결권을 위임하거나 업종 제한 변경의 동의에 관한 대리권을 수여한 경우에는 위 임차인 등이 참여한 결의나 합의를 통한 업종 제한의 설정이나 변경도 가능하다고 할 것이다.

대법원 2012.11.29. 선고 2011다79258 판결

Ⅲ. 시효취득

시효취득은 물건에 대하여 권리를 가지는 듯한 외관이 일정기간 계속되는 경우에 그것이 진실한 권리관계와 일치하는지 여부를 묻지 않고 그 외관상의 권리자에게 권리취득의 효과를 생기게 하는 제도를 말한다.

* 존재 의의

1) 시효취득은 증거보전의 곤란을 구제하는 역할을 한다 : A명의로 사정을 받고 B가 이를 양수한 후 C가 대를 이어 점유하고 있는데 A의 후손 D가 소유권을 주장하지만 C가 B의 소유권취득과 관련한 서류를 갖추지 못한 경우 C는 취득시효에 의하여 자기의 권리를 보호받을 수 있게 된다.

2) 일정기간 계속된 사실관계를 권리관계로 인정함으로써 법질서를 안정시키는 역할을 한다.

* 시효취득되는 권리 : 소유권과 그 밖의 재산권.
  소유권, 지상권, 지역권, 질권이 시효취득의 대상이 되는 권리이다.
  점유권, 유치권, 저당권은 시효취득의 대상이 되지 못한다.
  광업권, 어업권, 무체재산권은 시효취득의 대상이 된다.
  분묘기지권은 대상이 되나 전세권의 경우에는 긍정하는 견해와 부정하는 견해로 나뉜다.

* 시효취득의 대상

1) 국유재산 : 행정재산(청사와 같은 공용재산, 국가가 공공용으로 사용하는 재산 및 정부기업용재산)과 보존재산(법령의 규정이나 기타의 필요에 의하여 국가가 보존하는 재산 : 문화재보호법에 의해 문화관광부장관이 관리하는 재산으로서 보물, 천연기념물, 명승고적 등)은 시효취득의 대상이 되지 않는다.
   다만, 잡종재산은 시효취득의 대상이 됨
   행정재산이 공용폐지에 의하여 잡종재산이 되면 시효취득의 대상이 됨

2) 자연공물 : 자연상태 그대로 공공용에 제공되는 것(습지, 바닷가, 하천 등)은 시

효취득의 대상이 아니다.

3) 자기의 소유물이나 성명불상자의 소유물에 대해서는 시효취득이 가능하다. 매매계약을 해제하고 부동산을 반환받았으나 등기말소를 하지 않은 경우 매매계약 해제사실을 입증하지 못하는 사례에서 시효취득을 긍정할 수 있다.
※ 실제와 등기가 일치하는 경우에는 자기 소유물에 대한 취득시효가 불가하다.

취득시효의 기산점은 그 점유를 개시한 날이 되어야 하고 시효취득을 주장하는 자가 임의로 정할 수는 없다고 할 것이나 자기소유의 부동산을 점유하고 있는 상태에서 다른사람 명의로 소유권이전등기가 된 경우 자기소유 부동산을 점유하는 것은 취득시효의 기초로서의 점유라고 할 수 없고 그 소유권의 변동이 있는 경우에 비로소 취득시효의 기초로서의 점유가 개시되는 것이므로 그 점유가 자주점유라면 취득시효의 기산점은 소유권의 변동일(소유권이전등기일)이 되어야 할 것이다.
대법원 1989.9.26. 선고 88다카26574 판결

시효로 인한 부동산 소유권의 취득은 원시취득으로서 취득시효의 요건을 갖추면 곧 등기청구권을 취득하는 것이고 또 타인의 소유권을 승계취득하는 것이 아니어서 시효취득의 대상이 반드시 타인의 소유물이어야 하거나 그 타인이 특정되어 있어야만 하는 것은 아니므로 성명불상자의 소유물에 대하여 시효취득을 인정할 수 있다.
대법원 1992.2.25. 선고 91다9312 판결

토지 소유자가 토지의 특정한 일부분을 타인에게 매도하면서 등기부상으로는 전체 토지의 일부 지분에 관한 소유권이전등기를 경료해 준 경우에 매도 대상에서 제외된 나머지 특정 부분을 계속 점유한다고 하더라도 이는 자기 소유의 토지를 점유하는 것이어서 취득시효의 기초가 되는 점유라고 할 수 없다.
대법원 2001.4.13. 선고 99다62036, 62043 판결.

자기 소유의 부동산을 점유하고 있는 상태에서 다른 사람 명의로 소유권이전등기가 된 경우 자기 소유 부동산을 점유하는 것은 취득시효의 기초로서의 점유라고

할 수 없고, 그 소유권의 변동이 있는 경우에 비로소 취득시효의 기초로서의 점유가 개시되는 것이므로, 취득시효의 기산점은 소유권의 변동일 즉 소유권이전등기가 경료된 날이다.
대법원 1997.3.14. 선고 96다55860 판결

4) 토지의 일부

1필의 토지의 일부에 대한 시효취득을 인정하기 위해서는 그 부분이 다른 부분과 구분되어 시효취득자의 점유에 속한다는 인식을 하기에 족한 객관적 징표가 계속하여 존재할 것을 요한다 : 소유권 취득에 분필등기가 선행되어야 한다.

건물부지에 대한 시효취득 : 원칙상 건물의 점유자가 아니라 건물소유자가 시효취득한다.

건물공유자 중 일부만이 당해 건물을 점유하는 경우에 그 건물부지는 건물소유를 위하여 공유명의자 전원이 공동으로 이를 점유하는 것이므로 취득시효완성을 원인으로 한 소유권이전등기청구권은 건물의 공유지분비율과 같은 비율로 건물공유자들에게 귀속한다.
대법원2003.11.13. 선고 2002다57935 판결

1. 부동산소유권의 점유취득시효

점유는 소유의 의사로서 하는 자주점유이어야 하고 평온, 공연한 점유이어야 한다.
점유는 직접점유뿐만 아니라 간접점유도 포함된다.

가. 자주점유 : 197조 1항에 의하여 추정

민법 제197조 제1항에 의하면 물건의 점유자는 소유의 의사로 점유한 것으로 추정되므로 점유자가 취득시효를 주장하는 경우 스스로 소유의 의사를 증명할 책임

은 없고, 오히려 그 점유자의 점유가 소유의 의사가 없는 점유임을 주장하여 점유자의 취득시효의 성립을 부정하는 사람에게 그 증명책임이 있다.

대법원 2013.4.25. 선고 2012다115243 판결

점유자의 점유가 소유의 의사 있는 자주점유인지 아니면 소유의 의사 없는 타주점유인지의 여부는 점유자의 내심의 의사에 의하여 결정되는 것이 아니라 점유 취득의 원인이 된 권원의 성질이나 점유와 관계가 있는 모든 사정에 의하여 외형적·객관적으로 결정되어야 하는 것이기 때문에 점유자가 성질상 소유의 의사가 없는 것으로 보이는 권원에 바탕을 두고 점유를 취득한 사실이 증명되었거나, 점유자가 타인의 소유권을 배제하여 자기의 소유물처럼 배타적 지배를 행사하는 의사를 가지고 점유하는 것으로 볼 수 없는 객관적 사정, 즉 점유자가 진정한 소유자라면 통상 취하지 아니할 태도를 나타내거나 소유자라면 당연히 취했을 것으로 보이는 행동을 취하지 아니한 경우 등 외형적·객관적으로 보아 점유자가 타인의 소유권을 배척하고 점유할 의사를 갖고 있지 아니하였던 것이라고 볼 만한 사정이 증명된 경우에도 그 추정은 깨어진다.

점유자가 점유 개시 당시에 소유권 취득의 원인이 될 수 있는 법률행위 기타 법률요건이 없이 그와 같은 법률요건이 없다는 사실을 잘 알면서 타인 소유의 부동산을 무단점유한 것임이 입증된 경우, 특별한 사정이 없는 한 점유자는 타인의 소유권을 배척하고 점유할 의사를 갖고 있지 않다고 보아야 할 것이므로 이로써 소유의 의사가 있는 점유라는 추정은 깨어졌다고 할 것이다.

대법원 1997.8.21. 선고 95다28625 전원합의체 판결

매매 대상 건물 부지의 면적이 등기부상의 면적을 상당히 초과하는 경우에는 특별한 사정이 없는 한 계약 당사자들이 이러한 사실을 알고 있었다고 보는 것이 상당하며, 이러한 경우에는 매도인이 그 초과 부분에 대한 소유권을 취득하여 이전하여 주기로 약정하는 등의 특별한 사정이 없는 한, 그 초과 부분은 단순한 점용권의 매매로 보아야 하고 따라서 그 점유는 권원의 성질상 타주점유에 해당한다.

지상 건물과 함께 그 대지를 매수 취득하여 점유를 개시함에 있어 지상 건물의 외벽이 인접 토지의 일부를 침범하였으나 그 외벽이 현실의 경계 구실을 하고 있어 매수인이 그 건물 외벽을 기준으로 부지를 인도받은 경우, 매수인은 매매 대

상인 건물 부지 면적이 등기부상 면적을 초과하여 인접 토지를 침범하고 있다는 사실을 알고 있었다고 보기 어렵다.

대법원 1999.6.25. 선고 99다5866,5873 판결

취득시효에 있어 자주점유의 요건인 소유의 의사는 객관적으로 점유권원의 성질에 의하여 그 존부를 결정하여야 할 것이고 다만 그 점유권원의 성질이 분명하지 않을 때에는 민법 제197조 제1항에 의하여 소유의 의사로 점유한 것으로 추정된다고 할 것이나, 처분권한이 없는 자로부터 그 사실을 알면서 부동산을 취득하거나 어떠한 법률행위가 무효임을 알면서 그 법률행위에 의하여 부동산을 취득하여 점유를 시작한 때에는 그 점유의 시작에 있어 이미 자신이 그 부동산의 진정한 소유자의 소유권을 배제하고 마치 자기의 소유물처럼 배타적 지배를 할 수 없다는 것을 알면서 점유하는 자이므로 점유 시작 당시에 소유의 의사가 있다고 할 수 없는 것이다.

구 농지개혁법(1994.12.22. 법률 제4817호 농지법 부칙 제2조 제1항에 의하여 폐지)은 농지를 농민에게 적절히 분배함으로써 농가경제의 자립과 농업생산력의 증진으로 인한 농민생활의 향상 내지 국민경제의 균형과 발전을 기한다는 공익적 목적을 위하여 제정되었고(제1조), 분배받은 농지에 대하여는 상환 완료까지 매매, 증여 기타 소유권의 처분이나 저당권, 지상권, 선취특권 기타 담보권의 설정을 하지 못하도록 되어 있고(제16조), 본법에 위반하는 자는 그 농지를 무상몰수 또는 그 농지의 경작권을 상실케 하고 100만 원 이하의 벌금을 병과할 수 있도록 규정하고 있으며(제25조 제1항), 이에 위반하여 상환 완료 전의 농지를 매매하더라도 이는 무효이므로, 시효취득을 주장하는 점유자가 상환이 완료되지 아니한 분배농지라는 사실을 알면서 이를 매수하여 점유를 시작한 경우에는 위 법리에 비추어 자주점유의 추정이 번복된다고 보아야 할 것이지만, 미상환 분배농지라도 상환이 완료되지 아니하였다는 사실을 알지 못하거나 상환이 완료되었다고 믿고서 이를 매수하여 점유를 시작한 경우에는 자주점유의 추정이 번복되지 아니한다.

대법원 2000.9.29. 선고 99다50705 판결

점유자의 점유가 소유의 의사 있는 자주점유인지 아니면 소유의 의사 없는 타주점유인지의 여부는 점유자의 내심의 의사에 의하여 결정되는 것이 아니라 점유취득의 원인이 된 권원의 성질이나 점유와 관계가 있는 모든 사정에 의하여 외형적·

객관적으로 결정되어야 하는 것이기 때문에 점유자가 성질상 소유의 의사가 없는 것으로 보이는 권원에 바탕을 두고 점유를 취득한 사실이 증명되었거나, 점유자가 타인의 소유권을 배제하여 자기의 소유물처럼 배타적 지배를 행사하는 의사를 가지고 점유하는 것으로 볼 수 없는 객관적 사정, 즉 점유자가 진정한 소유자라면 통상 취하지 아니할 태도를 나타내거나 소유자라면 당연히 취했을 것으로 보이는 행동을 취하지 아니한 경우 등 외형적·객관적으로 보아 점유자가 타인의 소유권을 배척하고 점유할 의사를 가지고 있지 아니하였던 것이라고 볼 만한 사정이 증명된 경우에도 그 추정은 깨어진다.

토지 점유자가 점유기간 동안 여러 차례 부동산소유권이전등기등에관한특별조치법이 시행됨에 따라 등기의 기회가 있었음에도 불구하고 소유권이전등기를 하지 않았고 오히려 소유자가 같은 법에 의하여 소유권보존등기를 마친 후에도 별다른 이의를 하지 않은 경우, 자주점유의 추정이 번복될 수 있다.

대법원 2000.3.24. 선고 99다56765 판결

공유부동산의 경우에 공유자 중의 1인이 공유지분권에 기초하여 부동산 전부를 점유하고 있다고 하여도 다른 특별한 사정이 없는 한 권원의 성질상 다른 공유자의 지분비율의 범위 내에서는 타주점유라고 할 것이다. 그렇지만 이와 달리 구분소유적 공유관계에서 어느 특정된 부분만을 소유 · 점유하고 있는 공유자가 매매 등과 같이 종전의 공유지분권과는 별도의 자주점유가 가능한 권원에 의하여 다른 공유자가 소유 · 점유하는 특정된 부분을 취득하여 점유를 개시하였다고 주장하는 경우에는 타인 소유의 부동산을 매수 · 점유하였다고 주장하는 경우와 달리 볼 필요가 없으므로, 취득 권원이 인정되지 않는다고 하더라도 그 사유만으로 자주점유의 추정이 번복된다거나 점유권원의 성질상 타주점유라고 할 수 없고, 상대방에게 타주점유에 대하여 증명할 책임이 있다.

대법원 2013.3.28 선고 2012다68750 판결

부동산의 점유권원의 성질이 분명하지 않을 때에는 민법 제197조 제1항에 의하여 점유자는 소유의 의사로 선의, 평온 및 공연하게 점유한 것으로 추정되는 것이며, 이러한 추정은 지적공부 등의 관리주체인 국가나 지방자치단체가 점유하는 경우에도 마찬가지로 적용된다. 그리고 점유자가 점유 개시 당시에 소유권 취득

의 원인이 될 수 있는 법률행위 기타 법률요건이 없이 그와 같은 법률요건이 없다는 사실을 잘 알면서 타인 소유의 부동산을 무단점유한 것임이 입증된 경우에는, 특별한 사정이 없는 한 점유자는 타인의 소유권을 배척하고 점유할 의사를 갖고 있지 않다고 보아야 할 것이므로 이로써 소유의 의사가 있는 점유라는 추정은 깨어진다고 할 것이나(대법원 1997.8.21. 선고 95다28625 전원합의체 판결 등 참조), 한편 국가나 지방자치단체가 취득시효의 완성을 주장하는 토지의 취득절차에 관한 서류를 제출하지 못하고 있다고 하더라도, 그 토지에 관한 지적공부 등이 6·25 전란으로 소실되었거나 기타의 사유로 존재하지 아니함으로 인하여 국가나 지방자치단체가 지적공부 등에 소유자로 등재된 자가 따로 있음을 알면서 그 토지를 점유하여 온 것이라고 단정할 수 없고, 그 점유의 경위와 용도 등을 감안할 때 국가나 지방자치단체가 점유 개시 당시 공공용 재산의 취득절차를 거쳐서 소유권을 적법하게 취득하였을 가능성도 배제할 수 없다고 보이는 경우에는, 국가나 지방자치단체가 소유권 취득의 법률요건이 없이 그러한 사정을 잘 알면서 토지를 무단점유한 것임이 입증되었다고 보기 어려우므로, 위와 같이 토지의 취득절차에 관한 서류를 제출하지 못하고 있다는 사정만으로 그 토지에 관한 국가나 지방자치단체의 자주점유의 추정이 번복된다고 할 수는 없다.

대법원 2013.2.28. 선고 2012다99549 판결

나. 시효기간의 경과

점유자가 점유기간의 기산점을 임의로 선택하여 현재로부터 거슬러 올라가 20년 이상 점유한 사실을 증명하면 그것으로 점유취득시효의 완성을 인정할 수 있는가? 현실적으로 점유를 개시한 시점을 확정하여 그때로부터 20년의 기간을 기산하여야 하는가?

이 문제는 시효가 완성되었으나 점유자가 아직 등기를 경료하고 있지 아니한 사이에 부동산이 양도되어 그 등기를 마친 제3자에 대해서도 점유자가 시효취득을 주장할 수 있는가의 문제와 표리관계에 있다.

판례는 원칙적으로 고정시설을 취하면서 예외적으로 역산설을 인정하고 있다.

<u>판례의 입장 정리</u>

1. 甲의 부동산에 대해 乙의 점유취득시효가 완성된 경우에 甲은 취득시효 당사자이므로 乙은 등기 없이 甲에 대하여 시효취득을 주장할 수 있다.

2. 甲이 乙의 시효진행 중 그 부동산을 丙에게 양도하고 등기를 이전해 준 경우, 그 후 시효가 완성되면 乙은 등기 없이 丙에게 시효취득을 주장할 수 있다.

3. 甲이 乙의 시효기간 만료 후 그 부동산을 丙에게 양도하고 등기를 이전한 경우, 甲으로부터 乙 및 丙에게로 이중양도가 행해진 경우와 마찬가지로 丙은 乙에 대해 제3자이고, 따라서 乙은 丙에 대해 시효취득으로서 대항할 수 없다(제3자가 악의라도 무방, 제3자 앞으로 이전등기 원인이 시효완성 전의 것이더라도 마찬가지임).

4. 제3의 원칙의 예에서, 乙이 시효기간의 기산점을 실제보다 뒤로 정하여 丙에 대하여 그 양도 후에 시효가 완성된 것으로 주장할 수 없다.

5. 다만, 전 점유기간을 통틀어 등기명의인이 동일하다면 취득시효 완성을 주장할 수 있는 시점에 시효기간이 경과한 사실만 확정되면 충분하므로 임의의 시점을 기산점으로 삼을 수 있다(역산설 인용).

6. 제3원칙의 예에서 丙의 양수 및 등기경료 후 乙이 다시 시효취득에 필요한 기간 동안 점유를 계속하면 丙에 대하여 시효취득을 주장할 수 있다.

7. 점유가 승계된 경우 점유자는 자신의 점유만을 주장할 수도 있고, 전 점유자의 점유를 합산하여 주장할 수도 있지만 합산의 경우에 전 점유자의 하자도 승계된다.
   전 점유자의 점유를 아울러 주장하는 경우에 어느 단계의 점유자의 점유까지를 아울러 주장할 것인지에 대해서는 이를 주장하는 자가 선택권을 가지지만, 전 점유자의 점유를 아울러 주장하는 경우에 그 점유의 개시시기를 어느 점유자의 점유기간 중의 임의의 시점으로 선택할 수는 없다.

취득시효의 기산점은 점유를 시작한 때로부터라고 해석함이 상당하므로 시효의 기산점이나 만료점을 임의로 움직일 수 없고 시효완성의 권리를 주장하는 현재로부터 거꾸로 올라가 시효완성에 해당하는 기간 동안 점유를 계속하면 족하다고 해석할 수 없다.
대법원 1965.7.6. 선고 65다914 판결

취득시효기간 중 계속해서 등기명의자가 동일한 경우에는 그 기산점을 어디에 두든지 간에 취득시효의 완성을 주장할 수 있는 시점에서 보아 그 기간이 경과한 사실만 확정되면 충분하므로, 전 점유자의 점유를 승계하여 자신의 점유기간을 통산하여 20년이 경과한 경우에 있어서도 전 점유자가 점유를 개시한 이후의 임의의 시점을 그 기산점으로 삼을 수 있다.
대법원 1998.5.12. 선고 97다8496 판결

취득시효의 기초가 되는 점유가 법정기간 이상으로 계속되는 경우, 취득시효는 그 기초가 되는 점유가 개시된 때를 기산점으로 하여야 하고 취득시효를 주장하는 사람이 임의로 기산일을 선택할 수는 없으나 점유가 순차 승계된 경우에 있어서는 취득시효의 완성을 주장하는 자는 자기의 점유만을 주장하거나 또는 자기의 점유와 전 점유자의 점유를 아울러 주장할 수 있는 선택권이 있는 것이고, 전 점유자의 점유를 아울러 주장하는 경우에도 어느 단계의 점유자의 점유까지를 아울러 주장할 것인가도 이를 주장하는 사람에게 선택권이 있다.
대법원 1991.10.22. 선고 91다26577 판결

부동산을 증여받았으나 소유권이전등기를 하지 않고 있던 중에 그 부동산 소유자가 사망하여 상속이 개시되고 그 후에 그 부동산 점유자의 점유취득시효 기간이 경과된 경우에는 점유자는 상속인들에 대하여 각자의 상속지분에 따라 취득시효 완성을 원인으로 한 소유권이전등기청구권을 취득하게 된다. 그러나 그 점유취득시효 기간이 경과된 다음에 수증자 앞으로 위 증여를 원인으로 한 소유권이전등기가 되었다면, 그 등기명의자는 특별한 사정이 없는 한 취득시효 완성 후의 새로운 이해관계인이라 할 것이므로 점유자는 그에 대하여 취득시효 완성으로 대항할 수 없다.

다만 그 부동산을 증여받은 자가 상속인 중 한 사람이라면, 그 상속인이 가지고 있던 피상속인에 대한 증여를 원인으로 한 소유권이전등기청구권은 자기의 상속 지분 범위 내에서는 상속에 의하여 혼동으로 소멸하는 반면, 점유자에 대하여는 취득시효 기간이 경과된 때에 새로 취득시효 완성을 원인으로 한 소유권이전등기 의무를 부담하게 되므로, 그 후 그 상속인이 「부동산소유권 이전등기 등에 관한 특별조치법」(2005.5.26. 법률 제7500호로 제정된 것, 이하 '특별조치법')에 의하여 그 부동산 전체에 관하여 위 증여를 원인으로 한 소유권이전등기를 하였다고 하더라도 그 상속인은 적어도 자기의 상속지분 범위 내에서는 취득시효 완성 후의 새로운 이해관계인이라 할 수 없다 할 것이고, 따라서 여전히 그 지분 범위 내에서는 점유자에 대하여 취득시효 완성을 원인으로 한 소유권이전등기의무를 부담한다고 할 것이다.

대법원 2012.3.15. 선고 2011다59445 판결

부동산에 대한 점유취득시효가 완성된 후 취득시효 완성을 원인으로 한 소유권이전등기를 하지 않고 있는 사이에 그 부동산에 관하여 제3자 명의의 소유권이전등기가 경료된 경우라 하더라도 당초의 점유자가 계속 점유하고 있고 소유자가 변동된 시점을 기산점으로 삼아도 다시 취득시효의 점유기간이 경과한 경우에는 <u>점유자로서는 제3자 앞으로의 소유권 변동시를 새로운 점유취득시효의 기산점으로 삼아 2차의 취득시효의 완성을 주장할 수 있다.</u>

취득시효기간이 경과하기 전에 등기부상의 소유명의자가 변경된다고 하더라도 그 사유만으로는 점유자의 종래의 사실상태의 계속을 파괴한 것이라고 볼 수 없어 취득시효를 중단할 사유가 되지 못하므로, 새로운 소유명의자는 취득시효 완성 당시 권리의무 변동의 당사자로서 취득시효 완성으로 인한 불이익을 받게 된다 할 것이어서 시효완성자는 그 소유명의자에게 시효취득을 주장할 수 있는바, 이러한 법리는 <u>새로이 2차의 취득시효가 개시되어 그 취득시효기간이 경과하기 전에 등기부상의 소유명의자가 다시 변경된 경우에도 마찬가지로 적용된다</u>고 봄이 상당하다.

대법원 2009.7.16. 선고 2007다15172,15189 전원합의체 판결

다. 등기

취득시효 완성에 의한 소유권취득은 법률행위에 의한 것이 아니므로 원칙적으로 등기를 요하지 않지만 187조의 예외로서 등기를 하여야 소유권을 취득하도록 하고 있다.

점유취득시효 완성에 의한 권리취득은 원시취득이므로 보존등기형식에 의하여야 하지만 실무상 이전등기의 형식을 취한다.

> 시효취득에 관한 민법 제245조 제1항의 규정의 의하면, 20년간 소유의 의사로 공연하게 부동산을 점유하는 자는 "등기함으로써" 그 소유권을 취득한다라고 되어 있으나, "등기함으로써"소유권을 취득하는 것은 이미 등기가 되어 있는 부동산에 한하는 것이고, 미등기부동산에 관하여는 등기 없이도 소유권을 원시취득한다고 해석할 것이다.
>
> 춘천지법 1987.12.15. 선고 87가단282 판결.
>
> ※ 미등기부동산의 경우, 취득시효완성으로 인해 소유권이전등기청구권을 취득하고 소유자 명의의 소유권보존등기를 대위신청한 후 시효취득자에게로 소유권이전등기를 경료하는 절차를 취하여야 할 것이다.
>
> 민법 제245조 제1항에 의하면 부동산에 관한 점유취득시효가 완성되었더라도 소유권취득을 위한 등기청구권이 발생할 뿐 곧바로 소유권취득의 효력이 생기는 것이 아니고 등기를 함으로써 비로소 소유권을 취득한다. 따라서 취득시효의 완성 후 그 등기를 하기 전에 제3자의 처분금지가처분이 이루어진 부동산에 관하여 점유자가 취득시효 완성을 원인으로 소유권이전등기를 하였는데, 그 후 가처분권리자가 처분금지가처분의 본안소송에서 승소판결을 받고 그 확정판결에 따라 소유권이전등기를 하였다면, 점유자가 취득시효 완성 후 등기를 함으로써 소유권을 취득하였다는 이유로 그 등기 전에 처분금지가처분을 한 가처분권리자에게 대항할 수 없다.
>
> 그런데 한편 취득시효 완성 당시의 소유명의자의 소유권등기가 무효이고 취득시효 완성 후 그 등기 전에 이루어진 처분금지가처분의 가처분권리자가 취득시효 완성 당시 그 부동산의 진정한 소유자이며 그 가처분의 피보전권리가 소유권에

기한 말소등기청구권 또는 진정명의회복을 위한 이전등기청구권이라면, 그 가처분에 기하여 부동산의 소유 명의를 회복한 가처분권리자는 원래 취득시효 완성을 원인으로 한 소유권이전등기청구의 상대방이 되어야 하는 사람이므로, 그 가처분권리자로서는 취득시효 완성을 원인으로 하여 이루어진 소유권이전등기가 자신의 처분금지가처분에 저촉되는 것이라고 주장하여 시효취득자의 소유권취득의 효력을 부정할 수 없으며, 취득시효 완성을 원인으로 하여 그 완성 당시의 등기명의인으로부터 시효취득자 앞으로 이루어진 소유권이전등기는 실체관계에 부합하는 유효한 등기라고 보아야 한다.

대법원 2012.11.15. 선고 2010다73475 판결

라. 상대방

점유취득시효완성 주장은 시효완성 당시의 소유자에게 하여야 하는 것이므로 비록 등기부상 소유자로 등기되어 있더라도 그가 진정한 소유자가 아닌 경우라면 그에 대해 점유취득시효 완성을 원인으로 하는 소유권이전등기를 청구할 수 없다.

점유취득시효가 완성된 경우에 그 효력으로 시효완성점유자는 다른 특별한 사정이 없는 한 당해 부동산의 시효완성 당시의 소유자에 대하여 소유권이전등기청구권을 취득하는 것이고, 비록 등기부상 소유자 또는 공유자로 등기되어 있는 사람이라고 하더라도 그가 진정한 소유자가 아닌 이상 그를 상대로 취득시효의 완성을 원인으로 소유권이전등기를 청구할 수 없다.

대법원 2009.12.24. 선고 2008다71858 판결

점유취득시효완성을 원인으로 한 소유권이전등기청구는 시효완성 당시의 소유자를 상대로 하여야 하므로 시효완성 당시의 소유권보존등기 또는 이전등기가 무효라면 원칙적으로 그 등기명의인은 시효취득을 원인으로 한 소유권이전등기청구의 상대방이 될 수 없고, 이 경우 시효취득자는 소유자를 대위하여 위 무효등기의 말소를 구하고 다시 위 소유자를 상대로 취득시효완성을 이유로 한 소유권이전등

기를 구하여야 한다.
대법원 2005.5.26. 선고 2002다43417 판결

취득시효이익의 포기와 같은 상대방 있는 단독행위는 그 의사표시로 인하여 권리에 직접적인 영향을 받는 상대방에게 도달하는 때에 효력이 발생한다. 취득시효 완성으로 인한 권리변동의 당사자는 시효취득자와 취득시효 완성 당시의 진정한 소유자이고, 실체관계와 부합하지 않는 원인무효인 등기의 등기부상 소유명의자는 권리변동의 당사자가 될 수 없으므로, 결국 시효이익의 포기는 달리 특별한 사정이 없는 한 시효취득자가 취득시효 완성 당시의 진정한 소유자에 대하여 하여야 그 효력이 발생하는 것이지 원인무효인 등기의 등기부상 소유명의자에게 그와 같은 의사를 표시하였다고 하여 그 효력이 발생하는 것은 아니다.
대법원 2011.7.14. 선고 2011다23200 판결

2. 부동산소유권의 등기부취득시효

점유취득시효 : 평온, 공연, 자주점유

등기부취득시효 : 평온, 공연, 선의, 무과실, 자주점유

선의는 197조 1항에 의하여 추정되지만 무과실을 추정하는 규정은 없다 : 시효취득을 주장하는 점유자가 무과실에 대한 증명책임을 진다.

* 원인행위가 무효, 취소로 의해 소유권이전의 효력이 발생하지 않았지만 말소등기를 하지 않은 채 있는 경우에 이를 양수하여 소유권이전등기를 경료하고 10년이 지난 경우 등기부취득시효의 완성을 주장할 수 있다.

* 원인행위의 실효로 선의의 제3자가 보호받지 못하는 경우에 의의가 있다.
무효나 취소의 경우에도 선의의 제3자가 보호받는 경우에는 의미가 없을 것임.
해제의 경우 제3자 등기 전에 해제 있으면 선의의 제3자만 보호, 제3자 등기 후에

해제 있으면 선의, 악의 구별 없이 제3자는 보호 받음. 따라서 의미가 없을 것임.

* 선의, 무과실은 등기에 관한 것이 아니라 점유에 관한 것이다.
선의, 무과실은 전 시효기간을 통하여 계속되어야 하는 것은 아니고 점유개시시에 선의, 무과실이면 된다.

> 등기부취득시효에 있어서는 점유의 개시에 과실이 없었음을 필요로 하고, 여기서 무과실이라 함은 점유자가 자기의 소유라고 믿은 데 과실이 없음을 말한다.
> 대법원 2011.9.29. 선고 2009다78801 판결
>
> 부동산 매매에 있어 등기부상 명의인이 제3자에 속하는 때에는 거래관념상 매도인의 권원에 관하여 의심할 만한 사정이 있으므로 매수인은 등기부상 소유자 명의에 관하여 진부가 확인되지 아니한 한 그 부동산을 인도받아 선의로 점유하였어도 과실 없이 부동산의 점유를 개시한 자라고 볼 수는 없는 것이나, 부동산등기부상 명의인과 매도인이 동일인인 경우에는 이를 소유자로 믿고 그 부동산을 매수한 자는 특별한 사정이 없는 한 과실 없는 점유자라 할 것이다.
> 대법원 1982.5.11. 선고 80다2881 판결

* 등기기간과 점유기간은 각각 10년이어야 한다.
등기가 유효한 등기일 필요는 없다. 그러나 중복등기이어서는 아니 된다.
점유승계가 인정되는 것과 같이 등기의 승계도 인정된다.

> 등기부취득시효에 관하여 민법 제245조 제2항은 "부동산의 소유자로 등기한 자가 10년간 소유의 의사로 평온, 공연하게 선의이며 과실없이 그 부동산을 점유한 때에는 소유권을 취득한다"고 규정하고 있는데 그 뜻은 위 규정에 의하여 소유권을 취득하는 자는 10년간 반드시 그의 명의로 등기되어 있어야 하는 것은 아니고 앞사람의 등기까지 아울러 그 기간 동안 부동산의 소유자로 등기되어 있으면 된다는 것으로 풀이하여야 할 것이다.

> 왜냐하면 등기부취득시효에 있어서의 등기와 점유는 권리의 외관을 표상하는 방법에서 동등한 가치를 가진다 할 것이므로 등기에 관하여서도 점유의 승계에 관한 민법 제199조를 유추적용함이 타당할 뿐만 아니라 위 규정이 "부동산의 소유자로 등기한 자"라는 문언을 썼다하여 반드시 그 앞사람의 등기를 거기에서 배제하는 것이라고는 볼 수 없기 때문이다.
>
> 대법원 1989.12.26. 선고 87다카2176 전원합의체판결

3. 취득시효 완성의 효과

가. 권리의 취득

* 취득시효 완성으로 인한 소유권의 취득은 원시취득이다.

원소유자의 권리 위에 존재하던 제한은 원칙적으로 소멸한다.

> 부동산점유취득시효는 20년의 시효기간이 완성한 것만으로 점유자가 곧바로 소유권을 취득하는 것은 아니고 민법 제245조에 따라 점유자 명의로 등기를 함으로써 소유권을 취득하게 되며, 이는 원시취득에 해당하므로 특별한 사정이 없는 한 원소유자의 소유권에 가하여진 각종 제한에 의하여 영향을 받지 아니하는 완전한 내용의 소유권을 취득하게 되고, 이와 같은 소유권취득의 반사적 효과로서 그 부동산에 관하여 취득시효의 기간이 진행 중에 체결되어 소유권이전등기청구권가등기에 의하여 보전된 매매예약상의 매수인의 지위는 소멸된다고 할 것이지만, 시효기간이 완성되었다고 하더라도 점유자 앞으로 등기를 마치지 아니한 이상 전 소유권에 붙어 있는 위와 같은 부담은 소멸되지 아니한다.
>
> 대법원 2004.9.24. 선고 2004다31463 판결
>
> 등기부취득시효에 관하여 민법 제245조 제2항은 "부동산의 소유자로 등기한 자가 10년간 소유의 의사로 평온, 공연하게 선의이며 과실 없이 그 부동산을 점유한 때에는 소유권을 취득한다."고 규정하고 있는데, 위 규정에 의하여 소유권을 취득하는 자는 10년간 반드시 그의 명의로 등기되어 있어야 하는 것은 아니고 앞사람의 등기까지 아울러 그 기간 동안 부동산의 소유자로 등기되어 있으면 된다

고 할 것이고, 등기는 물권의 효력발생요건이고 효력존속요건이 아니므로 물권에 관한 등기가 원인 없이 말소된 경우에 그 물권의 효력에는 아무런 영향을 미치지 않는 것이므로, 등기부취득시효가 완성된 후에 그 부동산에 관한 점유자 명의의 등기가 말소되거나 적법한 원인 없이 다른 사람 앞으로 소유권이전등기가 경료되었다 하더라도, 그 점유자는 등기부취득시효의 완성에 의하여 취득한 소유권을 상실하는 것은 아니다. ⇒ 원시취득이므로.

대법원 2001.1.16. 선고 98다20110 판결

* 취득시효의 기초인 점유 자체가 이미 그 위에 존재하는 타인의 권리에 대한 제한(ex : 지역권)을 용인하면서 행해졌다면 그러한 제한이 있는 소유권을 취득한다.

* 원소유자가 취득시효의 완성 이후 그 등기가 있기 전에 제한물권을 설정한 경우 원소유자의 그러한 처분행위는 불법행위가 아니므로 시효취득자로서는 제한물권의 제한을 받고 있는 소유권을 취득하게 된다.

원소유자가 취득시효의 완성 이후 그 등기가 있기 전에 그 토지를 제3자에게 처분하거나 제한물권의 설정, 토지의 현상 변경 등 소유자로서의 권리를 행사하였다 하여 시효취득자에 대한 관계에서 불법행위가 성립하는 것이 아님은 물론 위 처분행위를 통하여 그 토지의 소유권이나 제한물권 등을 취득한 제3자에 대하여 취득시효의 완성 및 그 권리취득의 소급효를 들어 대항할 수도 없다 할 것이니, 이 경우 시효취득자로서는 원소유자의 적법한 권리행사로 인한 현상의 변경이나 제한물권의 설정 등이 이루어진 그 토지의 사실상 혹은 법률상 현상 그대로의 상태에서 등기에 의하여 그 소유권을 취득하게 된다. 따라서 시효취득자가 원소유자에 의하여 그 토지에 설정된 근저당권의 피담보채무를 변제하는 것은 시효취득자가 용인하여야 할 그 토지상의 부담을 제거하여 완전한 소유권을 확보하기 위한 것으로서 그 자신의 이익을 위한 행위라 할 것이니, 위 변제액 상당에 대하여 원소유자에게 대위변제를 이유로 구상권을 행사하거나 부당이득을 이유로 그 반환청구권을 행사할 수는 없다.
대법원 2006.5.12. 선고 2005다75910 판결

* 취득시효가 완성된 경우 점유자는 원소유자에 대하여 부당이득반환의무를 부담하지 않는다.

나. 소급효

취득시효로 인한 소유권취득의 효과는 점유를 개시한 때에 소급한다(247조 1항).

다. 등기 전의 법률관계

* 점유취득시효완성이 있더라도 등기를 하여야 비로소 권리를 취득 : 시효권리자는 소유명의자에 대하여 채권적인 등기청구권만을 가질 뿐이다.

* 시효완성 후의 점유자는 소유명의자에 대항할 수 있다 : 시효가 완성됨에 따라 시효권리자에게 등기를 해 줄 의무를 지는 소유명의자는 불법점유임을 이유로 건물의 철거 또는 대지의 인도를 청구할 수 없고, 점유로 인한 부당이득의 반환청구도 할 수 없다.

* 등기 없이 시효기간이 경과하였다는 사유만으로 소유권의 확인을 구할 수는 없다. 아직 소유권이전등기청구권만을 취득한 것이지 소유권을 취득한 것은 아니기 때문.

* 시효가 완성된 후 시효를 원인으로 한 등기가 완료되기 전 제3자에게 소유권이 이전되거나, 압류된 경우에는 시효취득자는 제3자에게 대항할 수 없다.

국세징수법의 규정에 기한 체납처분으로서의 압류는 납세자의 재산을 대상으로 하여야 하고, 그 압류대상으로 된 재산이 등기되어 있는 부동산인 경우에 그 재

산이 납세자의 소유에 속하는지의 여부는 등기의 효력에 의하여 판단하여야 할 것인바, 과세관청이 원고에 의하여 이미 20년의 부동산취득시효기간이 경과된 부동산을 압류하였더라도 그 때까지 원고가 등기를 하지 아니하였다면 제3자인 과세관청에 대하여 시효취득을 이유로 소유권을 주장할 수 없고, 압류 후에 소유권이전등기를 하여 그 취득시효로 인한 권리취득의 효력이 점유를 개시한 때에 소급한다고 하더라도 제3자인 과세관청과의 관계에서까지 그 소급효가 인정되는 것은 아니며, 또한 압류에서의 이른바 처분금지의 효력은 압류채권자와 관계에서 상대적으로 발생하는 것으로 압류채권자는 제3취득자에 대하여 압류의 효력을 주장할 수 있고 제3취득자는 이로써 압류채권자에게 대항할 수 없게 된다 할 것이므로 압류 후에 원고가 시효취득에 의하여 체납자로부터 소유권이전등기를 경료하였더라도 압류채권자에게는 대항할 수 없다.

대법원 1991.2.26. 선고 90누5375 판결

토지를 20년간 소유의 의사로 평온·공연하게 점유한 자는 등기를 함으로써 비로소 그 소유권을 취득하는 것이므로, 점유자가 원소유자에 대하여 점유로 인한 취득시효기간이 만료되었음을 이유로 취득시효완성을 원인으로 한 소유권이전등기청구를 하는 등 그 권리행사를 하거나 원소유자가 취득시효완성 사실을 알고 점유자의 권리취득을 방해하려고 하는 등의 특별한 사정이 없는 한, 원소유자는 점유자 명의로 소유권이전등기가 경료되기까지는 소유자로서 그 토지에 관한 적법한 권리를 행사할 수 있고, 따라서 그 권리행사로 인하여 점유자의 토지에 대한 점유의 상태가 변경되었다면, 그 뒤 소유권이전등기를 경료한 점유자는 변경된 점유의 상태를 용인하여야 한다.

인접 대지의 경계를 침범하여 건물을 소유하고 있던 점유자가 그 대지 부분에 대한 취득시효가 완성되었으나 이를 자신의 소유로 알고 원소유자에 대하여 취득시효완성을 이유로 그 권리를 주장하거나 이전등기청구권을 행사하지 아니하다가 취득시효완성 사실을 모르고 있던 원소유자가 그 대지 부분에 건물을 신축한 후에 취득시효완성을 원인으로 소유권이전등기를 경료한 경우, 원소유자가 건물을 신축함으로써 점유자의 그 대지 부분에 대한 점유의 상태가 변경된 뒤에야 점유자가 그 대지 부분에 관한 소유권이전등기를 경료하였으므로, 점유자로서는 그 지상에 위 건물이 존재한 상태로 대지의 소유권을 취득하였다고 할 것이어서 원소유자에 대하여 위 건물의 철거를 구할 수 없다고 보아야 한다.

대법원 1999.7.9. 선고 97다53632 판결

원소유자가 취득시효의 완성 이후 그 등기가 있기 전에 그 토지를 제3자에게 처분하거나 제한물권의 설정, 토지의 현상 변경 등 소유자로서의 권리를 행사하였다 하여 시효취득자에 대한 관계에서 불법행위가 성립하는 것이 아님은 물론 위 처분행위를 통하여 그 토지의 소유권이나 제한물권 등을 취득한 제3자에 대하여 취득시효의 완성 및 그 권리취득의 소급효를 들어 대항할 수도 없다 할 것이니, 이 경우 시효취득자로서는 원소유자의 적법한 권리행사로 인한 현상의 변경이나 제한물권의 설정 등이 이루어진 그 토지의 사실상 혹은 법률상 현상 그대로의 상태에서 등기에 의하여 그 소유권을 취득하게 된다. 따라서 시효취득자가 원소유자에 의하여 그 토지에 설정된 근저당권의 피담보채무를 변제하는 것은 시효취득자가 용인하여야 할 그 토지상의 부담을 제거하여 완전한 소유권을 확보하기 위한 것으로서 그 자신의 이익을 위한 행위라 할 것이니, 위 변제액 상당에 대하여 원소유자에게 대위변제를 이유로 구상권을 행사하거나 부당이득을 이유로 그 반환청구권을 행사할 수는 없다.

대법원 2006.5.12. 선고 2005다75910 판결

라. 시효완성 후의 사정변경 : 제3자명의로 등기가 경료된 경우

* 시효권리자는 제3자에 대하여 시효완성을 주장할 수 없다(마치 2중매매와 같은 논리).

* 시효완성 후 소유명의가 변경되었지만 당초의 점유자가 계속 점유하고 있고 소유권이 변동된 시점을 새로운 기산점으로 삼아도 다시 시효기간이 경과하였다면 시효완성을 주장할 수 있다.

* 제3자 명의의 등기는 적법, 유효한 것임을 전제로 한다 : 매매계약이 시효권리자에 대한 소유권이전등기의무를 면탈하기 위한 통정허위표시에 해당하는 경

우와 같이 제3자 명의의 등기가 원인무효의 등기라면 시효권리자는 소유명의자를 대위하여 제3자 명의로 경료된 소유권이전등기의 말소를 구하고, 아울러 소유명의자에 대하여 시효완성을 원인으로 한 소유권이전등기를 청구할 수 있다.

* 취득시효가 완성된 후 점유자가 그 취득시효를 주장하거나, 이로 인한 소유권이전등기를 청구하기 이전에는, 특별한 사정이 없는 한 그 등기명의인인 부동산 소유자로서는 그 시효취득사실을 알 수 없는 것이므로, 이를 제3자에게 처분하였다고 하더라도 불법행위가 성립하는 것은 아니다.

* 부동산 점유자에게 취득시효완성으로 인한 소유권이전등기청구권이 있다고 하더라도 이로 인하여 부동산 소유자와 시효취득자 사이에 계약상의 채권채무관계가 성립하는 것은 아니므로 그 부동산을 처분한 소유자에게 채무불이행 책임을 물을 수 없다.

부동산을 증여받았으나 소유권이전등기를 하지 않고 있던 중에 그 부동산 소유자가 사망하여 상속이 개시되고 그 후에 그 부동산 점유자의 점유취득시효 기간이 경과된 경우에는 점유자는 상속인들에 대하여 각자의 상속지분에 따라 취득시효완성을 원인으로 한 소유권이전등기청구권을 취득하게 된다. 그러나 그 점유취득시효 기간이 경과된 다음에 수증자 앞으로 위 증여를 원인으로 한 소유권이전등기가 되었다면, 그 등기명의자는 특별한 사정이 없는 한 취득시효 완성 후의 새로운 이해관계인이라 할 것이므로 점유자는 그에 대하여 취득시효 완성으로 대항할 수 없다.

다만 그 부동산을 증여받은 자가 상속인 중 한 사람이라면, 그 상속인이 가지고 있던 피상속인에 대한 증여를 원인으로 한 소유권이전등기청구권은 자기의 상속지분 범위 내에서는 상속에 의하여 혼동으로 소멸하는 반면, 점유자에 대하여는 취득시효 기간이 경과된 때에 새로 취득시효 완성을 원인으로 한 소유권이전등기의무를 부담하게 되므로, 그 후 그 상속인이 「부동산소유권 이전등기 등에 관한 특별조치법」(2005.5.26. 법률 제7500호로 제정된 것, 이하 '특별조치

> 법')에 의하여 그 부동산 전체에 관하여 위 증여를 원인으로 한 소유권이전등기를 하였다고 하더라도 그 상속인은 적어도 자기의 상속지분 범위 내에서는 취득시효 완성 후의 새로운 이해관계인이라 할 수 없다 할 것이고, 따라서 여전히 그 지분 범위 내에서는 점유자에 대하여 취득시효 완성을 원인으로 한 소유권이전등기의무를 부담한다고 할 것이다.
>
> 대법원 2012.3.15. 선고 2011다59445 판결

마. 점유의 상실

시효완성 후 시효권리자가 점유를 상실한 경우 : 일단 소유권이전등기청구권을 취득한 이상 점유를 상실하였다고 하더라도 이미 취득한 소유권이전등기청구권이 소멸하지는 않는다 : 그러나 소멸시효의 대상은 될 수 있다.

바. 취득시효의 중단

소멸시효의 중단에 관한 규정은 취득시효에도 준용된다(247조 2항). 청구, 압류나 가압류 또는 가처분, 승인은 취득시효의 중단사유가 된다. 재판상청구에는 시효취득의 대상인 목적물의 인도 내지는 소유권존부확인이나 소유권에 관한 등기청구소송, 소유권을 기초로 하는 방해배제 및 손해배상청구 혹은 부당이득반환청구소송이 있을 수 있다.

> 취득시효의 중단사유가 되는 재판상 청구에는 시효취득의 대상인 목적물의 인도 내지는 소유권존부 확인이나 소유권에 관한 등기청구소송은 말할 것도 없고, 소유권침해의 경우에 그 소유권을 기초로 하는 방해배제 및 손해배상 혹은 부당이득반환청구소송도 이에 포함된다.
>
> 대법원 1997.4.25. 선고 96다46484 판결

Ⅳ. 소유권의 법정취득

1. 선점, 습득, 발견

가. 무주물 선점 : 무주의 동산을 소유의 의사로서 점유한 자는 그 소유권을 취득한다(제252조 제1항).

무주물 : 현재 소유자가 없는 물건(야생동물) : 사유하던 동물도 야생 상태로 돌아가면 무주물이 된다.

동산 : 부동산의 경우에는 국유

선점 : 소유의 의사로서 먼저 점유하는 것

소유권을 원시취득한다.

나. 유실물의 습득 : 유실물은 법률에 정한 바에 의하여 공고한 후 6개월 내에 그 소유자가 권리를 주장하지 않으면 습득자가 그 소유권을 취득한다(253조).

유실물 : 점유자의 의사에 기하지 않고 점유를 이탈한 물건으로서 도품이 아닌 것

습득 : 유실물에 대한 점유를 취득하는 것
선점과 달리 소유의 의사는 불요

법률에 정한 바에 따라 : 여기서의 법률은 유실물법을 말함

다. 매장물의 발견 : 매장물은 법률에 정한 바에 의하여 공고한 후 1년 내에 그 소유자가 권리를 주장하지 않으면 발견자가 그 소유권을 취득한다(254조).

매장물 : 매장물은 토지 기타 물건에 묻혀 있어서 외부에서 쉽게 발견할 수 없는 상태이고, 현재 누구의 소유에 속하는지 분명하지 않은 물건

발견 : 매장물의 존재를 구체적, 객관적으로 인식함

점유의 취득을 요하지 않는다.

법률에 정한 바 : 여기서의 법률은 유실물법을 지칭한다.

2. 첨부 : 부합, 혼화, 가공

어떤 물건에 타인의 물건 또는 노력이 결합되어 사회관념상 그 분리가 불가능하거나 그 분리에 과다한 비용이 드는 경우에 그 물건을 어느 한 사람의 소유에 속하게 한다는 점에서 부합, 혼화, 가공은 취지를 같이 한다.

가. 부합

소유자를 달리하는 수 개의 물건이 결합하여 사회관념상 한 개의 물건으로 보이게 되고, 그 분리가 사회관념상 불가능하거나 극히 곤란하게 된 경우에 이를 분리하지 않고 하나의 물건으로 어느 특정인의 소유에 귀속시키는 것을 부합이라 한다.

어떠한 동산이 민법 제256조에 의하여 부동산에 부합된 것으로 인정되기 위해서는 그 동산을 훼손하거나 과다한 비용을 지출하지 않고서는 분리할 수 없을 정도로 부착·합체되었는지 여부 및 그 물리적 구조, 용도와 기능면에서 기존 부동산과는 독립한 경제적 효용을 가지고 거래상 별개의 소유권의 객체가 될 수 있는지 여부 등을 종합하여 판단하여야 할 것이고, 이러한 부동산에의 부합에 관한 법리는 건물의 증축의 경우는 물론 건물의 신축의 경우에도 그대로 적용될 수 있다.
대법원 2009.9.24. 선고 2009다15602 판결

건물의 증축 부분이 기존건물에 부합하여 기존건물과 분리하여서는 별개의 독립물로서의 효용을 갖지 못하는 이상 기존건물에 대한 근저당권은 민법 제358조에 의하여 부합된 증축 부분에도 효력이 미치는 것이므로 기존건물에 대한 경매절차에서 경매목적물로 평가되지 아니하였다고 할지라도 경락인은 부합된 증축 부분

의 소유권을 취득한다.
대법원 2002.10.25. 선고 2000다63110 판결

1) 부동산에의 부합

(가) 요건

* 부합되는 물건(부합의 주물)이 부동산이어야 한다.
부합하는 물건은 동산에 한한다는 학설이 있으나 판례는 부동산도 가능하다고 한다.

부합이라 함은 분리 훼손하지 아니하면 분리할 수 없거나 분리에 과다한 비용을 요하는 경우는 물론 분리하게 되면 경제적 가치를 심히 감손케 하는 경우도 포함되며 부합의 원인은 인공적인 것도 포함된다고 해석할 것이다.
구 민법 242조는 부동산의 소유자는 그 부동산에 종으로 부합한 물건의 소유권을 취득한다고 규정하고 있는 바 그 입법취지로 보아 부합한 물건은 동산에만 한정되는 것은 아니고 부동산도 포함한다고 해석된다.
대법원 1962.1.13. 선고 4294민상445

주건물에 부합된 건물인가 여부의 판단기준의 하나는 과연 부속된 부분이 독립한 건물로서의 가치와 기능을 시인할 수 있는가 아니면 오로지 주건물에 부착되어 분리하여서는 독립된 건물로서의 가치가 없고 주건물의 사용편의에 제공될 뿐인가 하는 것이다.
대법원 1991.4.12. 선고 90다11967 판결

* 부합으로 인하여 소유권의 변동이 있기 위해서는 부착, 결합이 일정한 정도에 이르러야 한다 : 분리 훼손하지 아니하면 분리할 수 없거나 분리에 과다한 비용을 요하는 경우는 물론 분리하게 되면 경제적 가치를 심히 감손케 하는 경우이어야 한다.

어떠한 물건이 부동산에 부합된 것으로 인정되기 위해서는 그 물건을 훼손하거나 과다한 비용을 지출하지 않고서는 분리할 수 없을 정도로 부착 · 합체되었는지 여부 및 그 물리적 구조, 용도와 기능면에서 기존 부동산과는 독립한 경제적 효용을 가지고 거래상 별개의 소유권의 객체가 될 수 있는지 여부 등을 종합하여 판단하면 되고, 권원에 의하여 부속될 것을 요건으로 하지 않으며(민법 제256조 후문), 반드시 그 부동산의 경제적 효용이나 가치 증대를 위한다는 의사를 필요로 하는 것도 아니다.

대법원 2009.5.14. 선고 2008다49202 판결

유류저장탱크를 토지로부터 분리하는 데는 과다한 비용이 들고 또한 사실관계가 위와 같다면 지하에 매설된 유류저장탱크를 분리하여 발굴할 경우 그 경제적 가치가 현저히 감소할 것임은 경험칙상 분명하므로 이 사건 유류저장탱크는 이 사건 토지에 부합된 것이라고 할 것이다.

대법원 1995.6.29. 선고 94다6345 판결

(나) 효과

* 부동산의 소유자가 부합한 물건의 소유권을 취득한다.
  동산이 부합한 경우에 동산의 가격이 부동산 가격을 초과하더라도 마찬가지이다.
  부합한 동산의 소유권을 취득한 부동산 소유자는 동산 소유자에 대하여 보상의무를 부담한다.

건물의 증축부분이 기존건물에 부합하여 기존건물과 분리하여서는 별개의 독립물로서의 효용을 갖지 못하는 이상 기존건물에 대한 근저당권은 민법 제358조에 의하여 부합된 증축부분에도 효력이 미치는 것이므로 기존건물에 대한 경매절차에서 경매목적물로 평가되지 아니하였다고 할지라도 경락인은 부합된 증축부분의 소유권을 취득한다.

대법원 1992.12.8. 선고 92다26772,26789 판결

* 건물의 부합 : 토지와 건물은 별개의 부동산으로서 건물이 토지에 부합하는 일은 없다.

* 수목의 부합 : 권한 없이 타인의 토지에 수목을 심은 경우에 그 수목은 토지에 부합하나, 권원에 기하여 수목을 심은 경우에는 수목을 심은 자에게 소유권이 있다.

토지 위의 과목은 그 정착물로서 토지의 일부로 간주되며 토지의 소유자나 기타 권원이 있는 자가 특별히 토지에서 분리하여 과목만을 따로 처분한다는 특별한 조처가 없는 한 그 토지와 법률적 운영을 같이 한다.

대법원 1971.12.28. 선고 71다2313

대지의 공동 소유자가 다른 공유자로부터 그의 지분에 대한 사용권을 설정받은 후 그 대지상에 정원수를 심은 것이라면, 그 정원수는 그 대지사용권에 의하여 식재한 것으로서 대지지분권과 상관없이 그 정원수의 소유권을 취득하였다고 보아야 한다.

대법원 1991.4.12. 선고 90다20220

* 농작물의 부합 : 판례는 권원 없이 타인의 토지에서 경작한 농작물도 토지에 부합되지 않는다고 한다.

적법한 경작권 없이 타인의 토지를 경작하였더라도 그 경작한 입도가 성숙하여 독립한 물건으로서의 존재를 갖추었으면 그 입도의 소유권은 경작자에게 귀속한다.

대법원 1979.8.28. 선고 79다784

* 권원에 의한 부속 : 타인의 권원에 의하여 부속되는 경우에는 256조의 적용을 받지 않음(256조 단서)

임차인이 권원에 의하여 증, 개축한 부분이 독립성을 가지면 증축한 자의 소유에 속하지만(부속, 646조 소정의 부속물매수청구권 발생), 그 부분이 독립성을 가지지 않아서 기존 건물의 구성부분이 되면 기존 건물의 소유자가 그 부분의 소유권을 취득하게 된다(부합).

2) 동산간의 부합

수 개의 동산이 부합하여 훼손하지 않으면 분리할 수 없거나 분리에 과다한 비용이 소요되는 경우 : 부합한 동산 사이에 주종을 구별할 수 있으면 주된 동산의 소유자가 합성물의 소유권을 취득하나, 주종을 구별할 수 없으면 부합당시의 가액의 비율로 합성물을 공유하게 된다.

나. 혼화

혼화는 고형물(곡물, 금전)의 혼합 또는 유동물(술, 기름)의 융화처럼 물건이 동종의 다른 물건과 섞여서 원물을 식별할 수 없게 되는 것을 말한다.
혼화는 동산간의 부합의 일종이다.

다. 가공

가공이란 타인의 원재료를 써서, 또는 타인의 물건에 변경을 가하여 새로운 물건을 제작하는 것을 말한다 : 물건과 노동력이 결합하여 새로운 물건이 생겨야 한다.

* 원칙적으로 제작물은 원재료의 소유자에게 귀속한다.
* 가공으로 인한 가액증가가 원재료의 가액보다 현저히 다액이라면 가공자의 소유로 된다.
* 도급계약을 하고 그에 따라 가공한 경우의 가공물 소유권귀속은 가공의 법리와는 다른 법리가 적용된다 : 도급인이 재료 공급 : 도급인이 재료의 전부 또는 주

요부분을 공급한 경우에는 완성물의 소유권은 도급인에게 있다. 이 경우 완성물의 가액증가가 재료의 가액보다 현저히 많아도 도급인 소유이다.

수급인이 재료 제공 : 수급인이 주재료를 제공하여 노온력을 제공하여 도급목적물을 완성하였다면 그 소유권은 수급인에게 있고, 인도에 의하여 도급인에게 소유권이 이전되는 것이다. 다만 소유권의 귀속에 관한 특약이 있는 경우에는 그에 의한다.

Ⅴ. 소유권에 기한 물권적 청구권

1. 청구권자

소유권에 기한 물권적 청구권은 현재의 소유자만이 행사할 수 있는 권리이다.

* 명의신탁자의 물권적 청구권
대외적인 관계에서 수탁자만이 소유권자이므로 수탁자만이 제3자의 침해에 대하여 배제를 구할 수 있다. 신탁자는 수탁자를 대위하여 수탁자의 권리를 행사할 뿐, 직접 제 3자에게 침해의 배제를 구할 수 없다.

* 명의신탁이 무효인 경우
신탁자 명의로 소유권이전등기가 되었다가 수탁자에게로 소유권이전등기를 한 명

의신탁의 경우라면, 명의신탁약정이 무효이면 수탁자 명의로 소유권이전등기가 경료되었어도 그 등기는 원인무효로서 말소되어야 할 것이므로 제3자의 침해에 대하여 신탁자가 침해배제를 구할 수 있다. 그러나 신탁자 명의로 소유권이전등기가 된 사실이 없다면 상황은 달라진다(자세한 것은 명의신탁부분 참조).

* 매도한 경우

소유권에 기한 물권적 청구권은 소유권과 분리될 수 없으므로 소유권을 상실한 전소유자는 제3자인 불법점유자에 대하여 방해배제를 구할 수 없다.

토지조사부에 소유자로 등재되어 있는 자는 재결에 의하여 사정 내용이 변경되었다는 등의 반증이 없는 이상 토지의 소유자로 사정받아 그 사정이 확정된 것으로 추정되어 그 토지를 원시적으로 취득하게 되고, 소유권보존등기의 추정력은 그 보존등기 명의인 이외의 자가 당해 토지를 사정받은 것으로 밝혀지면 깨지는 것이나, 한편 부동산의 소유권에 기한 물권적 방해배제청구권 행사의 일환으로서 그 부동산에 관하여 마쳐진 타인 명의의 소유권보존등기의 말소를 구하려면 먼저 자신에게 그 말소를 청구할 수 있는 권원이 있음을 적극적으로 주장·입증하여야 하며, 만일 그러한 권원이 있음이 인정되지 않는다면 설령 타인 명의의 소유권보존등기가 말소되어야 할 무효의 등기라고 하더라도 그 청구를 인용할 수 없다. 따라서 사정 이후에 사정명의인이 그 토지를 다른 사람에게 처분한 사실이 인정된다면 사정명의인 또는 그 상속인들에게는 소유권보존등기 명의자를 상대로 하여 그 등기의 말소를 청구할 권원이 없게 되므로 그 청구를 인용할 수 없다. 대법원 2012.6.14. 선고 2012다10355 판결

2. 청구의 상대방

변론종결당시의 점유자.

점유보조자는 점유자가 아니므로 소유물반환의무를 부담하지 않는다.

간접점유자도 의무를 부담한다.

소유자가 자신의 소유권에 기하여 실체관계에 부합하지 아니하는 등기의 명의인을 상대로 그 등기말소나 진정명의회복 등을 청구하는 경우에, 그 권리는 물권적 청구권으로서의 방해배제청구권(민법 제214조)의 성질을 가진다. 그러므로 소유자가 그 후에 소유권을 상실함으로써 이제 등기말소 등을 청구할 수 없게 되었다면, 이를 위와 같은 청구권의 실현이 객관적으로 불능이 되었다고 파악하여 등기말소 등 의무자에 대하여 그 권리의 이행불능을 이유로 민법 제390조 상의 손해배상청구권을 가진다고 말할 수 없다. 위 법규정에서 정하는 채무불이행을 이유로 하는 손해배상청구권은 계약 또는 법률에 기하여 이미 성립하여 있는 채권관계에서 본래의 채권이 동일성을 유지하면서 그 내용이 확장되거나 변경된 것으로서 발생한다. 그러나 위와 같은 등기말소청구권 등의 물권적 청구권은 그 권리자인 소유자가 소유권을 상실하면 이제 그 발생의 기반이 아예 없게 되어 더 이상 그 존재 자체가 인정되지 아니하는 것이다. 이러한 법리는 선행소송에서 소유권보존등기의 말소등기청구가 확정되었다고 하더라도 그 청구권의 법적 성질이 채권적 청구권으로 바뀌지 아니하므로 마찬가지이다.

국가 명의로 소유권보존등기가 경료된 토지의 일부 지분에 관하여 甲 등 명의의 소유권이전등기가 경료되었는데, 乙이 등기말소를 구하는 소를 제기하여 국가는 乙에게 원인무효인 등기의 말소등기절차를 이행할 의무가 있고 甲 등 명의의 소유권이전등기는 등기부취득시효 완성을 이유로 유효하다는 취지의 판결이 확정되자, 乙이 국가를 상대로 손해배상을 구한 사안에서, 甲 등의 등기부취득시효 완성으로 토지에 관한 소유권을 상실한 乙이 불법행위를 이유로 소유권 상실로 인한 손해배상을 청구할 수 있음은 별론으로 하고, 애초 국가의 등기말소의무 이행불능으로 인한 채무불이행책임을 논할 여지는 없고, 또한 토지의 소유권 상실로 인한 손해배상을 구하는 乙의 청구에 대하여 당사자가 주장하지 아니한 소유권보존등기 말소등기절차 이행의무의 이행불능으로 인한 손해배상책임을 인정할 수 없음에도, 이와 달리 손해배상책임을 인정한 원심판결에 법리오해와 처분권주의 위반의 위법이 있다.

대법원 2012.5.17 선고 2010다28604 전원합의체 판결

Ⅵ. 공동소유 : 공유, 합유, 총유

공동소유는 1개의 물건을 2인 이상의 다수인이 공동으로 소유하는 것을 말한다.

공유 : 공동의 목적 없이 우연히 결합된(지분을 중심으로 거의 독립된 소유권으로 다루어진다) 소유형태

합유 : 일정한 사업 등 공동의 목적을 위하여 결합하였으나 그 결합체가 단체로서의 성질을 가지지 못하고 조합을 이루는 것(합유자의 지분은 인정되나 지분의 처분 등에 일정한 제한을 받는다)의 소유형태.

총유 : 법인이 아닌 사단으로 결합되어 있는 것(비법인 사단의 소유형태로서의 총유 지분이 라는 개념은 인정되지 않는다)의 소유형태.

	공유	합유	총유
성격	개인주의적	중간, 조합의 소유형태	단체주의적, 비법인사단의 소유형태
기원	로마법	게르만법의 상속공동체	게르만법의 촌락공동체
지분	공유지분 : 소유권의 분량적 일부 : 단독소유권의 성질	합유지분 : 조합원으로서의 지위를 의미	지분 없음
지분의 처분	자유(263조)	전원의 동의 (273조 1항)	지분 없음
목적물의 분할청구	자유(268조 1항), 5년 내 분할금지특약 가능(같은 항)	금지(273조 2항), 조합체의 해산시에 분할 됨	분할청구권 없음
목적물의 처분, 변경	전원 동의(264조)	전원 동의(272조)	사원총회 결의(276조 1항)
목적물의 관리	지분의 과반수 결의(265조)	좌동	사원총회 결의

목적물의 보존	각자(265조)	각자(272조)	상동
목적물의 사용, 수익	지분의 비율로 전체 사용	조합계약이 정함이 없으면 지분비율로전체 사용	각자(276조 2항)
목적물의 등기방식	공유자 전원 명의(지분기재)	합유자 전원 명의	비법인사단 자체의 명의
종료사유	공유물양도, 공용징수, 멸실, 공유지분의 집중, 공유물분할	합유물의 양도, 조합체의 해산	총유물의 양도, 사원지위의 상실

1. 공유

물건이 지분에 의하여 수인의 소유로 되는 것(262조 1항)

공유는 물건에 대한 공동소유의 한 형태로서 물건에 대한 1개의 소유권이 분량적으로 분할되어 여러 사람에게 속하는 것(지분 : 소유권의 분량적 일부분)이므로 특별한 사정이 없는 한 각 공유자는 공유물의 분할을 청구하여 기존의 공유관계를 폐지하고 각 공유자간에 공유물을 분배하는 법률관계를 실현하는 일방적인 권리를 가지는 것이다(대법원 1991.11.12. 선고 91다27228 판결).

가. 공유관계의 성립

1) 법률행위에 의한 성립

* 당사자의 의사의 합치에 의하여 공유가 성립.
* 부동산인 경우 공유의 등기는 하여야 하지만 지분등기는 반드시 필요하지는 않음
  지분등기 하지 않으면 지분은 균등한 것으로 추정(실제의 지분비율로 제3자에게 대항하지 못함)
* 특수한 형태 : 구분소유적 공유관계

2) 구분소유적 공유관계 : 판례에 의해 인정 : 상호명의신탁적 구분소유관계

(가) 개념

어떤 부동산에 관하여 그 위치와 면적을 특정하여 여러 사람이 구분소유하기로 약정을 하면서 부동산등기는 공유등기를 하는 형태를 구분소유적 공유관계라고 하는데 이는 부동산을 여러 사람이 구분소유하는 형태로서 부동산등기부상 상호명의신탁등기를 하고 있는 것이므로 상호명의신탁적 구분소유관계를 의미하는 것이지 공유관계를 의미하는 것은 아니다. 따라서 구분소유적 공유관계라는 명칭보다는 상호명의신탁적 구분소유관계라는 명칭을 사용하는 것이 상당하다.

구분소유적 공유관계는 어떤 토지에 관하여 그 위치와 면적을 특정하여 여러 사람이 구분소유하기로 하는 약정이 있어야만 적법하게 성립할 수 있고, 공유자들 사이에 그 공유물을 분할하기로 약정하고 그 때부터 각자의 소유로 분할된 부분을 특정하여 각자 점유·사용하여 온 경우에도 구분소유적 공유관계가 성립할 수 있지만, 공유자들 사이에서 특정부분을 각각의 공유자들에게 배타적으로 귀속시키려는 의사의 합치가 이루어지지 아니한 경우에는 이러한 관계가 성립할 여지가 없다.

구분소유적 공유관계의 성립에 있어 1필지의 토지의 일부에 관한 특정 매매와 그에 대한 등기로서 공유지분이전등기를 마친 사실이 있으면 통상 각 구분소유 부분에 대한 상호명의신탁의 합의가 존재하는 것으로 볼 수 있을 것이지만, 그 경우에도 그 토지의 위치와 면적을 특정하여 매수함으로써 이를 구분소유한다고 하는 기본적 사실관계에 관해서는 서로 의사의 합치가 있어야만 한다.

대법원 2009.3.26. 선고 2008다44313 판결

건물 각 층의 구분소유자들은 다른 층 소유자들과 사이에 상호명의신탁을 해지하는 한편으로, 건물에 대하여 구분건물로 건축물대장의 전환등록절차 및 등기부의 구분등기절차를 마치고 각 층별로 상호간에 자기가 신탁받은 공유지분 전부를 이전하는 방식으로 건물에 대한 구분소유적 공유관계를 해소할 수 있다.

대법원 2010.5.27. 선고 2006다84171 판결

(나) 법률관계

* 공유지분의 등기가 있다 하더라도 내부관계에서는 공유관계가 아닌 특정부분에 대한 단독소유권이 발생하여 이를 배타적으로 사용, 수익할 수 있다.

* 다른 구분소유자의 방해행위에 대한 배제가 가능하고, 외부적으로 제3자와의 관계에서는 그 부동산 전체에 대하여 공유관계가 성립한다.

* 구분소유적 공유지분을 양도하면 양수인과의 명의신탁관계가 그대로 유지되는데 승계를 위해서 다른 구분소유자의 동의를 얻어야 하는 것은 아니다.

* 구분소유적 공유관계에 있는 토지 위에 자신의 특정 사용부분에 건물을 신축한 후 경매로 대지와 건물의 소유자가 달라진 경우 건물 소유자는 그 대지에 대하여 관습법상의 법정지상권을 취득한다.

토지의 각 특정 부분을 구분하여 소유하면서 상호명의신탁으로 공유등기를 거친 경우 그 토지가 분할되면 분할된 각 토지에 종전토지의 공유등기가 전사되어 상호명의신탁관계가 그대로 존속되고, 구분소유적 공유관계에 있어서 각 공유자 상호간에는 각자의 특정 구분부분을 자유롭게 처분함에 서로 동의하고 있다고 볼 수 있으므로, 공유자 각자는 자신의 특정 구분부분을 단독으로 처분하고 이에 해당하는 공유지분등기를 자유로이 이전할 수 있다.
대법원 2009.10.15. 선고 2007다83632 판결

1필지의 토지 중 일부를 특정하여 매수하고 다만 그 소유권이전등기는 그 필지 전체에 관하여 공유지분권이전등기를 한 경우에는 그 특정부분 이외의 부분에 관한 등기는 상호 명의신탁을 하고 있는 것으로서, 그 지분권자는 내부관계에 있어서는 특정부분에 한하여 소유권을 취득하고 이를 배타적으로 사용, 수익할 수 있고, 다른 구분소유자의 방해행위에 대하여는 소유권에 터잡아 그 배제를 구할 수 있으나, 외부관계에 있어서는 1필지 전체에 관하여 공유관계가 성립되고 공유자로서의 권리만을 주장할 수 있는 것이므로, 제3자의 방해행위가 있는

경우에는 자기의 구분소유 부분뿐 아니라 전체토지에 대하여 공유물의 보존행위로서 그 배제를 구할 수 있다.
대법원 1994.2.8. 선고 93다42986 판결

원고와 피고가 1필지의 대지를 공동으로 매수하여 같은 평수로 사실상 분할한 다음 각자 자기의 돈으로 자기 몫의 대지 위에 건물을 신축하여 점유하여 왔다면 비록 위 대지가 등기부상으로는 원·피고 사이의 공유로 되어 있다 하더라도 그 대지의 소유관계는 처음부터 구분소유적 공유관계에 있다 할 것이고, 따라서 피고 소유의 건물과 그 대지는 원고와의 내부관계에 있어서 피고의 단독소유로 되었다 할 것이므로 피고는 그 후 이 사건 대지의 피고지분만을 경락 취득한 원고에 대하여 그 소유의 위 건물을 위한 관습상의 법정지상권을 취득하였다고 할 것이다.
대법원 1990.6.26. 선고 89다카24094 판결

갑과 을이 대지를 각자 특정하여 매수하여 배타적으로 점유하여 왔으나 분필이 되어 있지 아니한 탓으로 그 특정부분에 상응하는 지분소유권이전등기만을 경료하였다면 그 대지의 소유관계는 처음부터 구분소유적 공유관계에 있다 할 것이고, 또한 구분소유적 공유관계에 있어서는 통상적인 공유관계와는 달리 당사자 내부에 있어서는 각자가 특정매수한 부분은 각자의 단독 소유로 되었다 할 것이므로, 을은 위 대지 중 그가 매수하지 아니한 부분에 관하여는 갑에게 그 소유권을 주장할 수 없어 위 대지 중 을이 매수하지 아니한 부분지상에 있는 을 소유의 건물부분은 당초부터 건물과 토지의 소유자가 서로 다른 경우에 해당되어 그에 관하여는 관습상의 법정지상권이 성립될 여지가 없다.
대법원 1994.1.28. 선고 93다49871 판결

내부적으로는 토지의 특정 부분을 소유하나 등기부상으로는 공유지분을 가지는 이른바 구분소유적 공유관계에서 구분공유자 중 1인이 소유하는 부분이 후에 독립한 필지로 분할되고 그 구분공유자가 그 필지에 관하여 단독 명의로 소유권이전등기를 경료받았다면, 그 소유권이전등기는 실체관계에 부합하는 것으로서 유효하고, 그 구분공유자는 당해 토지에 대한 단독소유권을 적법하게 취득하게 되어, 결국 당해 구분공유자에 관한 한 이제 구분소유적 공유관계는 해소된다. 따라서 그 구분공유자이었던 사람이 위와 같이 분할되지 아니한 나머지 토지에 관하

> 여 여전히 등기부상 공유지분을 가진다고 하여도, 그 공유지분등기는 명의인이 아무런 권리를 가지지 아니하는 목적물에 관한 것으로서 효력이 없게 되고, 명의인은 대외적으로도 위의 나머지 토지에 대하여 공유지분권을 가진다고 할 수 없으며, 종전의 다른 구분공유자는 자신의 소유권 또는 공유지분권에 기하여 위와 같이 효력 없는 공유지분등기의 말소 기타 정정을 청구할 수 있다. 이상은 구분소유적 공유관계에서 구분공유자 중 1인이 자신이 소유하는 부분을 제3자에게 양도하였는데 후에 그 부분이 독립한 필지로 분할되고 위 양수인이 그 필지에 관하여 단독 명의로 소유권이전등기를 경료받은 경우에도 다를 바 없다.
>
> 2009.12.24. 선고 2008다71858 판결

3) 법률의 규정에 의한 성립

수인 공동의 무주물 선점, 유실물 습득, 매장물 발견, 주종을 구별할 수 없는 동산의 부합, 혼화, 공동상속재산 등

나. 지분 :

각 공유자가 목적물에 대해 가지는 소유의 비율

지분권 : 지분에 기하여 각 공유자가 목적물에 대해 가지는 권리

지분비율 : 공유자의 의사에 의해 결정 : 불분명한 경우는 균등한 것으로 추정

* 지분의 처분 : 지분권은 하나의 독립된 소유권의 성질을 가지므로 그 처분이 자유로움. 다른 지분권자의 동의는 필요하지 않다.

* 지분의 탄력성 : 지분은 하나의 독립된 소유권과 같은 성질을 가지므로 공유자가 그 지분권을 포기하거나 상속인이 없이 사망하면 그 지분은 다른 공유자에게 각 지분비율로 귀속됨(267조)

* 지분의 주장 : 공유자는 단독으로 다른 공유자 및 제3자에 대하여 그의 지분을 주장할 수 있다.

1) 지분권 확인 청구 : 공유물 전체에 대한 소유관계의 확인을 구하는 공유권 확인의 소는 공유자 전원이 하여야 하지만 지분권 확인의 소는 자기 지분을 부인하는 른 공유자는 물론 제3자에게도 단독으로 제기 할 수 있다.

2) 지분의 이전등기청구 : 공유물이 타인(매도인)의 단독명의로 등기 되어 있는 경우에는 각 공유자는 단독으로 자기 지분의 이전등기를 청구할 수 있다.

피고는 원고에게 .....부동산에 대한 3분의 1지분에 관하여 2013.1.1.자 매매를 원인으로 한 소유권이전등기절차를 이행하라.

3) 지분의 말소등기청구 : 공유물이 원인 없이 타인명의로 등기되어 있는 경우 공유자는 단독으로 지분권에 기하여 자기 지분비율에 따른 말소등기청구를 할 수 있다.

피고는 원고에게 .....부동산에 대한 3분의 1지분에 관하여 청주지방법원 1999.1.1. 접수 제1687호로 마친 소유권이전등기의 말소등기절차를 이행하라.

4) 지분의 침해에 대한 반환 또는 방해제거 청구권

* 제3자에 대한 청구 : 공유자는 지분권에 기한 물권적 청구권으로서 제3자에 대하여 지분비율에 따른 반환청구권 내지 방해제거청구권을 단독으로 행사할 수 있다.

공유자 1인이 자신의 지분권에 기하여 공유물 전체에 대한 방해배제 또는 자기에게 물건 전부의 인도를 청구할 수 있는가?
: 판례는 인정함

부동산의 공유자의 1인은 당해 부동산에 관하여 제3자 명의로 원인무효의 소유권이전등기가 경료되어 있는 경우 공유물에 관한 보존행위로서 제3자에 대하여 그 등기 전부의 말소를 구할 수 있다.
대법원 1993.5.11. 선고 92다52870 판결

* 다른 공유자에 대한 청구 : 공유자가 다른 공유자의 지분을 침해하고 있거나 불법점유하고 있는 경우, 다른 공유자는 그 방해를 배제하거나 반환청구 할 수 있다.

지분을 소유하고 있는 공유자나 그 지분에 관한 소유권이전등기청구권을 가지고 있는 자라고 할지라도 다른 공유자와의 협의 없이는 공유물을 배타적으로 점유하여 사용 수익할 수 없는 것이므로, 다른 공유권자는 자신이 소유하고 있는 지분이 과반수에 미달되더라도 공유물을 점유하고 있는 자에 대하여 공유물의 보존행위로서 공유물의 인도나 명도를 청구할 수 있다.
대법원 1994.3.22. 선고 93다9392,93다9408 전원합의체 판결

공유자 사이에 공유물을 사용수익할 구체적인 방법을 정하는 것은 공유물의 관리에 관한 사항으로서 공유자의 과반수로써 결정할 것임은 민법 제265조가 규정한 바로서, 공유물의 지분권자는 타지분권자와의 협의가 없는 한 그 공유물의 일부라 하더라도 이를 자의적, 배타적으로 독점사용할 수 없고, 나머지 지분권자는 공유물 보존행위로서 그 배타적 사용의 배제를 구할 수 있다.
대법원 1992.6.13. 자 92마290 결정

공유자 사이에 공유물을 사용·수익할 구체적인 방법을 정하는 것은 공유물의 관리에 관한 사항으로서 공유자의 지분의 과반수로써 결정하여야 할 것이고, 과반

수의 지분을 가진 공유자는 다른 공유자와 사이에 미리 공유물의 관리방법에 관한 협의가 없었다 하더라도 공유물의 관리에 관한 사항을 단독으로 결정할 수 있으므로, 과반수의 지분을 가진 공유자가 그 공유물의 특정 부분을 배타적으로 사용·수익하기로 정하는 것은 공유물의 관리방법으로서 적법하며, 다만 그 사용·수익의 내용이 공유물의 기존의 모습에 본질적 변화를 일으켜 '관리' 아닌 '처분'이나 '변경'의 정도에 이르는 것이어서는 안 될 것이고, 예컨대 다수지분권자라 하여 나대지에 새로이 건물을 건축한다든지 하는 것은 '관리'의 범위를 넘는 것이 될 것이다.

대법원 2001.11.27. 선고 2000다33638,33645 판결

공유자는 공유물 전부를 지분의 비율로 사용 · 수익할 수 있으며(민법 제263조), 공유물의 관리에 관한 사항은 공유자의 지분의 과반수로써 결정된다(민법 제265조). 그리고 공유물의 사용 · 수익 · 관리에 관한 공유자 사이의 특약은 유효하며 그 특정승계인에 대하여도 승계되지만, 그 특약이 지분권자로서의 사용 · 수익권을 사실상 포기하는 등으로 공유지분권의 본질적 부분을 침해하는 경우에는 특정승계인이 그러한 사실을 알고도 공유지분권을 취득하였다는 등의 특별한 사정이 없다면 특정승계인에게 당연히 승계된다고 볼 수 없다. 그리고 위와 같은 특약의 존재 및 그 특약을 알면서 공유지분권을 취득하였다는 등의 특별한 사정이 있는지에 관하여는 구체적인 공유물의 사용 · 수익 · 관리의 현황, 이에 이르게 된 경위 및 공유자들의 의사, 현황대로 사용 · 수익된 기간, 공유지분권의 취득 경위 및 그 과정에서 특약 등의 존재가 드러나 있었거나 이를 쉽게 알 수 있었는지 여부 등 여러 사정을 종합하여 판단하여야 한다.

1동의 건물의 구분소유자들이 당초 건물을 분양받을 당시 대지 공유지분 비율대로 그 건물의 대지를 공유하고 있는 경우에는 별도의 규약이 존재하는 등 특별한 사정이 없는 한 각 구분소유자가 그 대지에 대하여 가지는 공유지분의 비율에 관계없이 대지 전부를 용도에 따라 사용할 수 있는 적법한 권원이 있으므로, 그 구분소유자들 사이에서는 대지 공유지분 비율의 차이를 이유로 부당이득반환을 구할 수 없다. 그렇지만 그 대지에 관하여 구분소유자 외의 다른 공유자가 있는 경우에는 위에서 본 공유물에 관한 일반 법리에 따라 대지를 사용 · 수익 · 관리할 수 있다고 보아야 하므로, 다른 공유자가 자신의 공유지분권에 의한 사용 · 수익권을 포기하

> 였다거나 그 포기에 관한 특약 등을 승계하였다고 볼 수 있는 사정 등이 있는 경우 가 아니라면 구분소유자들이 무상으로 그 대지를 전부 사용 · 수익할 수 있는 권원을 가진다고 단정할 수 없고 다른 공유자는 그 대지 공유지분권에 기초하여 부당이득의 반환을 청구할 수 있다.
>
> 대법원 2013.3.14 선고 2011다58701 판결

다. 공유관계

* 공유물의 사용, 수익 : 공유자는 공유물의 전부를 지분비율로 사용, 수익할 수 있다(263조).

* 공유물의 관리 : 공유물의 관리에 관한 사항은 공유자의 지분의 과반수로써 결정(265조 본문).

> 과반수 지분의 공유자는 공유자와 사이에 미리 공유물의 관리방법에 관하여 협의가 없었다 하더라도 공유물의 관리에 관한 사항을 단독으로 결정할 수 있으므로 과반수 지분의 공유자는 그 공유물의 관리방법으로서 그 공유토지의 특정된 한 부분을 배타적으로 사용·수익할 수 있으나, 그로 말미암아 지분은 있으되 그 특정 부분의 사용 · 수익을 전혀 하지 못하여 손해를 입고 있는 소수지분권자에 대하여 그 지분에 상응하는 임료 상당의 부당이득을 하고 있다 할 것이므로 이를 반환할 의무가 있다 할 것이나, 그 과반수 지분의 공유자로부터 다시 그 특정 부분의 사용·수익을 허락받은 제3자의 점유는 다수지분권자의 공유물관리권에 터잡은 적법한 점유이므로 그 제3자는 소수지분권자에 대하여도 그 점유로 인하여 법률상 원인 없이 이득을 얻고 있다고는 볼 수 없다.
>
> 대법원 2002.5.14. 선고 2002다9738 판결
>
> 공유토지에 관하여 과반수지분권을 가진 자가 그 공유토지의 특정된 한 부분을 배타적으로 사용 · 수익할 것을 정하는 것은 공유물의 관리방법으로서 적법하다고 할 것이지만, 이 경우에 비록 그 특정한 부분이 자기의 지분비율에 상당하는 면

적의 범위내라 할지라도 다른 공유자들 중 지분은 있으나 사용 · 수익은 전혀 하고 있지 아니함으로써 손해를 입고 있는 자에 대하여는 과반수 지분권자를 포함한 모든 사용 · 수익을 하고 있는 공유자가 그 자의 지분에 상응하는 부당이득을 하고 있다고 보아야 한다. 왜냐하면 모든 공유자는 공유물 전부를 지분의 비율로 사용 · 수익할 수 있기 때문이다.
대법원 2011.7.14. 선고 2009다76522 판결

과반수 지분의 공유자가 그 공유물의 특정 부분을 배타적으로 사용·수익하기로 정하는 것은 공유물의 관리방법으로서 적법하다고 할 것이므로, 과반수 지분의 공유자로부터 사용·수익을 허락받은 점유자에 대하여 소수 지분의 공유자는 점유자가 사용·수익하는 건물의 철거나 퇴거 등 그 점유의 배제를 구할 수 없다.
대법원 2009.6.25. 선고 2009다22235 판결

* 공유물의 보존 : 보존행위는 각자 할 수 있다(265조 단서).
보존행위는 목적물의 멸실, 훼손을 방지하고 그 현상을 유지하기 위하여 하는 행위
공유물에 관한 원인 무효의 등기에 대하여 말소등기를 청구하는 것도 보존행위에 해당(대법원 1993.5.11. 선고 92다52870 판결).

부동산의 공유자의 1인은 당해 부동산에 관하여 제3자 명의로 원인무효의 소유권이전등기가 경료되어 있는 경우 공유물에 관한 보존행위로서 제3자에 대하여 그 등기 전부의 말소를 구할 수 있다.
대법원 2009.2.26. 선고 2006다72802 판결.

※ 말소등기에 갈음하여 진정명의회복을 원인으로 한 소유권이전등기를 청구하는 경우에는 원고인 자신과 소외인인 다른 공유자의 각 지분비율만큼 진정명의회복을 원인으로 한 소유권이전등기를 청구할 수 있다.

* 공유물의 처분, 변경 : 공유자는 다른 공유자의 동의 없이 공유물을 처분하거나 변경하지 못한다(264조).
공유자 1인이 다른 공유자의 동의를 얻지 않고 공유부동산을 처분하여 소유권이전등기가 경료된 경우, 다른 공유자는 말소등기를 청구할 수 있다.
그러나 처분자의 지분의 범위 내에서는 말소등기를 청구할 수 없다.

> 공유자 중 1인이나 그 대리인으로부터 공유재산을 매수한 자는 다른 공유자의 지분에 대한 매매가 적법한 것으로 인정되지 아니하더라도 공유재산 중 당해 매도인의 공유지분비율에 해당하는 부분에 대하여는 계약이 유효함을 주장할 수 있고, 비록 매수인이 공유자들의 지분을 각각 매수하였다고 주장하지 아니하였다고 하더라도 공유자 중의 1인과 사이의 매매만이 유효한 경우에는 그 지분에 대한 일부 승소의 판결을 구하는 의사가 있는 것으로 볼 수 있다.
> 대법원 1991.5.28. 선고 91다3055 판결

* 공유관계의 대외적 주장 : 보존행위의 경우에는 공유자 1인이 단독으로 소를 제기할 수 있다.
청구내용이 관리, 처분인 경우에는 공유자 전원이 소송을 제기하여야 한다.

* 공유관계의 소멸 : 공유지분의 집중, 공유물의 분할, 공유물의 제3자에의 양도, 공유지분의 공용징수, 공유물의 멸실

라. 공유물 분할

* 분할청구의 자유 : 공유자 사이에 어떤 인적 결합관계가 있는 것이 아니므로 자유로이 분할청구 가능.

분할청구권의 법적 성격 : 통설과 판례는 분할청구권은 형성권이므로 일방적 의사표시에 의하여 각 공유자 사이에는 구체적으로 분할을 실현할 법률관계가 발생한다고 한다.

> 공유물분할청구권은 공유관계에서 수반되는 형성권이므로 공유관계가 존속하는 한, 그 분할청구권만이 독립하여 시효에 의하여 소멸될 리 없다고 할 것이며 따라서 그 분할청구의 소 내지 공유물분할을 명하는 판결도 형성의 소 및 형성판결로서 소멸시효의 대상이 될 수 없다고 할 것이다.
>
> 대법원 1981.3.24. 선고 80다1888,1889 판결
>
> 공유물분할의 소송절차 또는 조정절차에서 공유자 사이에 공유토지에 관한 현물분할의 협의가 성립하여 그 합의사항을 조서에 기재함으로써 조정이 성립하였다고 하더라도, 그와 같은 사정만으로 재판에 의한 공유물분할의 경우와 마찬가지로 그 즉시 공유관계가 소멸하고 각 공유자에게 그 협의에 따른 새로운 법률관계가 창설되는 것은 아니고, 공유자들이 협의한 바에 따라 토지의 분필절차를 마친 후 각 단독소유로 하기로 한 부분에 관하여 다른 공유자의 공유지분을 이전받아 등기를 마침으로써 비로소 그 부분에 대한 대세적 권리로서의 소유권을 취득하게 된다고 보아야 한다.
>
> 대법원 2013.11.21. 선고 2011두1917 전원합의체 판결

* 분할의 제한

분할금지 특약 : 5년 내(268조 1항 단서), 갱신할 수 있으나 5년을 넘지 못함.

법률에 의한 제한 : 건물을 구분소유하는 경우의 공용부분, 경계에 설치된 담과 구거

> 집합건물의 대지에 대한 분할청구를 금지하는 집합건물의 소유 및 관리에 관한 법률 제8조의 입법 취지는 1동의 건물로서 개개의 구성부분이 독립한 구분소유권의 대상이 되는 집합건물의 존립 기초를 확보하려는 데 있는바, 집합건물의

대지는 그 지상의 구분소유권과 일체성 내지 불가분성을 가지는데 일반의 공유와 같이 공유지분권에 기한 공유물 분할을 인정한다면 그 집합건물의 대지사용관계는 파탄에 이르게 되므로 집합건물의 공동생활관계의 보호를 위하여 분할청구가 금지된다.

대법원 2007.12.27. 선고 2005다66374,66381 판결

구분소유적 공유관계 : 상호명의신탁이므로 공유물분할청구를 할 수 없고 명의신탁해지를 원인으로 한 지분이전등기청구를 하여야 함 (상호명의신탁설 입장).

* 분할방법

협의에 의한 분할 : 현물분할 원칙, 대금분할 및 가격배상방법(지분양수)강구할 수 있음

재판에 의한 분할 : 공유자는 법원에 분할을 청구 : 형성의 소 : 공유자 전원이 소송당사자가 되는 필요적 공동소송임.

현물분할원칙 : 현물로 분할 할 수 없거나 분할로 그 가액이 현저히 감소하는 경우에는 공유물을 경매하여 그 대금을 분할함.

* 분할의 효과

지분이전(교환, 매매) : 현물분할의 경우에는 지분의 교환, 대금분할과 가격배상의 경우에는 지분의 매매가 있게 됨

분할효과의 불소급 : 지분의 교환, 매매의 실질을 가지므로 분할의 효과는 불소급 공동상속재산의 분할은 사망시로 소급(소급효 인정)

2. 합유

합유는 수인이 조합체를 이루어 물건을 소유하는 공동소유 형태임

조합체는 수인이 동일한 목적으로 결합되어 있으나 구성원의 개별성이 강하여 아직 단체로서의 체제를 갖추지 못한 수인의 결합체를 의미함(ex : 계, 동업계약)

계는 당사자 사이에 어떠한 특별한 약정한 바가 없다면 대체로 계원상호간의 금융저축을 목적으로 하는 하나의 조합계약으로 보는 것이 타당하다.

대법원 1962.7.26. 62다265

민법상 조합계약은 2인 이상이 상호 출자하여 공동으로 사업을 경영할 것을 약정하는 계약으로서, 특정한 사업을 공동경영하는 약정에 한하여 이를 조합계약이라 할 수 있고, 공동의 목적 달성이라는 정도만으로는 조합의 성립요건을 갖추었다고 할 수 없다.

수인이 부동산을 공동으로 매수한 경우, 매수인들 사이의 법률관계는 공유관계로서 단순한 공동매수인에 불과할 수도 있고, 그 수인을 조합원으로 하는 동업체에서 매수한 것일 수도 있는바, 공동매수의 목적이 전매차익의 획득에 있을 경우 그것이 공동사업을 위해 동업체에서 매수한 것이 되려면, 적어도 공동매수인들 사이에서 그 매수한 토지를 공유가 아닌 동업체의 재산으로 귀속시키고 공동매수인 전원의 의사에 기해 전원의 계산으로 처분한 후 그 이익을 분배하기로 하는 명시적 또는 묵시적 의사의 합치가 있어야만 할 것이고, 이와 달리 공동매수 후 매수인별로 토지에 관하여 공유에 기한 지분권을 가지고 각자 자유롭게 그 지분권을 처분하여 대가를 취득할 수 있도록 한 것이라면 이를 동업체에서 매수한 것으로 볼 수는 없다.

부동산의 공동매수인들이 전매차익을 얻으려는 '공동의 목적 달성'을 위해 상호 협력한 것에 불과하고 이를 넘어 '공동사업을 경영할 목적'이 있었다고 인정되지 않는 경우, 이들 사이의 법률관계는 공유관계에 불과할 뿐 민법상 조합이 아니라고 할 것이다.

대법원 2007.6.14. 선고 2005다5140 판결

* 합유의 성립 : 합유는 조합체가 물건의 소유권을 취득함으로써 성립
조합체는 법률의 규정 또는 계약(조합계약)에 의해 성립

계약에 의한 조합체 : 동업계약, 계

법률의 규정에 의한 조합 : 신탁법과 광업법에 의한 조합

> 매수인들이 상호 출자하여 공동사업을 경영할 것을 목적으로 하는 조합이 조합재산으로서 부동산의 소유권을 취득하였다면 민법 제271조 제1항의 규정에 의하여 당연히 그 조합체의 합유물이 되고, 다만 그 조합체가 합유등기를 하지 아니하고 그 대신 조합원 1인의 명의로 소유권이전등기를 하였다면 이는 조합체가 그 조합원에게 명의신탁한 것으로 보아야 한다.
>
> 대법원 2006.4.13. 선고 2003다25256 판결

* 합유관계

합유물의 변경, 처분은 합유자 전원의 동의 필요

합유물의 보존행위는 각자 할 수 있음

> 합유재산의 보존행위는 합유재산의 멸실·훼손을 방지하고 그 현상을 유지하기 위하여 하는 사실적·법률적 행위로서 이러한 합유재산의 보존행위를 각 합유자 단독으로 할 수 있도록 한 취지는 그 보존행위가 긴급을 요하는 경우가 많고 다른 합유자에게도 이익이 되는 것이 보통이기 때문이다. 민법상 조합인 공동수급체가 경쟁입찰에 참가하였다가 다른 경쟁업체가 낙찰자로 선정된 경우, 그 공동수급체의 구성원 중 1인이 그 낙찰자 선정이 무효임을 주장하며 무효확인의 소를 제기하는 것은 그 공동수급체가 경쟁입찰과 관련하여 갖는 법적 지위 내지 법률상 보호받는 이익이 침해될 우려가 있어 그 현상을 유지하기 위하여 하는 소송행위이므로 이는 합유재산의 보존행위에 해당한다.
>
> 대법원 2013.11.28. 선고 2011다80449 판결

* 합유지분의 처분

합유지분은 합유물에 대한 합유자의 권리를 말하는 것으로서 합유물 전부에 미친다.

합유지분은 공유지분과 같이 자유로이 처분할 수 있는 것이 아님.

합유자 전원의 동의가 있어야 합유지분의 처분이 가능함.

* 합유물의 분할금지

조합이 존속하고 있는 동안은 각 합유자는 합유물의 분할을 청구하지 못한다. 조합이 해산된 때에는 청산절차에 따라 합유물을 분할하여 각 조합원에게 분배할 수 있다.

* 합유의 종료

합유물의 분할은 원칙적으로 금지되어 있으므로 합유물의 양도로 조합재산이 없게 된 때에는 조합체의 해산이 있게 된 때에 합유관계가 종료됨(청산절차가 필요 없으므로).

합유자 중 일부가 사망한 경우 조합원의 합유지분은 상속되지 않고 지분계산방법으로 청산됨 : 잔존 합유자가 1인인 때에는 잔존 합유자의 단독소유로 귀속되고 2인 이상일 때에는 잔존 합유자의 합유로 귀속됨

> 민법상 조합원은 조합의 존속기간이 정해져 있는 경우 등을 제외하고는 원칙적으로 언제든지 조합에서 탈퇴할 수 있고(민법 제716조 참조), 조합원이 탈퇴하면 그 당시의 조합재산 상태에 따라 다른 조합원과 사이에 지분의 계산을 하여 지분환급청구권을 가지게 되는바(민법 제719조 참조), 조합원이 조합을 탈퇴할 권리는 그 성질상 조합계약의 해지권으로서 그의 일반재산을 구성하는 재산권의 일종이라 할 것이고 채권자대위가 허용되지 않는 일신전속적 권리라고는 할 수 없다.
>
> 대법원 2007.11.30. 자 2005마1130 결정

3. 총유

총유는 법인이 아닌 사단의 사원이 집합체로서 물건을 소유하는 공동소유 형태임

교회재산, 종중재산, 촌락단체의 재산, 친목회의 재산, 동창회의 재산, 어촌계의 재산, 재건축조합의 재산 등이 총유에 해당된다.
부동산 총유는 이를 등기하여야 한다.

주택건설촉진법에 의하여 설립된 재건축조합은 민법상의 비법인사단에 해당하고, 총유물의 관리 및 처분에 관하여는 정관이나 규약에 정한 바가 있으면 이에 따라야 하고, 그에 관한 정관이나 규약이 없으면 사원 총회의 결의에 의하여야 하는 것이므로, 정관이나 규약에 정함이 없는 이상, 사원 총회의 결의를 거치지 않은 총유물의 관리 및 처분행위는 무효라고 할 것이고, 여기서 총유물의 관리 및 처분행위라 함은 비록 단순한 채무부담행위는 포함하지 아니하나, 총유물 그 자체에 관한 법률적·사실적 처분행위와 이용·개량행위는 모두 포함한다고 할 것이다.
대법원 2006.1.27. 선고 2004다45349 판결

주택조합이 주체가 되어 신축 완공한 건물로서 조합원 외의 일반에게 분양되는 부분은 조합원 전원의 총유에 속하며, 총유물의 관리 및 처분에 관하여 주택조합의 정관이나 규약에 정한 바가 있으면 이에 따라야 하고 그에 관한 정관이나 규약이 없으면 조합원 총회의 결의에 의하여야 할 것이며, 그와 같은 절차를 거치지 않은 행위는 무효라고 할 것이다.
대법원 2013.4.26. 선고 2010다65016 판결

우리 민법이 사단법인에 있어서 구성원의 탈퇴나 해산은 인정하지만 사단법인의 구성원들이 2개의 법인으로 나뉘어 각각 독립한 법인으로 존속하면서 종전 사단법인에게 귀속되었던 재산을 소유하는 방식의 사단법인의 분열은 인정하지 아니한다. 그 법리는 법인 아닌 사단에 대하여도 동일하게 적용되며, 법인 아닌 사단의 구성원들의 집단적 탈퇴로써 사단이 2개로 분열되고 분열되기 전 사단의 재산이 분열된 각 사단들의 구성원들에게 각각 총유적으로 귀속되는 결과를 초래하는 형태의 법인 아닌 사단의 분열은 허용되지 않는다. 교회가 법인 아닌 사단으로서 존재하는 이상, 그 법률관계를 둘러싼 분쟁을 소송적인 방법으로 해결함에 있어서는 법인 아닌 사단에 관한 민법의 일반 이론에 따라 교회의 실체를 파악하고 교회의 재산 귀속에 대하여 판단하여야 하고, 이에 따라 법인 아닌 사단의 재산

관계와 그 재산에 대한 구성원의 권리 및 구성원 탈퇴, 특히 집단적인 탈퇴의 효과 등에 관한 법리는 교회에 대하여도 동일하게 적용되어야 한다. 따라서 교인들은 교회 재산을 총유의 형태로 소유하면서 사용·수익할 것인데, 일부 교인들이 교회를 탈퇴하여 그 교회 교인으로서의 지위를 상실하게 되면 탈퇴가 개별적인 것이든 집단적인 것이든 이와 더불어 종전 교회의 총유 재산의 관리처분에 관한 의결에 참가할 수 있는 지위나 그 재산에 대한 사용·수익권을 상실하고, 종전 교회는 잔존 교인들을 구성원으로 하여 실체의 동일성을 유지하면서 존속하며 종전 교회의 재산은 그 교회에 소속된 잔존 교인들의 총유로 귀속됨이 원칙이다. 그리고 교단에 소속되어 있던 지교회의 교인들의 일부가 소속 교단을 탈퇴하기로 결의한 다음 종전 교회를 나가 별도의 교회를 설립하여 별도의 대표자를 선정하고 나아가 다른 교단에 가입한 경우, 그 교회는 종전 교회에서 집단적으로 이탈한 교인들에 의하여 새로이 법인 아닌 사단의 요건을 갖추어 설립된 신설 교회라 할 것이어서, 그 교회 소속 교인들은 더 이상 종전 교회의 재산에 대한 권리를 보유할 수 없게 된다.

특정 교단에 가입한 지교회가 교단이 정한 헌법을 지교회 자신의 자치규범으로 받아들였다고 인정되는 경우에는 소속 교단의 변경은 실질적으로 지교회 자신의 규약에 해당하는 자치규범을 변경하는 결과를 초래하고, 만약 지교회 자신의 규약을 갖춘 경우에는 교단변경으로 인하여 지교회의 명칭이나 목적 등 지교회의 규약에 포함된 사항의 변경까지 수반하기 때문에, 소속 교단에서의 탈퇴 내지 소속 교단의 변경은 사단법인 정관변경에 준하여 의결권을 가진 교인 2/3 이상의 찬성에 의한 결의를 필요로 하고, 그 결의요건을 갖추어 소속 교단을 탈퇴하거나 다른 교단으로 변경한 경우에 종전 교회의 실체는 이와 같이 교단을 탈퇴한 교회로서 존속하고 종전 교회 재산은 위 탈퇴한 교회 소속 교인들의 총유로 귀속된다.

대법원 2006.4.20. 선고 2004다37775 전원합의체 판결

* 총유물의 관리, 처분, 사용, 수익

총유물의 관리, 처분은 사원총회의 결의 필요(276조 1항)

일반적으로 총유물의 사용, 수익의 권능은 각 사원에게 분속하지만 그 행사는 정관 기타의 규약에 따라야 한다(276조 2항).

비법인사단인 교회의 대표자는 총유물인 교회 재산의 처분에 관하여 교인총회의 결의를 거치지 아니하고는 이를 대표하여 행할 권한이 없다. 그리고 교회의 대표자가 권한 없이 행한 교회 재산의 처분행위에 대하여는 민법 제126조의 표현대리에 관한 규정이 준용되지 아니한다.

대법원 2009.2.12. 선고 2006다23312 판결

민법 제276조 제1항은 "총유물의 관리 및 처분은 사원총회의 결의에 의한다.", 같은 조 제2항은 "각 사원은 정관 기타의 규약에 좇아 총유물을 사용·수익할 수 있다."라고 규정하고 있을 뿐 공유나 합유의 경우처럼 보존행위는 그 구성원 각자가 할 수 있다는 민법 제265조 단서 또는 제272조 단서와 같은 규정을 두고 있지 아니한바, 이는 법인 아닌 사단의 소유형태인 총유가 공유나 합유에 비하여 단체성이 강하고 구성원 개인들의 총유재산에 대한 지분권이 인정되지 아니하는 데에서 나온 당연한 귀결이라고 할 것이므로 총유재산에 관한 소송은 법인 아닌 사단이 그 명의로 사원총회의 결의를 거쳐 하거나 또는 그 구성원 전원이 당사자가 되어 필수적 공동소송의 형태로 할 수 있을 뿐 그 사단의 구성원은 설령 그가 사단의 대표자라거나 사원총회의 결의를 거쳤다 하더라도 그 소송의 당사자가 될 수 없고, 이러한 법리는 총유재산의 보존행위로서 소를 제기하는 경우에도 마찬가지라 할 것이다.

대법원 2005.9.15. 선고 2004다44971 전원합의체 판결

총유물의 보존에 있어서는 공유물의 보존에 관한 민법 제265조의 규정이 적용될 수 없고, 특별한 사정이 없는 한 민법 제276조 제1항의 규정에 따라 사원총회의 결의를 거쳐야 하므로(대법원 1994. 10. 25. 선고 94다28437 판결 참조), 법인 아닌 사단인 교회가 그 총유재산에 대한 보존행위로서 소송을 하는 경우에도 특별한 사정이 없는 한 교인 총회의 결의를 거쳐야 한다. 이와 관련하여 "총회의 결의는 민법 또는 정관에 다른 규정이 없으면 사원 과반수의 출석과 출석사원의 의결권의 과반수로써 한다"는 민법 제75조 제1항의 규정은 법인 아닌 사단에 대하여도 유추적용될 수 있다.

대법원 2007.12.27. 선고 2007다17062 판결

총유물의 보존에 있어서는 공유물의 보존에 관한 민법 제265조의 규정이 적용될 수 없고, 특별한 사정이 없는 한 민법 제276조 제1항의 규정에 따라 사원총회의 결의를 거쳐야 하므로, 법인 아닌 사단인 종중이 그 총유재산에 대한 보존행위로서 소송을 하는 경우에도 특별한 사정이 없는 한 종중 총회의 결의를 거쳐야 한다. 종중 총회를 개최함에 있어서는, 특별한 사정이 없는 한 족보 등에 의하여 소집통지 대상이 되는 종중원의 범위를 확정한 후 국내에 거주하고 소재가 분명하여 통지가 가능한 모든 종중원에게 개별적으로 소집통지를 함으로써 각자가 회의와 토의 및 의결에 참가할 수 있는 기회를 주어야 하므로, 일부 종중원에 대한 소집통지 없이 개최된 종중 총회에서의 결의는 그 효력이 없다. 대법원 2005.7.21. 선고 2002다1178 전원합의체 판결 이후에는 공동 선조의 자손인 성년 여자도 종중원이므로, 종중 총회 당시 남자 종중원들에게만 소집통지를 하고 여자 종중원들에게 소집통지를 하지 않은 경우 그 종중 총회에서의 결의는 효력이 없다.

대법원 2010.2.11. 선고 2009다83650 판결

총유물의 보존에 있어서는 공유물의 보존에 관한 민법 제265조 의 규정이 적용될 수 없고, 민법 제276조 제1항 의 규정에 따른 사원총회의 결의를 거치거나 정관이 정하는 바에 따른 절차를 거쳐야 하므로,법인 아닌 사단인 교회가 총유재산에 대한 보존행위로서 소송을 하는 경우에도 교인 총회의 결의를 거치거나 정관이 정하는 바에 따른 절차를 거쳐야 한다. 민법 제275조, 제276조 제1항 은 총유물의 관리 및 처분에 관하여는 정관이나 규약에 정한 바가 있으면 그에 의하되 정관이나 규약에서 정한 바가 없으면 사원총회의 결의에 의하도록 규정하고 있으므로, 이러한 절차를 거치지 아니한 총유물의 관리 · 처분행위는 무효라 할 것이고,이 법리는 민법 제278조 에 의하여 소유권 이외의 재산권에 대하여 준용되고 있다. 그런데 위 법조에서 말하는 총유물의 관리 및 처분이라 함은 총유물 자체에 관한 이용 · 개량행위나 법률적 · 사실적 처분행위를 의미하므로 총유물 자체의 관리 · 처분이 따르지 아니하는 채무부담행위는 이를 총유물의 관리 · 처분행위라고 볼 수 없다.

대법원 2014.2.13. 선고 2012다112299 판결

* 총유물에 대한 권리의무의 특성

총유물에 대한 사원의 권리, 의무는 사원의 지위를 취득, 상실함으로써 취득, 상실된다(277조).

총유물에 대한 사원의 권리는 총유물의 관리, 처분에 참여할 수 있다는 것과 총유물을 사용, 수익하는 것이다 : 공유 및 합유에 있어서의 지분이라는 것이 없다.

Ⅶ. 명의신탁

1. 기초관계

대내적으로는 명의신탁자가 소유권을 보유하여 이를 관리, 수익하면서 공부상의 소유명의만을 명의수탁자 앞으로 해두는 것을 명의신탁이라 함.

당사자간의 신탁에 관한 채권계약(명의신탁 약정)에 의하여 신탁자가 실질적으로는 그의 소유에 속하는 부동산의 등기명의를 실질적인 거래관계가 없는 수탁자에게 매매 등의 형식으로 이전하여 두는 것을 말한다.

* 명의신탁에 관한 이론은 판례에 의하여 정립

허위표시에 해당하여 무효라는 견해도 있으나 판례는 명의신탁이 민법상의 신탁에 해당한다는 입장을 견지함.

명의신탁이 허위표시이므로 무효라는 견해는 내심의 효과의사와 표시상의 효과의사가 일치하므로 허위표시라고 할 수 없다는 비판을 받고 있다.

* 명의신탁에는 등기명의신탁과 계약명의신탁이 있다.

등기명의신탁 : 명의신탁 부동산의 등기명의만이 명의수탁자에게 이전될 뿐이고 명의수탁자가 부동산 취득의 원인계약에 관여하지 않는 형태.

등기명의신탁은 명의신탁자가 자기 소유의 부동산을 명의수탁자 앞으로 이전등기 하는 경우와 명의신탁자가 매도인으로부터 부동산을 매수하면서 자기 명의의 등기를 경료하지 않은 채 명의수탁자 앞으로 이전등기를 하는 경우로 나뉜다.

계약명의신탁 : 부동산을 매수하려는 자가 다른 사람에게 위탁하여 명의수탁자가 계약당사자로서 전 소유자로부터 부동산을 매수하여 명의수탁자 앞으로 등기를 경료하는 형태.

매도인이 명의신탁사실에 대해 선의인지 여부에 따라 법적 효과가 달라진다.

2. 명의신탁에 관한 판례이론

가. 명의신탁의 성립

1) 명의신탁 약정

명의신탁자와 명의수탁자 사이에 명의신탁설정에 관한 합의가 있어야 한다.

명의신탁약정에 따라 신탁자가 수탁자에게 소유명의를 위탁하고, 이에 따라 수탁자는 그 소유명의를 보존하며 이에 관련된 사무를 처리하게 된다는 점에서 위임의 성격을 갖는다.

명의신탁 약정의 존재에 대한 증명책임은 명의신탁약정이 있었다는 사실을 주장하는 사람이 부담한다.

> 일반적으로 부동산의 소유자 명의만을 다른 사람에게 신탁한 경우에 등기권리증과 같은 권리관계를 증명하는 서류는 실질적인 소유자인 명의신탁자가 소지하는 것이 상례이므로 명의신탁자라고 주장하는 사람이 이러한 권리관계 서류를 소지하고 있는 사실은 명의신탁을 뒷받침하는 유력한 자료가 되는 것이지만, 이러한 경우에도 명의신탁자라고 주장하는 사람이 등기를 경료할 당시부터 그러한 권리관계 서류를 소지하고 있는 경우에만 그러하고, 등기를 경료할 당시에는 등기명의인이 그러한 서류를 가지고 있었으나 그 후에 어떠한 사정으로 그러한 서류가 명의신탁자라고 주장하는 사람에게 교부된 경우에는 일응 명의신탁을 뒷받침하는

유력한 자료가 된다고 할 수 없다.
대법원 1997.1.24. 선고 95다32273 판결

2) 등기의 이전

* 명의신탁이 성립하기 위해서는 명의신탁 약정 이외에 등기부상 소유자명의를 수탁자 앞으로 이전하여야 한다. 이 때 등기는 본등기에 한하지 않고 가등기라도 무방하다.
* 신탁자 명의로 등기되어 있는 부동산을 수탁자 앞으로 이전등기하는 경우는 물론이고, 신탁자가 제3자로부터 매수한 부동산을 바로 수탁자 앞으로 이전등기하는 경우(3자간 등기명의신탁)에도 명의신탁은 성립한다.
* 신탁자가 원시취득한 미등기부동산에 관하여 수탁자 앞으로 바로 보존등기하는 경우에도 명의신탁관계가 성립한다.

신축된 건물에 관한 소유권보존등기는, 사용검사필증이 교부된 후 건축허가를 받은 건축주를 소유자로 하여 건축물대장이 작성되면 그 대장에 소유자로 등재되어 있는 사람이 그 대장의 등본을 첨부하여 등기를 신청함으로써 경료되는 것이, 부동산등기법과 건축법 등 관계법령에 규정된 원칙적인 절차인 점을 감안하여 볼 때, 실건축주가 타인과의 합의에 따라 그 타인의 명의로 건축허가를 받아 건물을 준공하고 사용검사필증까지 교부받았다면, 특별한 다른 사정이 없는 한 그 건물에 관한 소유권보존등기도 그 타인의 명의로 경료하기로 약정한 것으로 봄이 상당하다.
대법원 1993.12.14. 선고 93다19139 판결

나. 대내적 관계

1) 명의신탁자의 권리

명의신탁자는 등기 없이도 명의수탁자에 대하여 소유권을 주장할 수 있으며, 자

신의 소유권을 다투는 명의수탁자를 상대로 소유권확인을 구할 수도 있다.

> 부동산에 관하여 그 소유권 사정을 받아 명의신탁을 한 원고는 신탁해지로 인한 소유권이전등기를 할 의무가 있는 피고들에 대하여 그 부분에 관한 소유권확인을 아울러 구할 수 있다.
> 대법원 1977.10.11. 선고 77다1316 판결

신탁자는 명의신탁을 해지하고 신탁관계의 종료를 원인으로 하여 소유권이전등기를 청구할 수 있을 뿐만 아니라 그와는 별도로 소유권에 기해서도 그와 같은 청구(진정 명의자 회복을 위한 소유권이전등기 청구)를 할 수 있다.
소유권에 기한 말소등기청구도 가능하다.

> 명의신탁자는 명의수탁자에 대하여 신탁해지를 하고 신탁관계의 종료 그것만을 이유로 하여 소유 명의의 이전등기절차의 이행을 청구할 수 있음은 물론, 신탁해지를 원인으로 하고 소유권에 기해서도 그와 같은 청구를 할 수 있다(이 경우 양 청구는 청구원인을 달리하는 별개의 소송이다).
> 대법원 1980.12.9. 선고 79다634 전원합의체판결
>
> 토지소유권을 명의신탁하면서 수탁자의 임의처분을 방지하기 위해 신탁자명의의 소유권이전등기 청구권보전의 가등기를 함께 경료해 둔 후 수탁자가 위 명의신탁중 동 토지상에 건물을 신축하고 그 후 명의신탁이 해지되어 소유권회복의 방법으로 신탁자명의로 위 가등기에 기한 본등기가 경료된 경우, 위 명의수탁자는 신탁자와의 대내적 관계에 있어서 그 토지가 자기소유에 속하는 것이었다고 주장할 수 없고 따라서 위 건물은 어디까지나 명의신탁자 소유의 토지 위에 지은 것이라 할 것이므로 그 후 소유명의가 신탁자명의로 회복될 당시 위 수탁자가 신탁자들에 대하여 지상건물의 소유를 위한 관습상의 지상권을 취득하였다고 주장할 수 없다.
> 대법원 1986.5.27. 선고 86다카62 판결

2) 명의수탁자의 지위

명의수탁자가 대외적으로 소유권을 취득하더라도 그의 소유권은 명의신탁자에 대한 관계에서 제한을 받는다.

원칙적으로 명의신탁부동산을 점유할 권리는 명의신탁자가 갖게 되고, 수탁자가 신탁목적물을 점유하게 되는 경우에 그 점유는 타주점유로 인정된다.

3) 시효취득여부

명의수탁자의 점유는 권원의 성질상 자주점유라고 할 수 없어 그가 명의신탁 부동산의 소유권을 시효취득할 수 없다(점유취득시효 불가).

명의수탁자 명의의 등기를 명의신탁자의 등기로 볼 수 없어 명의신탁자의 등기부취득시효는 인정될 수 없다(등기부취득시효 불가).

다. 대외적 관계

1) 소유권의 이전

대외적 관계에서는 수탁자에게 소유권이 완전히 이전되어 수탁자만이 권리자로 취급된다. 따라서 수탁자의 채권자는 신탁부동산에 대하여 강제집행할 수 있고, 그 채권자가 명의신탁관계를 알고 있었다고 하더라도 신탁자는 채권자에 대하여 소유권을 주장할 수 없다.

명의신탁자의 일반채권자는 명의신탁재산에 대하여 강제집행할 수 없고, 명의신탁자를 대위하여 해지권을 행사함으로써 명의신탁재산을 명의신탁자의 재산으로 환원시킬 수 있을 뿐이다.

2) 명의신탁 재산의 처분

명의수탁자로부터 명의신탁 부동산을 양수한 제3자는 선의, 악의를 불문하고 그 소유권을 취득한다.

다만 제3자가 배임행위에 적극 관여한 경우에는 103조 위반으로 무효.

> 일반적으로 명의수탁자는 신탁재산을 유효하게 제3자에게 처분할 수 있고 제3자가 명의신탁사실을 알았다 하여도 그의 소유권취득에 영향이 없는 것이기는 하지만, 특별한 사정이 있는 경우, 즉 명의수탁자로부터 신탁재산을 매수한 제3자가 명의수탁자의 명의신탁자에 대한 배신행위에 적극 가담한 경우에는 명의수탁자와 제3자 사이의 계약은 반사회적인 법률행위로서 무효라고 할 것이고, 따라서 명의수탁받은 부동산에 관한 명의수탁자와 제3자 사이의 매매계약은 무효로 보아야 할 것이다.
>
> 대법원 1992.6.9. 선고 91다29842 판결

3) 방해배제 청구 등

명의신탁자는 명의신탁 재산에 대한 불법점유자 또는 불법등기명의자에 대하여 직접 그 인도 내지 말소등기를 청구할 수 없고, 명의수탁자를 대위하여 그 권리를 행사할 수 있을 뿐이다.

라. 명의신탁의 해지

1) 해지의사표시

명의신탁 당사자는 언제든지 명의신탁계약을 해지하고, 명의신탁자는 명의수탁자에 대하여 명의신탁 재산의 반환을 청구할 수 있다.

2) 해지효과

해지의 의사표시가 상대방에게 도달하면 그 효력이 발생(장래효)한다.

해지로 부동산에 대한 소유권이 당연히 명의신탁자에게 복귀하는가(물권적 효과설), 아니면 명의신탁자 명의로 소유권이전등기가 되어야 복귀하는가(채권적 효과설)?

명의신탁자는 등기관계를 실체적 권리관계에 부합하도록 하기 위하여 명의수탁자에 대해 소유권에 기하여 명의수탁자 명의의 등기 말소를 청구할 수 있으며 반드시 소유권이전등기만을 청구할 수 있는 것은 아니다.

제3자에 대한 관계에서는 명의신탁자가 명의신탁계약을 해지하더라도 여전히 명의수탁자가 소유자이므로 소유권이전등기를 경료하지 않는 한 명의신탁자는 제3자에 대하여 소유권을 주장할 수 없다.

명의신탁이 해지된 경우 신탁자는 수탁자에 대하여 소유권에 기하여 등기관계를 실체적 권리관계에 부합하도록 하기 위하여 수탁자 명의의 등기말소를 청구할 수 있는 것이며, 반드시 소유권이전등기만을 청구할 수 있는 것은 아니다.

대법원 1998.4.24. 선고 97다44416 판결

※ 대내적인 관계에서는 물권적 효과설의 입장임.

부동산의 명의신탁계약이 해지되더라도 그 해지의 효과는 소급하지 아니하고 장래에 향하여 효력이 있음에 불과하여 그 부동산의 소유권이 당연히 신탁자에게 복귀된다고 볼 수 없고 다만 수탁자가 신탁자에게 그 등기명의를 이전할 의무를 부담하게 됨에 불과하므로 그 의무이행으로 등기명의를 신탁자 앞으로 이전하기 전까지는 여전히 외부관계에 있어서 소유권은 수탁자에게 있다.

대법원 1982.8.24. 선고 82다카416 판결

※ 대외적인 관계에서는 채권적 효과설의 입장임.

3. 부동산 실권리자명의 등기에 관한 법률

판례에 의해 형성된 명의신탁법리가 주로 조세포탈과 토지에 대한 각종 공법적 규제(ex : 농지취득자격증명을 발급받아야 농지를 소유할 수 있음)를 피하기 위하여 이용되는 폐해를 방지하기 위하여 부동산 실권리자명의 등기에 관한 법률이 1995년에 제정됨.

가. 적용범위 및 예외

* 적용범위

부동산 실권리자명의 등기에 관한 법률에서 무효라고 명시하고 있는 명의신탁

약정은 부동산에 관한 소유권 기타 물권을 보유한 자 또는 사실상 취득하거나 취득하려는 자가 타인과의 사이에서 대내적으로는 실권리자가 부동산에 관한 물권을 보유하거나 보유하기로 하고 그에 관한 등기(가등기를 포함한다)는 그 타인의 명의로 하기로 하는 약정을 말한다.

* 적용예외

부실법은 아래의 경우에 부실법상의 명의신탁약정에서 제외하고 있다.

- 채무의 변제를 담보하기 위하여 채권자가 부동산에 관한 물권을 이전받거나 가등기하는 경우
- 부동산의 위치와 면적을 특정하여 2인 이상이 구분소유하기로 하는 약정을 하고 그 구분소유자의 공유로 등기하는 경우
- 신탁법 또는 자본시장과 금융투자업에 관한 법률에 따른 신탁재산인 사실을 등기한 경우

* 적용의 특례

부실법은 조세포탈, 강제집행면탈 또는 법령상 제한의 회피목적이 없는 아래의 경우에 적용의 특례를 인정하여 예외적으로 명의신탁약정의 유효성을 인정하고 있다.

- 종중이 보유한 부동산에 관한 물권을 종중 외의 자의 명의로 등기한 경우
- 배우자 명의로 부동산에 관한 물권을 등기한 경우
- 종교단체의 명의로 그 산하 조직이 보유한 부동산에 관한 물권을 등기한 경우

적용의 특례가 인정되는 종중은 원래 의미의 종중을 의미하므로 다른 비법인 사단은 해당 없고, 배우자는 법률상 배우자로 한정됨.

부동산 실권리자명의 등기에 관한 법률(이하 '부동산실명법'이라 한다) 제8조 제2호 는 '배우자 명의로 부동산에 관한 물권을 등기한 경우'로서 조세포탈, 강제집행의 면탈 또는 법령상 제한의 회피를 목적으로 하지 아니하는 경우에는 그 명의

신탁약정과 그 약정에 기하여 행하여진 물권변동을 무효로 보는 위 법률 제4조 등을 적용하지 아니한다고 규정하고 있다. 명의신탁을 받은 사람이 사망하면 그 명의신탁관계는 재산상속인과의 사이에 그대로 존속한다고 할 것인데, 부동산실명법 제8조 제2호 의 문언상 명의신탁약정에 따른 명의신탁등기의 성립 시점에 부부관계가 존재할 것을 요구하고 있을 뿐 부부관계의 존속을 그 효력 요건으로 삼고 있지 아니한 점, 부동산실명법상 제8조 제2호 에 따라 일단 유효한 것으로 인정된 부부간 명의신탁에 대하여 그 후 배우자 일방의 사망 등으로 부부관계가 해소되었음을 이유로 이를 다시 무효화하는 별도의 규정이 존재하지 아니하는 점, 부부간 명의신탁이라 하더라도 조세포탈 등 목적이 없는 경우에 한하여 위 조항이 적용되는 것이므로 부부관계가 해소된 이후에 이를 그대로 유효로 인정하더라도 새삼 부동산실명법의 입법 취지가 훼손될 위험성은 크지 아니한 점 등에 비추어 보면, 부동산실명법 제8조 제2호 에 따라 부부간 명의신탁이 일단 유효한 것으로 인정되었다면 그 후 배우자 일방의 사망으로 부부관계가 해소되었다 하더라도 그 명의신탁약정은 사망한 배우자의 다른 상속인과의 관계에서도 여전히 유효하게 존속한다고 보아야 한다.

대법원 2013.1.24 선고 2011다99498 판결

부동산실명법의 제정목적, 위 조항에 의한 특례의 인정취지, 다른 비법인 사단과의 형평성 등을 고려할 때 부동산실명법에서 말하는 종중은 고유의 의미의 종중만을 가리키고, 종중 유사의 비법인 사단은 포함하지 않는 것으로 봄이 상당하다.

대법원 2007.10.25. 선고 2006다14165 판결

나. 명의신탁약정의 효력

예외사유 없는 한 명의신탁약정은 무효 : 목적 여하를 불문하고 전면적 금지.

명의신탁약정이 무효라면 그 약정에 기한 급부는 부당이득에 해당 : 그 반환을 구하는 것이 불법원인급여(746조)에 해당하는가?

명의신탁자는 명의수탁자에 대하여 부당이득으로 자신이 급부한 등기 또는 부동산 취득의 원인계약에 기하여 전 소유자로부터 급부 받은 등기의 반환을 청구할 수 있다.

다. 명의신탁등기의 효력

명의신탁약정에 따라 행해진 등기에 의한 물권변동은 무효.

명의수탁자는 명의신탁자에 대한 관계에서는 물론 제3자에 대한 관계에서도 소유권을 주장할 수 없다.

등기의 무효는 제3자의 선의, 악의를 불문하고 제3자에게 대항하지 못한다.

제3자에 해당하지 않는 자로부터의 전득자는 보호되지 않는다.

부동산실권리자명의등기에관한법률 제4조 제3항의 입법 취지 등을 고려해 볼 때, 여기 에서 말하는 제3자라 함은 명의수탁자가 물권자임을 기초로 그와의 사이에 새로운 이해관계를 맺은 사람을 말한다고 할 것이고, 이와 달리 오로지 명의신탁자와 부동산에 관한 물권을 취득하기 위한 계약을 맺고 단지 등기명의만을 명의수탁자로부터 경료받은 것 같은 외관을 갖춘 자는 위 법률조항의 제3자에 해당되지 아니한다고 할 것이므로 이러한 자로서는 자신의 등기가 실체관계에 부합하여 유효라고 주장하는 것은 별론으로 하더라도 같은 법 제4조 제3항의 규정을 들어 무효인 명의신탁등기에 터 잡아 경료된 자신의 등기의 유효를 주장할 수는 없다.

대법원 2004.8.30. 선고 2002다48771 판결

부동산 실권리자명의 등기에 관한 법률(이하 '부동산실명법'이라 한다) 제4조 제3항에서 "제3자"라고 함은 명의신탁 약정의 당사자 및 포괄승계인 이외의 자로서 명의수탁자가 물권자임을 기초로 그와의 사이에 직접 새로운 이해관계를 맺은 사람을 말한다고 할 것이므로, 명의수탁자로부터 명의신탁된 부동산의 소유명의를 이어받은 사람이 위 규정에 정한 제3자에 해당하지 아니한다면 그러한 자로서는 부동산실명법 제4조 제3항의 규정을 들어 무효인 명의신탁등기에 터 잡아 마쳐진 자신의 등기의 유효를 주장할 수 없고, 따라서 그 명의의 등기는 실체관계에 부합하여 유효라고 하는 등의 특별한 사정이 없는 한 무효라고 할 것이고, 등기부상 명의수탁자로부터 소유권이전등기를 이어받은 자의 등기가 무효인 이상, 부동산등기에 관하여 공신력이 인정되지 아니하는 우리 법제 아래서는 그 무효인 등기에 기초하여 새로운 법률원인으로 이해관계를 맺은 자가 다시 등기를 이어받

았다면 그 명의의 등기 역시 특별한 사정이 없는 한 무효임을 면할 수 없다고 할 것이므로, 이렇게 명의수탁자와 직접 이해관계를 맺은 것이 아니라 부동산실명법 제4조 제3항에 정한 제3자가 아닌 자와 사이에서 무효인 등기를 기초로 다시 이해관계를 맺은 데 불과한 자는 위 조항이 규정하는 제3자에 해당하지 않는다고 보아야 한다.

대법원 2005.11.10. 선고 2005다34667,34674 판결

라. 등기명의신탁

* 양자간의 명의신탁

명의수탁자 명의의 등기는 무효이므로 명의신탁자가 명의신탁 부동산에 관한 소유권을 보유한다.

명의신탁자는 명의수탁자를 상대로 소유권에 기한 방해제거청구권을 행사하여 명의수탁자명의의 등기의 말소등기 또는 진정명의회복을 원인으로 하는 소유권이전등기를 청구할 수 있다.

양자간 등기명의신탁에서 명의수탁자가 신탁부동산을 처분하여 제3취득자가 유효하게 소유권을 취득하고 이로써 명의신탁자가 신탁부동산에 대한 소유권을 상실하였다면, 명의신탁자의 소유권에 기한 물권적 청구권, 즉 말소등기청구권이나 진정명의회복을 원인으로 한 이전등기청구권도 더 이상 그 존재 자체가 인정되지 않는다. 그 후 명의수탁자가 우연히 신탁부동산의 소유권을 다시 취득하였다고 하더라도 명의신탁자가 신탁부동산의 소유권을 상실한 사실에는 변함이 없으므로, 여전히 물권적 청구권은 그 존재 자체가 인정되지 않는다.

대법원 2013.2.28 선고 2010다89814 판결

1995.3.30. 법률 제4944호로 공포되어 1995.7.1.부터 시행된 '부동산 실권리자명의 등기에 관한 법률'(이하 '법'이라 한다) 제4조, 제11조, 제12조 등에 의하면, 법 시행 전에 명의신탁약정에 의하여 부동산에 관한 물권을 명의수탁자의

명의로 등기하거나 하도록 한 명의신탁자는 법 시행일부터 1년의 기간 이내에 실명등기를 하여야 하고, 그 기간 이내에 실명등기 또는 매각처분 등을 하지 아니하면 그 이후에는 명의신탁약정은 무효가 되고, 명의신탁약정에 따라 행하여진 등기에 의한 부동산의 물권변동도 무효가 된다고 규정하고 있다. 따라서 신탁자가 그 소유인 부동산의 등기명의를 수탁자에게 이전하는 이른바 양자간 명의신탁의 경우에 있어서 신탁자와의 명의신탁약정에 의하여 행하여진 수탁자 명의의 소유권이전등기는 법의 유예기간이 경과한 1996.7.1. 이후에는 원인무효로서 말소되어야 하므로, 수탁자로서는 신탁자는 물론 제3자에 대한 관계에서도 수탁된 부동산에 대한 소유권자임을 주장할 수 없고, 소유권에 기한 물권적 청구권을 행사할 수도 없다 할 것이다.

대법원 2006.8.24. 선고 2006다18402 판결

* 3자간의 명의신탁

명의수탁자 명의의 등기는 무효이므로 부동산의 소유권은 전 소유자에게 그대로 남게 된다.

전 소유자는 소유권에 기해 명의수탁자 명의의 등기의 말소등기 또는 진정명의 회복을 위한 소유권이전등기를 구할 수 있다.

전 소유자와 명의신탁자 사이에 이루어진 부동산 취득의 원인계약은 유효하므로 전 소유자는 명의신탁자에 대하여 소유권이전등기의무를 부담하게 된다.

부동산 실권리자명의 등기에 관한 법률에 의하면, 이른바 3자간 등기명의신탁의 경우 같은 법에서 정한 유예기간 경과에 의하여 기존 명의신탁약정과 그에 의한 등기가 무효로 되고 그 결과 명의신탁된 부동산은 매도인 소유로 복귀하므로, 매도인은 명의수탁자에게 무효인 그 명의 등기의 말소를 구할 수 있게 되고, 한편 같은 법은 매도인과 명의신탁자 사이의 매매계약의 효력을 부정하는 규정을 두고 있지 아니하여 유예기간 경과 후로도 매도인과 명의신탁자 사이의 매매계약은 여전히 유효하므로, 명의신탁자는 매도인에 대하여 매매계약에 기한 소유권이전등기를 청구할 수 있고, 그 소유권이전등기청구권을 보전하기 위하여 매도인을 대

위하여 명의수탁자에게 무효인 그 명의 등기의 말소를 구할 수도 있다.
대법원 2013.2.15. 선고 2012다46637 판결

명의신탁약정이 3자간 등기명의신탁인지 아니면 계약명의신탁인지의 구별은 계약당사자가 누구인가를 확정하는 문제로 귀결되는데, 계약명의자가 명의수탁자로 되어 있다 하더라도 계약당사자를 명의신탁자로 볼 수 있다면 이는 3자간 등기명의신탁이 된다. 따라서 계약명의자인 명의수탁자가 아니라 명의신탁자에게 계약에 따른 법률효과를 직접 귀속시킬 의도로 계약을 체결한 사정이 인정된다면 명의신탁자가 계약당사자라고 할 것이므로, 이 경우의 명의신탁관계는 3자간 등기명의신탁으로 보아야 한다.
대법원 2010.10.28. 선고 2010다52799 판결

부동산의 매수인이 목적물을 인도받아 계속 점유하는 경우에는 매도인에 대한 소유권이전등기청구권은 소멸시효가 진행되지 않고, 이러한 법리는 3자간 등기명의신탁에 의한 등기가 유효기간의 경과로 무효로 된 경우에도 마찬가지로 적용된다. 따라서 그 경우 목적 부동산을 인도받아 점유하고 있는 명의신탁자의 매도인에 대한 소유권이전등기청구권 역시 소멸시효가 진행되지 않는다.
대법원 2013.12.12. 선고 2013다26647 판결

마. 계약명의신탁

* 매도인이 선의인 경우

명의수탁자는 부동산실명법 제4조 제2항 단서에 따라 목적 부동산에 대하여 완전한 소유권을 취득함.

명의신탁자는 전 소유자에 대하여 아무런 청구도 하지 못하지만 명의수탁자를 상대로 부당이득반환을 청구할 수 있다.

부동산실명법 시행 전의 명의신탁인 경우 부당이득은 부동산 소유권인데 비해 부동산실명법 시행 후의 명의신탁인 경우 부당이득은 매수대금이라고 할 수 있다.

명의신탁약정 당시 명의신탁자가 소유권을 취득할 수 있는 경우에는 부당이득은 소유권 자체이고, 소유권을 취득할 수 없는 경우에는 부당이득은 매수자금이다.

* 부당이득자가 선의인 경우
  '피고는 원고에게 금 000원 및 이에 대한 이 건 소장부본 송달 익일부터 완제일까지 연 20%의 비율에 의한 금원을 지급하라'

* 부당이득자가 악의인 경우
  '피고는 원고에게 금 000원 및 이에 대한 부당이득일부터 이 건 소장부본 송달일까지는 연 5%, 그 익일부터 완제일까지는 연 20%의 각 비율에 의한 금원을 지급하라' (민법 제 748조 제2항 참조)

* 선의와 악의의 구별
  피고가 수령한 이 사건 매수자금이 명의신탁약정에 기하여 지급되었다는 사실을 알았다고 하여도 그 명의신탁약정이 부동산 실권리자명의 등기에 관한 법률 제4조 제1항에 의하여 무효임을 알았다는 등의 사정이 부가되지 아니하는 한 피고가 그 금전의 보유에 관하여 법률상 원인 없음을 알았다고 쉽사리 말할 수 없다(대법원 2010. 1. 28. 선고 2009다24187, 24194 판결 참조).
  비록 법적으로는 피고가 부동산에 관하여 완전한 소유권을 취득하는 것으로 평가된다고 하더라도 원고는 명의신탁자로서 자신이 부동산의 소유자라는 인식 아래 부동산을 점유·사용하여 왔고, 피고 또한 자신 앞으로 소유권이전등기가 행하여진 후로도 원고의 그러한 점유·사용에 대하여 이의를 제기하지 않고 원고의 실질적 소유임을 인정해 왔을 가능성이 높아 보인다면 부당이득에 관한 피고의 악의는 부인됨. 대법원 2013.3.14. 선고 2011다103472 판결

명의신탁약정이 이른바 3자간 등기명의신탁인지 아니면 계약명의신탁인지의 구별은 계약당사자가 누구인가를 확정하는 문제로 귀결된다. 그런데 타인을 통하여 부동산을 매수함에 있어 매수인 명의를 그 타인 명의로 하기로 하였다면 이때의

명의신탁관계는 그들 사이의 내부적인 관계에 불과하므로, 설령 계약의 상대방인 매도인이 그 명의신탁관계를 알고 있었다고 하더라도, 계약명의자인 명의수탁자가 아니라 명의신탁자에게 계약에 따른 법률효과를 직접 귀속시킬 의도로 계약을 체결하였다는 등의 특별한 사정이 인정되지 아니하는 한, 그 명의신탁관계는 계약명의신탁에 해당한다고 보아야 함이 원칙이다.

대법원 2013.10.7.자 2013스133 결정

부동산실권리자명의등기에관한법률 제4조 제1항, 제2항에 의하면, 명의신탁자와 명의수탁자가 이른바 계약명의신탁약정을 맺고 명의수탁자가 당사자가 되어 명의신탁약정이 있다는 사실을 알지 못하는 소유자와의 사이에 부동산에 관한 매매계약을 체결한 후 그 매매계약에 따라 당해 부동산의 소유권이전등기를 수탁자 명의로 마친 경우에는 명의신탁자와 명의수탁자 사이의 명의신탁약정의 무효에도 불구하고 그 명의수탁자는 당해 부동산의 완전한 소유권을 취득하게 되고, 다만 명의수탁자는 명의신탁자에 대하여 부당이득반환의무를 부담하게 될 뿐이라 할 것인데, 그 계약명의신탁약정이 부동산실권리자명의등기에관한법률 시행 후인 경우에는 명의신탁자는 애초부터 당해 부동산의 소유권을 취득할 수 없었으므로 위 명의신탁약정의 무효로 인하여 명의신탁자가 입은 손해는 당해 부동산 자체가 아니라 명의수탁자에게 제공한 매수자금이라 할 것이고, 따라서 명의수탁자는 당해 부동산 자체가 아니라 명의신탁자로부터 제공받은 매수자금을 부당이득하였다고 할 것이다.

대법원 2005.1.28. 선고 2002다66922 판결

부당이득반환의무자가 악의의 수익자라는 점에 대하여는 이를 주장하는 측에서 입증책임을 진다. 여기서 '악의'라고 함은, 민법 제749조 제2항에서 악의로 의제되는 경우 등은 별론으로 하고, 자신의 이익 보유가 법률상 원인 없는 것임을 인식하는 것을 말하고, 그 이익의 보유를 법률상 원인이 없는 것이 되도록 하는 사정, 즉 부당이득반환의무의 발생요건에 해당하는 사실이 있음을 인식하는 것만으로는 부족하다. 따라서 계약명의신탁에서 명의수탁자가 수령한 매수자금이 명의신탁약정에 기하여 지급되었다는 사실을 알았다고 하여도 그 명의신탁약정이 부동산 실권리자명의 등기에 관한 법률 제4조 제1항에 의하여 무효임을 알았다는

등의 사정이 부가되지 아니하는 한 명의수탁자가 그 금전의 보유에 관하여 법률상 원인 없음을 알았다고 쉽사리 말할 수 없다.

대법원 2010.1.28. 선고 2009다24187 판결

※ 명의수탁자가 악의인 경우 명의신탁자에게 반환하여야 하는 부당이득금은 원금 및 법정이자이고 청구 받은 다음날부터의 지연손해금이다.

부동산 실권리자명의 등기에 관한 법률 시행 전에 명의신탁자와 명의수탁자가 이른바 계약명의신탁약정을 맺고 명의수탁자가 당사자가 되어 명의신탁약정이 있다는 사실을 알지 못하는 소유자와 부동산에 관한 매매계약을 체결한 후 그 매매계약에 따라 당해 부동산의 소유권이전등기를 수탁자 명의로 마쳤으나 위 법률 제11조에서 정한 유예기간이 경과하기까지 명의신탁자가 그 명의로 당해 부동산을 등기이전하는 데 법률상 장애가 있었던 경우에는, 명의신탁자는 당해 부동산의 소유권을 취득할 수 없었으므로, 위 명의신탁약정의 무효로 인하여 명의신탁자가 입은 손해는 당해 부동산 자체가 아니라 명의수탁자에게 제공한 매수자금이고, 따라서 명의수탁자는 당해 부동산 자체가 아니라 명의신탁자로부터 제공받은 매수자금을 부당이득하였다고 할 것이다.

대법원 2008.5.15. 선고 2007다74690 판결

부동산실권리자명의등기에관한법률 제4조 제1항, 제2항의 규정에 의하면, 명의신탁자와 명의수탁자가 명의신탁 약정을 맺고, 이에 따라 명의수탁자가 당사자가 되어 명의신탁 약정이 있다는 사실을 알지 못하는 소유자와의 사이에 부동산에 관한 매매계약을 체결한 후 그 매매계약에 기하여 당해 부동산의 소유권이전등기를 수탁자 명의로 마친 경우에는 명의신탁자와 명의수탁자 사이의 명의신탁 약정의 무효에도 불구하고 그 소유권이전등기에 의한 당해 부동산에 관한 물권변동 자체는 유효한 것으로 취급되어 명의수탁자는 당해 부동산의 완전한 소유권을 취득하게 되고, 부동산실권리자명의등기에관한법률 시행 전에 위와 같은 명의신탁 약정과 그에 기한 물권변동이 이루어진 다음 부동산실권리자명의등기에관한법률 제11조에서 정한 유예기간 내에 실명등기 등을 하지 않고 그 기간을 경과한 때에도 같은 법 제12조 제1항에 의하여 제4조의 적용을 받게 되어 위 법리가 그대로 적용되는 것인바, 이 경우 명의수탁자는 명의신탁 약정에 따라 명의신탁자가 제

공한 비용을 매매대금으로 지급하고 당해 부동산에 관한 소유명의를 취득한 것이고, 위 유예기간이 경과하기 전까지는 명의신탁자는 언제라도 명의신탁 약정을 해지하고 당해 부동산에 관한 소유권을 취득할 수 있었던 것이므로, 명의수탁자는 부동산실권리자명의등기에관한법률 시행에 따라 당해 부동산에 관한 완전한 소유권을 취득함으로써 당해 부동산 자체를 부당이득하였다고 보아야 할 것이고, 부동산실권리자명의등기에관한법률 제3조 및 제4조가 명의신탁자에게 소유권이 귀속되는 것을 막는 취지의 규정은 아니므로 명의수탁자는 명의신탁자에게 자신이 취득한 당해 부동산을 부당이득으로 반환할 의무가 있다.

대법원 2002.12.26. 선고 2000다21123 판결

* 매도인이 악의인 경우

명의수탁자 명의의 등기는 그 효력을 상실하여 부동산 소유권은 전 소유자에게 복귀한다.

전 소유자는 명의수탁자에게 원인계약 무효를 이유로 등기의 말소를 청구할 수 있다.

명의수탁자는 전 소유자에게 급부한 것의 반환을 구할 수 있다.

명의신탁자는 전 소유자 또는 명의수탁자에 대하여 이전등기를 청구할 수 없다.

부동산경매절차에서 부동산을 매수하려는 사람이 매수대금을 자신이 부담하면서 타인의 명의로 매각허가결정을 받기로 함에 따라 그 타인이 경매절차에 참가하여 매각허가가 이루어진 경우에도 그 경매절차의 매수인은 어디까지나 그 명의인이므로 경매 목적 부동산의 소유권은 매수대금을 실질적으로 부담한 사람이 누구인가와 상관없이 그 명의인이 취득한다 할 것이고, 이 경우 매수대금을 부담한 사람과 이름을 빌려 준 사람 사이에는 명의신탁관계가 성립한다(대법원 2008.11.27. 선고 2008다62687 판결 등 참조). 이러한 경우 매수대금을 부담한 명의신탁자와 명의를 빌려 준 명의수탁자 사이의 명의신탁약정은 '부동산 실권리자명의 등기에 관한 법률'(이하 '부동산실명법') 제4조 제1항에 의하여 무효이나(대법원 2009.9.10. 선고 2006다73102 판결 등 참조), 경매절차에서의 소유자가 위와 같은 명의신탁약정 사실을 알고 있었거나 소유자와 명의신탁자가 동일인이라고

하더라도 그러한 사정만으로 그 명의인의 소유권취득이 부동산실명법 제4조 제2항에 따라 무효로 된다고 할 것은 아니다. 비록 경매가 사법상 매매의 성질을 보유하고 있기는 하나 다른 한편으로는 법원이 소유자의 의사와 관계없이 그 소유물을 처분하는 공법상 처분으로서의 성질을 아울러 가지고 있고, 소유자는 경매절차에서 매수인의 결정 과정에 아무런 관여를 할 수 없는 점, 경매절차의 안정성 등을 고려할 때 경매부동산의 소유자를 위 제4조 제2항 단서의 '상대방 당사자'라고 볼 수는 없기 때문이다.

대법원 2012.11.15. 선고 2012다69197 판결

매도인이 악의인 계약명의신탁에서 명의수탁자가 자신 명의로 소유권이전등기를 마친 부동산을 제3자에게 처분하면 이는 매도인의 소유권 침해행위로서 불법행위가 된다. 계약명의신탁에서 명의수탁자의 제3자에 대한 처분행위가 유효하게 확정되어 소유자에 대한 소유명의 회복이 불가능한 이상, 소유자로서는 그와 동시이행관계에 있는 매매대금 반환채무를 이행할 여지가 없다. 또한 명의신탁자는 소유자와 매매계약과계가 없어 소유자에 대한 소유권이전등기 청구도 허용되지 아니하므로 소유자인 매도인으로서는 특별한 사정이 없는 한 명의수탁자의 처분행위로 인하여 어떠한 손해도 입은 바가 없다.

대법원2013.9.12. 선고 2010다95185 판결.

Ⅷ. 토지거래허가 등

1. 토지거래허가

국토교통부장관 또는 시·도지사는 국토의 이용 및 관리에 관한 계획의 원활한 수립과 집행, 합리적인 토지 이용 등을 위하여 토지의 투기적인 거래가 성행하거나 지가가 급격히 상승하는 지역과 그러한 우려가 있는 지역에 대해서는 5년 이내의 기간을 정하여 토지거래계약에 관한 허가구역으로 지정할 수 있다(국토의 계획 및 이용에 관한 법률 제117조1항).

토지거래허가구역에 있는 토지에 관한 소유권 · 지상권(소유권 · 지상권의 취득을 목적으로 하는 권리를 포함한다)을 이전하거나 설정(대가를 받고 이전하거나 설정하는 경우만 해당한다)하는 계약(예약을 포함한다)을 체결하려는 당사자는 공동으로 시장 · 군수 또는 구청장의 허가를 받아야 하고(국토의 계획 및 이용에 관한 법률 제118조 제1항), 그 허가를 받지 아니하고 체결한 토지거래계약은 그 효력이 발생하지 아니한다(국토의 계획 및 이용에 관한 법률 제118조 제6항).

허가 또는 변경허가를 받지 아니하고 토지거래계약을 체결하거나, 속임수나 그 밖의 부정한 방법으로 토지거래계약 허가를 받은 자는 2년 이하의 징역 또는 계약 체결 당시의 개별공시지가에 의한 해당 토지가격의 100분의 30에 해당하는 금액 이하의 벌금에 처한다(국토의 계획 및 이용에 관한 법률 제141조).

가. 토지거래허가

* 토지거래허가구역에 있는 토지에 관한 토지거래계약을 체결하고자 하는 당사자는 우선 공동으로 토지거래허가를 신청하여야 한다.

토지거래허가를 받지 아니하고 체결한 토지거래계약은 그 효력이 발생하지 아니한다. 토지거래허가를 받지 않고 토지거래계약을 체결하면 형사처벌을 받게 된다. 실무상 토지거래허가를 받은 후 토지거래계약을 체결하는 경우는 이례적인 경우이고 대부분의 경우는 토지거래계약을 체결한 후 토지거래허가신청을 하게 되는데 토지거래허가신청에 대하여 불허가처분을 받게 되는 경우, 그 토지거래계약은 무효이다.

> 국토이용관리법상의 규제구역 내의 '토지등의 거래계약'허가에 관한 관계규정의 내용과 그 입법취지에 비추어 볼 때 토지의 소유권 등 권리를 이전 또는 설정하는 내용의 거래계약은 관할 관청의 허가를 받아야만 그 효력이 발생하고 허가를 받기 전에는 물권적 효력은 물론 채권적 효력도 발생하지 아니하여 무효라고 보

아야 할 것인바, 다만 허가를 받기 전의 거래계약이 처음부터 허가를 배제하거나 잠탈하는 내용의 계약일 경우에는 확정적으로 무효로서 유효화될 여지가 없으나 이와 달리 허가받을 것을 전제로 한 거래계약(허가를 배제하거나 잠탈하는 내용의 계약이 아닌 계약은 여기에 해당하는 것으로 본다)일 경우에는 허가를 받을 때까지는 법률상 미완성의 법률행위로서 소유권 등 권리의 이전 또는 설정에 관한 거래의 효력이 전혀 발생하지 않음은 위의 확정적 무효의 경우와 다를 바 없지만, 일단 허가를 받으면 그 계약은 소급하여 유효한 계약이 되고 이와 달리 불허가가 된 때에는 무효로 확정되므로 허가를 받기까지는 유동적 무효의 상태에 있다고 보는 것이 타당하므로 허가받을 것을 전제로 한 거래계약은 허가받기 전의 상태에서는 거래계약의 채권적 효력도 전혀 발생하지 않으므로 권리의 이전 또는 설정에 관한 어떠한 내용의 이행청구도 할 수 없으나 일단 허가를 받으면 그 계약은 소급해서 유효화되므로 허가 후에 새로이 거래계약을 체결할 필요는 없다.

규제지역 내의 토지에 대하여 거래계약이 체결된 경우에 계약을 체결한 당사자 사이에 있어서는 그 계약이 효력 있는 것으로 완성될 수 있도록 서로 협력할 의무가 있음이 당연하므로, 계약의 쌍방 당사자는 공동으로 관할 관청의 허가를 신청할 의무가 있고, 이러한 의무에 위배하여 허가신청절차에 협력하지 않는 당사자에 대하여 상대방은 협력의무의 이행을 소송으로써 구할 이익이 있다.

벌칙적용대상인 "허가 없이 '토지등의 거래계약'을 체결하는 행위"라 함은 처음부터 허가를 배제하거나 잠탈하는 내용의 계약을 체결하는 행위를 가리키고 허가받을 것을 전제로 한 거래계약을 체결하는 것은 이에 해당하지 않는다.

대법원 1991.12.24. 선고 90다12243 전원합의체 판결

토지거래허가구역 내의 토지가 관할 관청의 허가 없이 전전매매되고 그 당사자들 사이에 최초의 매도인으로부터 최종 매수인 앞으로 직접 소유권이전등기를 경료하기로 하는 중간생략등기의 합의가 있는 경우, 이러한 중간생략등기의 합의란 부동산이 전전매도된 경우 각 매매계약이 유효하게 성립함을 전제로 그 이행의 편의상 최초의 매도인으로부터 최종의 매수인 앞으로 소유권이전등기를 경료하기로 한다는 당사자 사이의 합의에 불과할 뿐 그러한 합의가 있다고 하여 최초의 매도인과 최종의 매수인 사이에 매매계약이 체결되었다는 것을 의미하는 것은 아니고, 따라서 최종 매수인은 최초 매도인에 대하여 직접 그 토지에 관한 토지거

래허가 신청절차의 협력의무 이행청구권을 가지고 있다고 할 수 없으며, 설사 최종 매수인이 자신과 최초 매도인을 매매 당사자로 하는 토지거래허가를 받아 최종 매수인 앞으로 소유권이전등기를 경료하더라도 그러한 소유권이전등기는 적법한 토지거래허가 없이 경료된 등기로서 무효이다.

국토이용관리법에 의하여 허가를 받아야 하는 토지거래계약이 처음부터 허가를 배제하거나 잠탈하는 내용의 계약인 경우에는 허가 여부를 기다릴 것도 없이 확정적으로 무효로서 유효화 될 여지가 없는바, 토지거래허가구역 내의 토지가 거래허가를 받거나 소유권이전등기를 경료할 의사 없이 중간생략등기의 합의 아래 전매차익을 얻을 목적으로 소유자 갑으로부터 부동산중개업자인 을, 병을 거쳐 정에게 전전매매한 경우, 그 각각의 매매계약은 모두 확정적으로 무효로서 유효화 될 여지가 없고, 각 매수인이 각 매도인에 대하여 토지거래허가 신청절차 협력의무의 이행청구권을 가지고 있다고 할 수 없으며, 따라서 정이 이들을 순차 대위하여 갑에 대한 토지거래허가 신청절차 협력의무의 이행청구권을 대위행사할 수도 없다.
대법원 1996.6.28. 선고 96다3982 판결

국토이용관리법상 허가구역 안에 있는 토지에 관한 매매계약을 체결하고자 하는 당사자는 공동으로 관할관청의 허가를 받아야 하는바, 소유자인 최초 매도인이 중간 매수인에게 매도하고 이어 중간 매수인이 최종 매수인에게 순차 매도하였다면 각 매매계약의 당사자는 각각의 매매계약에 관하여 토지거래허가를 받아야 하는 것이며, 당사자들 사이에 최초의 매도인으로부터 최종 매수인 앞으로 직접 소유권이전등기를 경료하기로 하는 중간생략등기의 합의가 있었다고 하더라도 이러한 중간생략등기의 합의란 부동산이 전전 매도된 경우 각각의 매매계약이 유효하게 성립함을 전제로 그 이행의 편의상 최초의 매도인으로부터 최종의 매수인 앞으로 소유권이전등기를 경료하기로 한다는 당사자 사이의 합의에 불과할 뿐, 최초의 매도인과 최종의 매수인 사이에 매매계약이 체결되었다는 것을 의미하는 것은 아니므로 최초 매도인과 최종 매수인 사이에 매매계약이 체결되었다고 볼 수 없고, 설사 최종 매수인이 자신과 최초 매도인을 매매당사자로 하는 토지거래허가를 받아 자신 앞으로 소유권이전등기를 경료하였더라도 그러한 최종 매수인 명의의 소유권이전등기는 적법한 토지거래허가 없이 경료된 등기로서 무효이다.
대법원 1997.3.14. 선고 96다22464 판결

토지거래허가제도는 투기적 거래를 방지하여 정상적 거래질서를 형성하려는 데에 입법 취지가 있는 점에 비추어 보면, 제3자가 토지거래허가를 받기 전의 토지 매매계약상 매수인 지위를 인수하는 경우와 달리 매도인 지위를 인수하는 경우에는 최초매도인과 매수인 사이의 매매계약에 대하여 관할 관청의 허가가 있어야만 매도인 지위의 인수에 관한 합의의 효력이 발생한다고 볼 것은 아니다.

대법원 2013.12.26. 선고 2012다1863 판결

나. 유동적 무효

국토이용관리법상의 규제지역 내의 토지에 대하여 관할도지사의 허가를 받기 전에 체결한 매매계약은 처음부터 위 허가를 배제하거나 잠탈하는 내용의 계약일 경우에는 확정적으로 무효로서 유효화 될 여지가 없으나 이와 달리 허가받을 것을 전제로 한 계약일 경우에는 허가를 받을 때까지는 법률상의 미완성의 법률행위로서 소유권 등 권리의 이전에 관한 계약의 효력이 전혀 발생하지 않음은 확정적 무효의 경우와 다를 바 없지만, 일단 허가를 받으면 그 계약은 소급하여 유효한 계약이 되고 이와 달리 불허가가 된 때에는 무효로 확정되므로 허가를 받기까지는 유동적 무효의 상태에 있다고 보아야 한다.

유동적 무효 상태의 매매계약을 체결하고 매수인이 이에 기하여 임의로 지급한 계약금은 그 계약이 유동적 무효 상태로 있는 한 이를 부당이득으로 반환을 구할 수는 없고 유동적 무효 상태가 확정적으로 무효로 되었을 때 비로소 부당이득으로 그 반환을 구할 수 있다.

유동적 무효 상태의 계약은 관할도지사에 의한 불허가처분이 있을 때뿐만 아니라, 당사자 쌍방이 허가신청을 하지 아니하기로 의사표시를 명백히 한 경우에도 확정적으로 무효로 된다고 보아야 한다.

매매계약 자체로서는 유동적 무효 상태에 있는 것이나 유동적 무효 상태에 있는 계약을 효력이 있는 것으로 완성하여야 할 협력의무를 부담하는 한도 내에서의 당사자의 의사표시까지 무효 상태에 있는 것이 아니므로, 이러한 유동적 무효 상

태에 있는 매매계약에 대하여 허가를 받을 수 있도록 허가신청을 하여야 할 협력 의무를 이행하지 아니하고 매수인이 그 매매계약을 일방적으로 철회함으로써 매도인이 손해를 입은 경우에 매수인은 이 협력의무 불이행과 인과관계가 있는 손해는 이를 배상하여야 할 의무가 있다.

대법원 1995.4.28. 선고 93다26397 판결

국토의 계획 및 이용에 관한 법률에 정한 토지거래계약에 관한 허가구역으로 지정된 구역 안에 위치한 토지에 관하여 매매계약이 체결된 경우 당사자는 그 매매계약이 효력이 있는 것으로 완성될 수 있도록 서로 협력할 의무가 있지만, 이러한 의무는 그 매매계약의 효력으로서 발생하는 매도인의 재산권이전의무나 매수인의 대금지급의무와는 달리 신의칙상의 의무에 해당하는 것이어서 당사자 쌍방이 위 협력의무에 기초해 토지거래허가신청을 하고 이에 따라 관할관청으로부터 그 허가를 받았다 하더라도, 아직 그 단계에서는 당사자 쌍방 모두 매매계약의 효력으로서 발생하는 의무를 이행하였거나 이행에 착수하였다고 할 수 없을 뿐만 아니라, 그 단계에서 매매계약에 대한 이행의 착수가 있다고 보아 민법 제565조의 규정에 의한 해제권 행사를 부정하게 되면 당사자 쌍방 모두에게 해제권의 행사 기한을 부당하게 단축시키는 결과를 가져올 수도 있다. 그러므로 국토의 계획 및 이용에 관한 법률에 정한 토지거래계약에 관한 허가구역으로 지정된 구역 안의 토지에 관하여 매매계약이 체결된 후 계약금만 수수한 상태에서 당사자가 토지거래허가신청을 하고 이에 따라 관할관청으로부터 그 허가를 받았다 하더라도, 그러한 사정만으로는 아직 이행의 착수가 있다고 볼 수 없어 매도인으로서는 민법 제565조에 의하여 계약금의 배액을 상환하여 매매계약을 해제할 수 있다.

대법원 2009.4.23. 선고 2008다62427 판결

국토이용관리법상 토지의 거래계약허가구역으로 지정된 구역 안의 토지에 관하여 관할 행정청의 허가를 받지 아니하고 체결한 토지거래계약은 처음부터 그 허가를 배제하거나 잠탈하는 내용의 계약일 경우에는 확정적 무효로서 유효화 될 여지가 없으나, 이와 달리 허가받을 것을 전제로 한 거래계약일 경우에는 일단 허가를 받을 때까지는 법률상 미완성의 법률행위로서 거래계약의 채권적 효력도 전혀 발

생하지 아니하지만, 일단 허가를 받으면 그 거래계약은 소급해서 유효로 되고 이와 달리 불허가가 된 때에는 무효로 확정되는 이른바 유동적 무효의 상태에 있다고 보아야 한다.

토지거래허가구역으로 지정된 토지에 관하여 건설교통부장관이 허가구역 지정을 해제하거나, 또는 허가구역 지정기간이 만료되었음에도 허가구역 재지정을 하지 아니한(이하 '허가구역 지정해제 등'이라고 한다) 취지는 당해 구역 안에서의 개별적인 토지거래에 관하여 더 이상 허가를 받지 않도록 하더라도 투기적 토지거래의 성행과 이로 인한 지가의 급격한 상승의 방지라는 토지거래허가제도가 달성하려고 하는 공공의 이익에 아무런 지장이 없게 되었고 허가의 필요성도 소멸되었으므로, 허가구역 안의 토지에 대한 거래계약에 대하여 허가를 받은 것과 마찬가지로 취급함으로써 사적자치에 대한 공법적인 규제를 해제하여 거래 당사자들이 당해 토지거래계약으로 달성하고자 한 사적자치를 실현할 수 있도록 함에 있다고 할 것이므로, 허가구역 지정기간 중에 허가구역 안의 토지에 대하여 토지거래허가를 받지 아니하고 토지거래계약을 체결한 후 허가구역 지정해제 등이 된 때에는 그 토지거래계약이 허가구역 지정이 해제되기 전에 확정적으로 무효로 된 경우를 제외하고는, 더 이상 관할 행정청으로부터 토지거래허가를 받을 필요가 없이 확정적으로 유효로 되어 거래 당사자는 그 계약에 기하여 바로 토지의 소유권 등 권리의 이전 또는 설정에 관한 이행청구를 할 수 있고, 상대방도 반대급부의 청구를 할 수 있다고 보아야 할 것이지, 여전히 그 계약이 유동적 무효상태에 있다고 볼 것은 아니다.

유동적 무효의 상태에 있는 거래계약의 당사자는 상대방이 그 거래계약의 효력이 완성되도록 협력할 의무를 이행하지 아니하였음을 들어 일방적으로 유동적 무효의 상태에 있는 거래계약 자체를 해제할 수 없다.

대법원 1999.6.17. 선고 98다40459 전원합의체 판결

국토이용관리법상 토지거래허가구역 내에 있는 토지에 관하여 소유권 등 권리를 이전 또는 설정하는 내용의 거래계약은 관할 시장·군수 또는 구청장의 허가를 받아야만 그 효력이 발생하고 허가를 받기 전에는 물권적 효력은 물론 채권적 효력도 발생하지 아니하여 무효라고 보아야 할 것이다. 따라서 허가받을 것을 전제로 하는 거래계약은 허가를 받을 때까지는 법률상 미완성의 법률행위로서 소유권 등

권리의 이전 또는 설정에 관한 거래의 효력이 전혀 발생하지 않으나 일단 허가를 받으면 그 계약은 소급하여 유효한 계약이 되고, 이와 달리 불허가가 된 때에 무효로 확정되므로 허가를 받기까지는 유동적 무효의 상태에 있다고 볼 것이다. 그러므로 허가를 받을 것을 전제로 한 거래계약은 허가받기 전의 상태에서는 거래계약의 채권적 효력도 전혀 발생하지 않으므로 권리의 이전 또는 설정에 관한 어떠한 내용의 이행청구도 할 수 없고, 그러한 거래계약의 당사자로서는 허가받기 전의 상태에서 상대방의 거래계약상 채무불이행을 이유로 거래계약을 해제하거나, 그로 인한 손해배상을 청구할 수 없다고 하겠다.

대법원 1997.7.25. 선고 97다4357,4364 판결

토지거래허가를 취득하기 이전의 유동적 무효상태인 토지거래계약에 기하여서는 아직 거래계약상의 매매대금 지급의무가 발생하지 아니하므로 원고가 이 사건 중도금 지급기일을 도과하였음에도 이를 지급하지 아니하고 오히려 정당한 사유 없이 대금의 감액을 주장한다고 하여도 이를 이유로 피고들이 이 사건 매매계약을 일방적으로 해제할 수는 없고, 또한 이러한 유동적 무효상태인 토지거래계약의 당사자는 상대방이 그 토지거래허가 신청절차에 협력하지 아니한다 하더라도 소로써 이를 구할 수 있음은 별론, 그러한 사유만으로 거래계약 자체를 일방적으로 해제할 수 없다.

대법원 2006.1.27. 선고 2005다52047 판결

국토의 계획 및 이용에 관한 법률상의 허가구역에 있는 토지의 거래계약이 토지거래허가를 전제로 체결된 경우에는 유동적 무효의 상태에 있고 거래계약의 채권적 효력도 전혀 발생하지 않으므로 권리의 이전 또는 설정에 관한 어떠한 내용의 이행청구도 할 수 없지만, 계약을 체결한 당사자 사이에서는 계약이 효력 있는 것으로 완성될 수 있도록 서로 협력할 의무가 있으므로, 계약의 쌍방 당사자는 공동으로 관할 관청의 허가를 신청할 의무가 있다. 그 결과 경우에 따라서는 매수인이 토지거래허가 신청절차의 협력의무 이행청구권을 보전하기 위하여 매도인의 권리를 대위하여 행사하는 것도 허용된다고 할 수 있지만, 보전의 필요성이 인정되어야 한다. 그리고 이 경우에 보전의 필요성을 판단할 때에는, 위와 같은 협력의무 이행청구권의 특수한 법적 성격과 아울러 매도인의 권리 미행사가 협력

의무의 현실적 이행에 뚜렷한 장애가 되는지, 매도인이 권리를 행사하지 않는 사유는 무엇인지, 오히려 매수인의 협력의무 이행청구권의 행사가 조건 등의 장애사유 때문에 장기간 지연되었는지 및 그 지연에 매수인에게 귀책사유가 없는지, 그리고 매도인의 권리 행사를 강제하는 것이 매도인의 재산권행사에 커다란 불이익을 가져오거나 자유로운 재산관리행위에 대한 부당한 간섭이 될 수 있는지 등 해당 사안에서의 구체적인 여러 사정을 종합적으로 고려하여야 한다.

대법원 2013.5.23. 선고 2010다50014 판결

2. 농지취득자격증명

농지는 아무나 소유할 수 있는 것이 아니라 자기의 농업경영에 이용하거나 이용할 자가 아니면 소유하지 못한다(농지법 제6조 제1항).

농지를 취득하려는 자는 농지 소재지를 관할하는 시장, 구청장, 읍장 또는 면장에게서 농지취득자격증명을 발급받아야 한다(농지법 제8조 제1항)

* 농지취득자격증명의 구비

농지를 취득하기 위해서는 농지취득자격증명을 발급받아야 하는데, 농지취득자격증명은 소유권에 관한 등기를 신청할 때 첨부하여야 하는 서류이다.

농지취득자격증명이 없으면 농지에 대한 소유권이전등기가 불가(농지취득자격증명이 없어도 농지의 소유권을 취득할 수 있는 예외적인 경우는 제외함)하다.

농지법 소정의 농지취득자격증명은 농지를 취득하는 자가 그 소유권에 관한 등기를 신청할 때에 첨부하여야 할 서류로서 농지를 취득하는 자에게 농지취득의 자격이 있다는 것을 증명하는 것일 뿐 농지취득의 원인이 되는 매매 등 법률행위의 효력을 발생시키는 요건은 아니며(대법원 1998.2.27. 선고 97다49251 판결 등 참조), 농지에 관한 경매절차에서 이러한 농지취득자격증명 없이 낙찰허가결정 및 대금납부가 이루어지고 그에 따른 소유권이전등기까지 경료되었다 하더라도

농지취득자격증명은 그 후에 추완하여도 무방하다 할 것이다.
대법원 2008.2.1. 선고 2006다27451 판결

* 농지취득자격증명구비의 효력

농지취득자격증명이 농지취득 원인행위의 효력발생 요건은 아니다.

농지를 취득하려는 자가 농지에 대하여 소유권이전등기를 마쳤다 하더라도 농지취득자격증명을 발급받지 못한 이상 그 소유권을 취득하지 못한다.

농지취득자격증명은 농지를 취득하는 자에게 농지취득의 자격이 있다는 것을 증명하는 것으로, 농지를 취득하려는 자는 농지 소재지를 관할하는 시장, 구청장, 읍장 또는 면장에게서 농지취득자격증명을 발급받아야 하고, 농지취득자격증명을 발급받아 농지를 취득하는 자가 그 소유권에 관한 등기를 신청할 때에는 농지취득자격증명을 첨부하여야 한다(농지법 제8조 제1항, 제4항). 따라서 농지를 취득하려는 자가 농지에 대하여 소유권이전등기를 마쳤다 하더라도 농지취득자격증명을 발급받지 못한 이상 그 소유권을 취득하지 못하고, 이는 공매절차에 의한 매각의 경우에도 마찬가지라 할 것이므로, 공매부동산이 농지법이 정한 농지인 경우에는 매각결정과 대금납부가 이루어졌다고 하더라도 농지취득자격증명을 발급받지 못한 이상 소유권을 취득할 수 없고, 설령 매수인 앞으로 소유권이전등기가 경료되었다고 하더라도 달라지지 않으며, 다만 매각결정과 대금납부 후에 농지취득자격증명을 추완할 수 있을 뿐이다.
대법원 2012.11.29. 선고 2010다68060 판결

농지에 대한 소유권이전등기절차이행의 소송에서, 비록 원고가 사실심 변론종결시까지 농지취득자격증명을 발급받지 못하였다고 하더라도 민사소송절차의 종료 후 얼마든지 농지취득자격증명을 발급받아 농지의 소유권을 취득할 수 있으므로, 원고가 농지취득자격증명을 발급받은 바 없다는 이유로 그 청구가 배척되지는 않는다.
대법원 1998.2.27. 선고 97다49251 판결

제 6 장

용익물권

제6장 용익물권

Ⅰ. 기초관계

용익물권은 타인의 물건을 일정한 범위에서 사용, 수익할 수 있는 물권이다. 즉 사용가치를 지배하는 타물권이다.

용익물권에는 지상권, 지역권, 전세권이 있고, 모두 부동산만을 그 대상으로 한다.

비소유자로서 타인의 부동산을 이용하는 형태 : 채권계약을 기초로 한 채권적 이용권과 용익물권을 기초로 한 물권적 이용권이 있다.

용익물권에 기초한 이용권은 부동산 소유자가 용익물권의 내용을 유리하게 약정하려 해도 물권법의 강행법규적 성격 때문에 일정한 한계를 갖는데 비해 채권적 이용권은 계약자유의 원칙상 소유자는 자신의 우월적 지위를 이용하여 자기에게 유리한 약정을 체결할 수 있다 : 그리하여 임대차라는 채권적 이용관계가 압도적으로 많다.

물권인 지상권과 지역권보다는 채권인 토지임대차가 주로 활용되고, 물권인 전세권보다는 채권적 전세(전세계약을 체결하지만 전세권설정등기를 경료하지 아니한 경우는 채권적 전세이다)가 주로 활용된다. 특히 대상물건이 주택이나 상가건물인 경우에는 등기를 하지 않고도 제3자에게 대항할 수 있는 보호책이 마련되어 있는 점 때문에 등기를 하여야 성립하는 전세권이 활용될 여지가 별로 없게 되었다.

Ⅱ. 지상권

지상권은 타인 소유의 토지에 건물 기타의 공작물이나 수목을 소유하기 위하여 그 토지를 이용할 수 있는 물권을 말한다.

1. 지상권의 성격

가. 타물권

지상권은 타인의 토지에 대한 권리이다.

지상권과 토지소유권이 동일인에게 귀속하게 되면 그 지상권은 혼동으로 소멸한다.

지상권의 객체인 토지는 1필 토지의 일부라도 무방하고 지표 내지 지상에 한하지 않고 지하의 사용을 내용으로 할 수도 있다.

> 토지소유자가 고압전선이 설치된 토지를 농지로만 이용하여 왔다고 하더라도 그 토지 상공에 대한 구분지상권에 상응하는 임료 상당의 손해를 입었다고 보아야 하는 것이므로, 전국적으로 전기요금 체계가 동일하다든지 원고들이 건물 신축을 위하여 이설을 요청한 바 없다는 등의 사정을 들어 원고들의 손해가 없었다거나 피고의 이득이 없었다고 다투는 상고이유의 주장도 이유 없다.
>
> 나아가 피고는 원고들의 묵시적 동의가 있었다는 주장도 하지만, 송전선이 토지 위를 통과함을 알고서 토지를 취득하였거나, 토지를 취득한 후 장기간 송전선의 설치에 대하여 이의를 제기하지 않았다고 하여 토지소유자의 권리가 실효되었다거나 토지소유자가 그러한 제한을 용인하였다고 볼 수 없는 것이다.
>
> 대법원 2006.4.13. 선고 2005다14083 판결

나. 건물 등의 소유를 위한 권리

지상권은 건물 기타 공작물이나 수목을 소유하기 위하여 타인의 토지를 사용하는 권리이다.

공작물 : 주택, 교량, 연못, 동상, 기념비, 광고탑, 전주, 담, 궤도, 터널, 철관, 지하철, 기타 지상이나 지하 및 공간에 인공적으로 설치된 모든 시설물을 말한다.

공작물은 다소 영구성을 가지고 있어야 한다.

수목 : 종류에 대해서는 특별한 제한이 없다.

다. 사용권

지상권은 타인의 토지를 사용하는 권리이다.

* 현재 공작물이나 수목이 없더라도 지상권은 유효하게 성립할 수 있다.
  기존의 공작물이나 수목이 멸실하더라도 지상권은 계속하여 존속할 수 있다.

* 지상권은 토지를 점유할 수 있는 권리를 포함한다.
  지상권 자체에 기한 물권적 청구권 외에 점유권에 기한 점유보호청구권을 갖는다.

라. 물권

지상권은 물권이다 : 토지 소유자에 대한 채권이 아니라 그 객체인 토지를 직접 지배하는 권리이다.
처분의 자유가 인정된다.
양도의 제한을 받는 임차권(629조)과 다르다.

지료의 지급은 지상권의 요소가 아니다 : 지료를 반드시 지급하여야 하는 임차권(618조)과 다르다.

2. 지상권의 취득

가. 법률행위에 의한 취득

지상권은 지상권설정자(토지소유자)와 지상권자의 설정계약과 등기에 의하여 취득된다.

유언, 지상권의 양도에 의하여 지상권이 승계취득되기도 하는데 모두 법률행위로 인한 부동산물권변동이므로 등기를 하여야 효력이 발생한다.

나. 법률행위에 의하지 않는 취득

* 상속, 판결, 경매, 공용징수, 취득시효 기타 법률의 규정에 의한 취득
  취득시효로 인한 지상권취득은 등기함으로써 효력이 생기지만 그 밖의 원인으

로 인한 취득은 등기 없이 그 효력이 생긴다.

* 법정지상권

3. 지상권의 효력

가. 토지사용권

지상권자는 설정행위로 정해진 목적의 범위 내에서 토지를 사용할 권리가 있다. 지상권설정자는 지상권자가 토지를 사용할 수 있도록 그 사용을 수인하면 족하고 임대인과 같이 토지를 사용에 필요한 상태로 유지시킬 적극적 의무를 부담하는 것은 아니다.

나. 지상권의 처분

지상권자는 토지소유자의 동의 없이도 타인에게 지상권을 양도할 수 있다. 지상권의 양수인은 지상권이전등기를 하여야 지상권을 취득한다.

> 법정지상권을 가진 건물소유자로부터 건물을 양수하면서 법정지상권까지 양도받기로 한 자는 채권자대위의 법리에 따라 전건물소유자 및 대지소유자에 대하여 차례로 지상권의 설정등기 및 이전등기절차이행을 구할 수 있다 할 것이므로 이러한 법정지상권을 취득할 지위에 있는 자에 대하여 대지소유자가 소유권에 기하여 건물철거를 구함은 지상권의 부담을 용인하고 그 설정등기절차를 이행할 의무 있는 자가 그 권리자를 상대로 한 청구라 할 것이어서 신의성실의 원칙상 허용될 수 없다.
>
> 대법원 1985.4.9. 선고 84다카1131 전원합의체판결
>
> 건물 소유를 위하여 법정지상권을 취득한 자로부터 경매에 의하여 그 건물의 소유권을 이전받은 경락인은 위 지상권도 당연히 이전받았다 할 것이고 이는 그에 대한 등기가 없어도 그 후에 담보토지를 전득한 자에 대하여 유효하다.
>
> 대법원 1979.8.28. 선고 79다1087 판결

다. 지료지급의무

지료의 지급은 지상권의 요소는 아니다.

당사자가 지료약정을 한 경우에는 지상권자는 지상권설정자에게 지료지급의무를 부담한다.

지상권자가 2년 이상의 지료를 지급하지 아니한 때에는 지상권설정자는 지상권의 소멸을 청구할 수 있다. 지상권소멸청구권의 법적 성격에 대해서는 견해의 대립이 있으나 형성권으로 이해하는 것이 상당하다.

4. 특수유형의 지상권

가. 법정지상권

1) 제도적 의의

우리 법제에서는 토지와 건물이 별개의 독립한 부동산으로 취급되고 있으므로 토지 소유자와 건물의 소유자가 다를 수 있다. 토지 소유자와 건물 소유자가 토지이용관계에 대한 협의를 할 수 없는 경우에 잠재적인 토지 이용권을 법률상 현실화 시켜 줌으로써 건물을 독립한 부동산으로 보는 우리 법제의 결함을 시정하려는 제도가 법정지상권이다.

법정지상권도 법률의 규정에 의한 물권취득이므로 등기를 요하지 않으며, 토지 소유자나 토지 소유권을 전득한 제3자에 대하여 등기 없이 지상권을 주장할 수 있으나 이를 등기하지 아니하면 처분(법률행위에 의한 처분)할 수 없는 것이다.

2) 모습

* 토지와 그 지상의 건물이 동일인에게 속하는 경우에, 건물에 대해서만 전세권을 설정한 후 토지소유자가 변경된 때에는 토지소유권의 특별승계인은 전세권설정자에 대하여 지상권을 설정한 것으로 본다(305조 1항).

* 저당물의 경매로 인하여 토지와 그 지상건물이 다른 소유자에 속한 경우에, 토

지소유자는 건물소유자에 대하여 지상권을 설정한 것으로 본다(366조).

* 토지와 그 지상의 건물이 동일인에게 속하는 경우에, 그 토지 또는 건물 중 어느 한 쪽에만 가등기담보권, 양도담보권 또는 매도담보권이 설정된 후 담보권의 실행으로 토지와 건물의 소유자가 다르게 되면 지상권이 설정된 것으로 본다(가담법 제10조).

* 토지와 입목이 동일인에게 속하고 있는 경우에, 경매 기타의 사유로 토지와 입목이 각각 다른 소유자에게 속하게 된 경우에 지상권이 설정된 것으로 본다(임목법 제6조).

* 관습법상의 법정지상권
* 분묘기지권

3) 민법 제366조 소정의 법정지상권

- 성립요건

o 저당권 설정 당시 건물이 존재하여야 한다.

건물이 없는 토지에 저당권을 설정하는 저당권자의 이익을 중시하여 저당권 설정당시에 건물이 존재해야 한다.

저당권자가 장래 건물 건축에 동의한 경우라도 건물이 존재하지 아니하다면 토지 소유권을 취득하려는 제3자의 법적 안정성을 고려할 때 법정지상권은 성립하지 않는다.

저당권설정 당시 토지소유자에 의해 그 지상에 건물이 신축 중이었고 건물의 규모, 종류가 외형상 완성된 건물을 예상할 수 있는 정도까지 건축이 진전되어 있으면 법정지상권 성립할 수 있다. 다만 토지와 건물의 소유자가 달라지는 때(경매절차에서의 매수인이 매각대금을 완납했을 때)까지 독립된 건물로서의 요건을 갖추어야 한다.

건물로서의 요건을 갖추고 있는 이상 무허가, 또는 미등기 건물이라는 점은 법정지상권 성립하는데 문제되지 않는다.

토지만을 저당권의 목적으로 한 경우, 법정지상권이 성립한 후에 건물을 개축 또는 증축하는 경우는 물론 건물이 멸실되거나 철거된 후에 신축하는 경우에도 법정지상권은 성립하나, 다만 그 법정지상권의 범위는 구건물을 기준으로 하여 그 유지 또는 사용을 위하여 일반적으로 필요한 범위 내의 대지 부분에 한정된다.
대법원 1997.1.21. 선고 96다40080 판결

토지와 그 지상건물을 공동저당권의 목적으로 한 경우, 동일인의 소유에 속하는 토지 및 그 지상 건물에 관하여 공동저당권이 설정된 후 그 지상 건물이 철거되고 새로 건물이 신축된 경우에는 그 신축건물의 소유자가 토지의 소유자와 동일하고 토지의 저당권자에게 신축건물에 관하여 토지의 저당권과 동일한 순위의 공동저당권을 설정해 주는 등 특별한 사정이 없는 한 저당물의 경매로 인하여 토지와 그 신축건물이 다른 소유자에 속하게 되더라도 그 신축건물을 위한 법정지상권은 성립하지 않는다.
대법원 2003.12.18. 선고 98다43601 전원합의체 판결

o 토지와 건물이 동일 소유자에게 속할 것

저당권설정 당시 토지와 건물의 소유자가 동일하여야 한다.

토지의 소유명의를 타인에게 신탁한 자가 건물을 신축하고 저당권을 설정해 주거나 토지의 소유자가 그 지상건물의 등기부상 소유명의를 타인에게 신탁하고 저당권을 설정해 준 경우에는 법정지상권이 성립하지 않는다.

미등기건물을 대지와 함께 양수한 자가 그 대지에 관하여만 소유권이전등기를 넘겨받고 저당권을 설정하여 준 경우에는 법정지상권이 성립하지 않는다.

민법 제366조의 법정지상권은 저당권 설정 당시에 동일인의 소유에 속하는 토지와 건물이 저당권의 실행에 의한 경매로 인하여 각기 다른 사람의 소유에 속하게 된 경우에 건물의 소유를 위하여 인정되는 것이므로, 미등기건물을 그 대지와 함

께 매수한 사람이 그 대지에 관하여만 소유권이전등기를 넘겨받고 건물에 대하여는 그 등기를 이전 받지 못하고 있다가, 대지에 대하여 저당권을 설정하고 그 저당권의 실행으로 대지가 경매되어 다른 사람의 소유로 된 경우에는, 그 저당권의 설정 당시에 이미 대지와 건물이 각각 다른 사람의 소유에 속하고 있었으므로 법정지상권이 성립될 여지가 없다.

대법원 2002.6.20. 선고 2002다9660 전원합의체 판결

토지에 저당권을 설정할 당시 토지의 지상에 건물이 존재하고 있었고 그 양자가 동일 소유자에게 속하였다가 그 후 저당권의 실행으로 토지가 낙찰되기 전에 건물이 제3자에게 양도된 경우, 민법 제366조 소정의 법정지상권을 인정하는 법의 취지가 저당물의 경매로 인하여 토지와 그 지상 건물이 각 다른 사람의 소유에 속하게 된 경우에 건물이 철거되는 것과 같은 사회경제적 손실을 방지하려는 공익상 이유에 근거하는 점, 저당권자로서는 저당권설정 당시에 법정지상권의 부담을 예상하였을 것이고 또 저당권설정자는 저당권설정 당시의 담보가치가 저당권이 실행될 때에도 최소한 그대로 유지되어 있으면 될 것이므로 위와 같은 경우 법정지상권을 인정하더라도 저당권자 또는 저당권설정자에게는 불측의 손해가 생기지 않는 반면, 법정지상권을 인정하지 않는다면 건물을 양수한 제3자는 건물을 철거하여야 하는 손해를 입게 되는 점 등에 비추어 위와 같은 경우 건물을 양수한 제3자는 민법 제366조 소정의 법정지상권을 취득한다.

대법원 1999.11.23. 선고 99다52602 판결

건물공유자의 1인이 그 건물의 부지인 토지를 단독으로 소유하면서 그 토지에 관하여만 저당권을 설정하였다가 위 저당권에 의한 경매로 인하여 토지의 소유자가 달라진 경우에도, 위 토지 소유자는 자기뿐만 아니라 다른 건물공유자들을 위하여도 위 토지의 이용을 인정하고 있었다고 할 것인 점, 저당권자로서도 저당권 설정 당시 법정지상권의 부담을 예상할 수 있었으므로 불측의 손해를 입는 것이 아닌 점, 건물의 철거로 인한 사회경제적 손실을 방지할 공익상의 필요성도 인정되는 점 등에 비추어 위 건물공유자들은 민법 제366조에 의하여 토지 전부에 관하여 건물의 존속을 위한 법정지상권을 취득한다고 보아야 한다.

대법원 2011.1.13. 선고 2010다67159 판결

> 토지의 공유자중의 1인이 공유토지 위에 건물을 소유하고 있다가 토지지분만을 전매함으로써 단순히 토지공유자의 1인에 대하여 관습상의 법정지상권이 성립된 것으로 볼 사유가 발생하였다고 하더라도 당해 토지 자체에 관하여 건물의 소유를 위한 관습상의 법정지상권이 성립된 것으로 보게 된다면 이는 마치 토지공유자의 1인으로 하여금 다른 공유자의 지분에 대하여서까지 지상권설정의 처분행위를 허용하는 셈이 되어 부당하다 할 것이므로 위와 같은 경우에 있어서는 당해 토지에 관하여 건물의 소유를 위한 관습상의 법정지상권이 성립될 수 없다.
> 대법원 1987.6.23. 선고 86다카2188 판결

o 저당권이 설정될 것

토지나 건물 중 어느 하나 위에 저당권이 설정되어야 한다.

토지와 건물 어느 한쪽에도 저당권이 설정되어 있지 않으면서 각각 다른 소유자에게 속하게 되는 경우에는 민법 제366조의 법정지상권은 성립하지 않으나 관습법상의 법정지상권은 성립할 여지가 있다.

o 경매로 인하여 토지와 건물의 소유자가 달라질 것

소유자가 달라진 경우에 건물을 위한 법정지상권이 성립하는 것이고 토지와 건물이 동일인에게 매각(경락)된 경우에는 법정지상권 성립 안한다.

- 법정지상권의 범위

일반적인 지상권의 범위와 동일하다.

건물 자체의 부지와 그 건물의 유지, 사용에 필요한 범위 내 인접토지에 미친다.

법정지상권은 민법 제281조 제1항에서 규정하고 있는 '존속기간을 약정하지 않은 지상권'에 해당하고, 법정지상권의 존속기간은 성립 후 그 지상목적물의 종류에 따라 규정하고 있는 민법 제280조 제1항 소정의 각 기간으로 봄이 상당하고 분묘기지권과 같이 그 지상에 건립된 건물이 존속하는 한 법정지상권도 존속하는 것이라고는 할 수 없다(대법원 1992.06.09. 선

고 92다4857 판결).

- 지료

법정지상권은 유상이므로 법정지상권자는 법정지상권설정자에게 지료를 지급하여야 한다.

지료는 당사자의 협의에 의해 결정하고, 당사자 협의가 없는 경우 당사자 청구에 의하여 법원이 결정한다.

법정지상권도 민법 제287조에 의하여 2년 이상의 지료 미지급을 이유로 한 지상권 소멸청구가 가능하다.

4) 법정지상권 성립 후의 토지 또는 건물의 양도와 지상권의 효력

* 토지가 양도된 경우 : 건물 소유자는 토지소유권을 전득한 제3자에 대해서도 등기 없이 법정지상권을 주장할 수 있다

법정지상권은 법률의 규정에 의한 부동산에 관한 물권취득이므로 등기를 필요로 하지 아니하고 지상권취득의 효력이 발생하고 이를 취득할 당시의 토지소유자나 이로부터 그 토지소유권을 전득한 제3자에 대하여도 등기 없이 지상권을 주장할 수 있되 다만 법정지상권자가 이를 등기하지 아니하면 그 지상권을 처분할 수 없을 뿐이다.

대법원 1965.9.23. 선고 65다1222 판결

* 건물 및 법정지상권의 양도가 있는 경우 : 법정지상권을 제3자에게 처분하려면 먼저 법정지상권을 등기하여야 하며, 등기 없이 처분한 때에는 건물의 전득자는 토지소유자에게 지상권을 가지고 대항하지 못한다.

그러나 제3자가 경매에 의하여 건물의 소유권을 이전받은 경우에는 등기 없이도 법정지상권을 취득한다.

관습에 의한 법정지상권이 붙은 건물소유권의 양도가 있는 경우에 그 법정지상권에 관한 등기 없이는 건물양수자는 대지소유자에 대하여 법정지상권을 주장할 수 없다.
대법원 1965.7.27. 선고 65다864 판결

건물 소유를 위하여 법정지상권을 취득한 자로부터 경매에 의하여 그 건물의 소유권을 이전받은 경락인은 위 지상권도 당연히 이전받았다 할 것이고 이는 그에 대한 등기가 없어도 그 후에 담보토지를 전득한 자에 대하여 유효하다.
대법원 1979.8.28. 선고 79다1087 판결.

* 법정지상권을 취득한 건물 소유자가 법정지상권 설정등기를 경료하지 않고 건물을 양도하는 경우: 건물과 함께 지상권을 양도하기로 하는 채권적 계약이 있는 것으로 보아야 하므로 건물 양수인은 양도인을 대위하여 토지 소유자에게 법정지상권설정등기절차이행을 청구할 수 있다.

저당물의 경매로 인하여 토지와 그 지상건물이 소유자를 달리하게 되어 토지상에 법정지상권을 취득한 건물소유자가 법정지상권 설정등기를 경료함이 없이 건물을 양도하는 경우에 특별한 사정이 없는 한 건물과 함께 지상권도 양도하기로 하는 채권적 계약이 있었다고 할 것이므로 지상권자는 지상권설정등 기를 한 후에 건물양수인에게 이의 양도등기절차를 이행하여 줄 의무가 있다. 따라서 건물 양수인은 건물양도인을 순차 대위하여 토지 소유자에 대하여 건물소유자였던 법정지상권자에의 법정지상권설정 등기절차 이행을 청구할 수 있다.
대법원 1981.9.8. 선고 80다2873 판결

법정지상권을 가진 건물소유자로부터 건물을 양수하면서 법정지상권까지 양도받기로 한 자는 채권자 대위의 법리에 따라 전 건물소유자 및 대지소유자에 대하여 차례로 지상권의 설정등기 및 이전등기절차 이행을 구할 수 있다 할 것이므로 이러한 법정지상권을 취득할 지위에 있는 자에 대하여 대지소유자가 소유권에 기하여 건물철거를 구함은 지상권의 부담을 용인하고 그 설정등기 절차를 이행할 의무있는 자가 그 권리자를 상대로 한 청구라 할 것이어서 신의성실의 원칙상 허용될 수 없다.

대법원 1985.4.9. 선고 84다카1131 판결

나. 구분지상권

지하 또는 지상의 공간에 상하의 범위를 정하여 건물 기타 공작물을 소유하기 위한 지상권을 구분지상권이라 함.

상하의 범위가 정해진 토지사용을 목적으로 하는 지상권.

구분지상권 설정에 관한 물권적 합의와 등기에 의해 설정된다.

수목의 소유를 목적으로 하는 구분지상권은 설정될 수 없다.

설정되는 토지의 상하의 범위는 반드시 등기하여야 한다.

다. 관습법상의 법정지상권

1) 의의

동일인에게 속하였던 토지와 건물 중 어느 하나가 매매 기타의 원인으로 각각 소유자를 달리하게 된 때에 그 건물을 철거한다는 특약이 없으면 건물소유자가 당연히 취득하게 되는 법정지상권을 관습법상의 법정지상권이라고 한다.

동일인의 소유에 속하였던 토지 및 가옥이 매매로 인하여 각 소유자를 달리할 때에는 그 가옥매매에 있어 이를 철거한다는 특약이 없는 한 가옥소유자는 그 가옥을 위하여 그 지상에 지상권을 취득한다.

대법원 1960.9.29. 선고 4292민상944 판결

2) 성립요건

(가) 토지와 건물이 동일인의 소유에 속할 것

* 건물의 존재

건물로서의 요건을 갖추고 있는 이상 무허가나 미등기건물도 상관없다.

동일인의 소유에 속하였던 토지와 건물이 매매, 증여, 강제경매, 국세징수법에 의한 공매 등으로 그 소유권자를 달리하게 된 경우에 그 건물을 철거한다는 특약이 없는 한 건물소유자는 그 건물의 소유를 위하여 그 부지에 관하여 관습상의 법정지상권을 취득하는 것이고 그 건물은 건물로서의 요건을 갖추고 있는 이상 무허가건물이거나 미등기건물이거나를 가리지 않는다.

대법원 1988.4.12. 선고 87다카2404 판결

미등기 건물을 그 대지와 함께 양수한 사람이 그 대지에 관하여서만 소유권이전등기를 넘겨받고 건물에 대하여는 그 등기를 이전받지 못하고 있는 상태에서 그 대지가 경매되어 소유자가 달라지 게 된 경우에는, 미등기 건물의 양수인은 미등기 건물을 처분할 수 있는 권리는 있을지언정 소유권은 가지고 있지 아니하므로 대지와 건물이 동일인의 소유에 속한 것이라고 볼 수 없어 법정지상권이 발생할 수 없다.

대법원 1998.4.24. 선고 98다4798 판결

* 동일인의 소유에 속할 것

처분당시에 동일인 소유에 속하여야 한다. 따라서 원시적으로 동일인 소유였을 필요는 없다.

관습법상의 법정지상권이 성립되기 위하여는 토지와 건물 중 어느 하나가 처분될 당시에 토지와 그 지상건물이 동일인의 소유에 속하였으면 족하고 원시적으로 동일인의 소유였을 필요는 없다.

대법원 1995.7.28. 선고 95다9075 판결

원소유자로부터 대지와 건물이 한 사람에게 매도되었으나 대지에 관하여만 그 소유권이전등기가 경료되고 건물의 소유 명의가 매도인 명의로 남아 있게 되어 형식적으로 대지와 건물이 그 소유 명의자를 달리하게 된 경우에 있어서는, 그 대지의 점유·사용 문제는 매매계약 당사자 사이의 계약에 따라 해결할 수 있는 것이므로 양자 사이에 관습에 의한 법정지상권을 인정할 필요는 없다.

대법원 1998.4.24. 선고 98다4798 판결

관습상의 법정지상권의 성립 요건인 해당 토지와 건물의 소유권의 동일인에의 귀속과 그 후의 각기 다른 사람에의 귀속은 법의 보호를 받을 수 있는 권리변동으로 인한 것이어야 하므로, 원래 동일인에게의 소유권 귀속이 원인무효로 이루어졌다가 그 뒤 그 원인무효임이 밝혀져 그 등기가 말소됨으로써 그 건물과 토지의 소유자가 달라지게 된 경우에는 관습상의 법정지상권을 허용할 수 없다.
⇒ 처분이 아니므로.....

대법원 1999.3.26. 선고 98다64189 판결

갑과 을이 대지를 각자 특정하여 매수하여 배타적으로 점유하여 왔으나 분필이 되어 있지 아니한 탓으로 그 특정부분에 상응하는 지분소유권이전등기만을 경료하였다면 그 대지의 소유관계는 처음부터 구분소유적 공유관계에 있다 할 것이고, 또한 구분소유적 공유관계에 있어서는 통상적인 공유관계와는 달리 당사자 내부에 있어서는 각자가 특정매수한 부분은 각자의 단독 소유로 되었다 할 것이므로, 을은 위 대지 중 그가 매수하지 아니한 부분에 관하여는 갑에게 그 소유권을 주장할 수 없어 위 대지 중 을이 매수하지 아니한 부분지상에 있는 을 소유의 건물부분은 당초부터 건물과 토지의 소유자가 서로 다른 경우에 해당되어 그에 관하여는 관습상의 법정지상권이 성립될 여지가 없다.

대법원 1994.1.28. 선고 93다49871 판결

토지소유권을 명의신탁하면서 수탁자의 임의처분을 방지하기 위해 신탁자명의의 소유권이전등기 청구권보전의 가등기를 함께 경료해 둔 후 수탁자가 위 명의신탁 중 동 토지상에 건물을 신축하고 그 후 명의신탁이 해지되어 소유권회복의 방법으로 신탁자명의로 위 가등기에 기한 본등기가 경료된 경우, 위 명의수탁자는 신탁자와의 대내적 관계에 있어서 그 토지가 자기소유에 속하는 것이었다고 주장할 수 없고 따라서 위 건물은 어디까지나 명의신탁자 소유의 토지 위에 지은 것이라 할 것이므로 그 후 소유명의가 신탁자명의로 회복될 당시 위 수탁자가 신탁자들에 대하여 지상건물의 소유를 위한 관습상의 지상권을 취득하였다고 주장할 수 없다.
대법원 1986.5.27. 선고 86다카62 판결

동일인의 소유에 속하고 있던 토지와 그 지상 건물이 강제경매 또는 국세징수법에 의한 공매 등으로 인하여 소유자가 다르게 된 경우에는 그 건물을 철거한다는 특약이 없는 한 건물소유자는 토지소유자에 대하여 그 건물의 소유를 위한 관습상 법정지상권을 취득한다. 원래 관습상 법정지상권이 성립하려면 토지와 그 지상 건물이 애초부터 원시적으로 동일인의 소유에 속하였을 필요는 없고, 그 소유권이 유효하게 변동될 당시에 동일인이 토지와 그 지상 건물을 소유하였던 것으로 족하다.
강제경매의 목적이 된 토지 또는 그 지상 건물의 소유권이 강제경매로 인하여 그 절차상의 매수인에게 이전된 경우에 건물의 소유를 위한 관습상 법정지상권이 성립하는가 하는 문제에 있어서는 그 매수인이 소유권을 취득하는 매각대금의 완납시가 아니라 그 압류의 효력이 발생하는 때를 기준으로 하여 토지와 그 지상 건물이 동일인에 속하였는지가 판단되어야 한다. 강제경매개시결정의 기입등기가 이루어져 압류의 효력이 발생한 후에 경매목적물의 소유권을 취득한 이른바 제3취득자는 그의 권리를 경매절차상 매수인에게 대항하지 못하고, 나아가 그 명의로 경료된 소유권이전등기는 매수인이 인수하지 아니하는 부동산의 부담에 관한 기입에 해당하므로(민사집행법 제144조 제1항 제2호 참조) 매각대금이 완납되면 직권으로 그 말소가 촉탁되어야 하는 것이어서, 결국 매각대금 완납 당시 소유자가 누구인지는 이 문제맥락에서 별다른 의미를 가질 수 없다는 점 등을 고려하여 보면 더욱 그러하다. 한편 강제경매개시결정 이전에 가압류가 있는 경우에는, 그 가압류가 강제경매개시결정으로 인하여 본압류로 이행되어 가압류집행이 본집행에 포섭됨으로써 당초부터 본집행이 있었던 것과 같은 효력이 있다. 따라서 경매의 목적이 된 부동산에 대하여 가압류가 있고 그것이 본압류로 이행되어 경매절차가 진행된 경우에는, 애초 가압류가 효력을 발생하는 때를 기준으로 토지와 그 지상 건물이 동일인에 속하였는지를 판단하여야 한다.
대법원 2012.10.18. 선고 2010다52140 전원합의체 판결

토지 또는 그 지상 건물의 소유권이 강제경매로 인하여 그 절차상의 매수인에게 이전되는 경우에는 그 매수인이 소유권을 취득하는 매각대금의 완납 시가 아니라 강제경매개시결정으로 압류의 효력이 발생하는 때를 기준으로 토지와 지상 건물이 동일인에게 속하였는지에 따라 관습상 법정지상권의 성립 여부를 가려야 하고, 강제경매의 목적이 된 토지 또는 그 지상 건물에 대하여 강제경매개시결정 이전에 가압류가 되어 있다가 그 가압류가 강제경매개시결정으로 인하여 본압류로 이행되어 경매절차가 진행된 경우에는 애초 가압류의 효력이 발생한 때를 기준으로 토지와 그 지상 건물이 동일인에 속하였는지에 따라 관습상 법정지상권의 성립 여부를 판단하여야 한다. 나아가 강제경매의 목적이 된 토지 또는 그 지상 건물에 관하여 강제경매를 위한 압류나 그 압류에 선행한 가압류가 있기 이전에 저당권이 설정되어 있다가 그 후 강제경매로 인해 그 저당권이 소멸하는 경우에는, 그 저당권 설정 이후의 특정 시점을 기준으로 토지와 그 지상 건물이 동일인의 소유에 속하였는지에 따라 관습상 법정지상권의 성립 여부를 판단하게 되면, 저당권자로서는 저당권 설정 당시를 기준으로 그 토지나 지상 건물의 담보가치를 평가하였음에도 저당권 설정 이후에 토지나 그 지상 건물의 소유자가 변경되었다는 외부의 우연한 사정으로 인하여 자신이 당초에 파악하고 있던 것보다 부당하게 높아지거나 떨어진 가치를 가진 담보를 취득하게 되는 예상하지 못한 이익을 얻거나 손해를 입게 되므로, 그 저당권 설정 당시를 기준으로 토지와 그 지상 건물이 동일인에게 속하였는지에 따라 관습상 법정지상권의 성립 여부를 판단하여야 한다.
대법원 2013.4.11 선고 2009다62059 판결

민법 제366조 의 법정지상권은 저당권 설정 당시에 동일인의 소유에 속하는 토지와 건물이 저당권의 실행에 의한 경매로 인하여 각기 다른 사람의 소유에 속하게 된 경우에 건물의 소유를 위하여 인정되는 것으로서, 이는 동일인의 소유에 속하는 토지 및 그 지상 건물에 대하여 공동저당권이 설정되었으나 그중 하나에 대하여만 경매가 실행되어 소유자가 달라지게 된 경우에도 마찬가지이다. 다만

위와 같이 공동저당권이 설정된 후 그 지상 건물이 철거되고 새로 건물이 신축되어 두 건물 사이의 동일성이 부정되는 결과 공동저당권자가 신축건물의 교환가치를 취득할 수 없게 되었다면, 공동저당권자의 불측의 손해를 방지하기 위하여, 특별한 사정이 없는 한 저당물의 경매로 인하여 토지와 그 신축건물이 다른 소유자에 속하게 되더라도 그 신축건물을 위한 법정지상권은 성립하지 않는다고 볼 것이나, 토지와 함께 공동근저당권이 설정된 건물이 그대로 존속함에도 불구하고 사실과 달리 등기부에 멸실의 기재가 이루어지고 이를 이유로 등기부가 폐쇄된 경우, 저당권자로서는 멸실 등으로 인하여 폐쇄된 등기기록을 부활하는 절차 등을 거쳐 건물에 대한 저당권을 행사하는 것이 불가능한 것이 아닌 이상 저당권자가 건물의 교환가치에 대하여 이를 담보로 취득할 수 없게 되는 불측의 손해가 발생한 것은 아니라고 보아야 하므로, 그 후 토지에 대하여만 경매절차가 진행된 결과 토지와 건물의 소유자가 달라지게 되었다면 그 건물을 위한 법정지상권은 성립한다 할 것이고, 단지 건물에 대한 등기부가 폐쇄되었다는 사정만으로 건물이 멸실된 경우와 동일하게 취급하여 법정지상권이 성립하지 아니한다고 할 수는 없다.
대법원 2013.3.14 선고 2012다108634 판결

(나) 토지와 건물 중 어느 하나가 매매 기타의 원인으로 처분되어 토지소유자와 건물소유자가 다르게 되었을 것.

* 소유자가 다르게 되려면 토지 또는 건물에 대하여 소유권이전등기를 경료하여야 한다.

* 판례가 들고 있는 사유로는 매매, 증여, 귀속재산의 불하, 강제경매, 공유물의 분할, 국세징수법에 의한 공매 등이다.

(다) 당사자 사이에 건물을 철거한다는 특약이 없었을 것

(라) 등기
등기는 성립요건이 아니다. 다만 제3자에게 법정지상권을 전득시키려면 등기를 하여야 한다.

토지 또는 건물이 동일한 소유자에게 속하였다가 건물 또는 토지가 매매 기타 원인으로 인하여 양자의 소유자가 다르게 된 때에 그 건물을 철거하기로 하는 합의가 있었다는 등 특별한 사정이 없는 한 건물소유자는 토지소유자에 대하여 그 건물을 위한 관습상의 지상권을 취득하게 되고, 건물을 철거하기로 하는 합의가 있었다는 등의 특별한 사정의 존재에 관한 주장입증책임은 그러한 사정의 존재를 주장하는 쪽에 있다.

관습상의 지상권은 법률행위로 인한 물권의 취득이 아니고 관습법에 의한 부동산물권의 취득이므로 등기를 필요로 하지 아니하고 지상권취득의 효력이 발생하고 이 관습상의 법정지상권은 물권으로서의 효력에 의하여 이를 취득할 당시의 토지소유자나 이로부터 소유권을 전득한 제3자에게 대하여도 등기 없이 위 지상권을 주장할 수 있다.

법정지상권을 취득한 건물소유자가 법정지상권의 설정등기를 경료함이 없이 건물을 양도하는 경우에는 특별한 사정이 없는 한 건물과 함께 지상권도 양도하기로 하는 채권적 계약이 있었다고 할 것이므로 법정지상권자는 지상권설정등기를 한 후에 건물양수인에게 이의 양도등기절차를 이행하여 줄 의무가 있는 것이고 따라서 건물양수인은 건물양도인을 순차대위하여 토지소유자에 대하여 건물소유자였던 최초의 법정지상권자에의 법정지상권설정등기절차이행을 청구할 수 있다.

법정지상권을 가진 건물소유자로부터 건물을 양수하면서 지상권까지 양도받기로 한 사람에 대하여 대지소유자가 소유권에 기하여 건물철거 및 대지의 인도를 구하는 것은 지상권의 부담을 용인하고 그 설정등기절차를 이행할 의무 있는 자가 그 권리자를 상대로 한 청구라 할 것이어서 신의성실의 원칙상 허용될 수 없다.

대법원 1988.9.27. 선고 87다카279 판결

라. 분묘기지권

1) 의의

타인의 토지 위에 분묘를 소유하기 위한 지상권 유사의 물권을 분묘기지권이라 한다(판례에 의해 인정).

타인의 토지에 분묘를 설치한 자가 그 분묘를 소유하기 위하여 분묘의 기지 부분과 분묘의 수호 및 제사에 필요한 범위 내에서 분묘의 기지 주위의 공지를 포함한 지역의 타인 소유의 토지를 사용하는 것을 내용으로 하는 지상권 유사의 관습상의 물권이다.

2) 성립요건

* 타인 소유의 토지에 그 소유자의 승낙을 얻어 분묘를 설치한 경우

> 분묘의 기지인 토지가 분묘소유권자 아닌 다른 사람의 소유인 경우에 그 토지 소유자가 분묘소유자에 대하여 분묘의 설치를 승낙한 때에는 그 분묘의 기지에 대하여 분묘소유자를 위한 지상권 유사의 물권(분묘기지권)을 설정한 것으로 보아야 하므로, 이러한 경우 그 토지소유자는 분묘의 수호·관리에 필요한, 상당한 범위 내에서는 분묘기지가 된 토지부분에 대한 소유권의 행사가 제한될 수밖에 없다.
> 대법원 2000.9.26. 선고 99다14006 판결

* 자기 소유 토지에 분묘를 설치하고 이 토지를 타인에게 양도한 경우
관습법상의 법정지상권 법리를 유추적용

* 타인 소유의 토지에 그의 승낙 없이 분묘를 설치한 자가 20년간 평온, 공연하게 그 분묘의 기지를 점유함으로써 지상권으로서의 분묘기지권을 시효취득하는 경우

> 타인 소유의 토지에 소유자의 승낙 없이 분묘를 설치한 경우에는 20년간 평온, 공연하게 그 분묘의 기지를 점유하면 지상권 유사의 관습상의 물권인 분묘기지권을 시효로 취득하는데, 이러한 분묘기지권은 봉분 등 외부에서 분묘의 존재를 인식할 수 있는 형태를 갖추고 있는 경우에 한하여 인정되고, 평장되어 있거나 암장되어 있어 객관적으로 인식할 수 있는 외형을 갖추고 있지 아니한 경우에는 인정되지 않으므로, 이러한 특성상 분묘기지권은 등기 없이 취득한다.
> 대법원 1996.6.14. 선고 96다14036 판결

* 시신이 안장되어 있어야 한다.

현재 시신이 안장되어 있지 아니한 장래 묘소로서 외형상 분묘의 형태만 갖추었을 뿐인 경우에는 실제 분묘라 할 수 없으니 그 소유를 위하여 지상권 유사의 물권이 생길 수 없다.
대법원 1976.10.26. 선고 76다1359,1360 판결

3) 권리의 내용

* 분묘기지권의 보호

분묘가 침해당한 때에는 분묘 소유자는 그 침해의 배제를 청구할 수 있다.

분묘의 수호 관리나 봉제사에 대하여 현실적으로 또는 관습상 호주상속인인 종손이 그 권리를 가지고 있다면 그 권리는 종손에게 전속하는 것이고 종손이 아닌 다른 후손이나 종중에서 관여할 수는 없다고 할 것이나, 공동선조의 후손들로 구성된 종중이 선조 분묘를 수호 관리하여 왔다면 분묘의 수호 관리권 내지 분묘기지권은 종중에 귀속한다고 할 것이다.
대법원 2007.6.28. 선고 2005다44114 판결

분묘의 기지라 함은 분봉의 기지만이 아니고 적어도 분묘의 보호 및 제사에 필요한 주위의 공지를 포함한 지역을 가리키므로 그 기지의 소유자라 하더라도 그 지상에 적법하게 존재하는 타인의 기주주변을 침범하여 공작물 등을 설치할 수 없다.
대법원 1959.10.8. 선고 4291민상770

* 효력범위

분묘를 수호하고 봉사(奉祀)하는 목적을 달성하는 데 필요한 범위 내.

동일 종손이 소유·관리하는 여러 기의 분묘가 집단설치된 경우 그 분묘기지권이 미치는 지역은 그 종손이 그 일단의 전분묘를 보전수호하여 묘참배에 소요되는 범위를 참작하여 포괄적으로 정하는 것이 위 물권의 효력을 인정하는 관습의 취지라고 해석되는 것이다.

위의 경우 인정되는 분묘기지권은 그 집단된 전분묘의 보전수호를 위한 것이므로, 그 분묘기지권에 기하여 보전되어 오던 분묘들 가운데 일부가 그 분묘기지권이 미치는 범위 내에서 이장되었다면, 그 이장된 분묘를 위하여서도 그 분묘기지권의 효력이 그대로 유지된다고 보아야 할 것이고, 다만 그 이장으로 인하여 더 이상 분묘수호와 봉제사에 필요 없게 된 부분이 생겨났다면 그 부분에 대한 만큼은 분묘기지권이 소멸한다고 할 것이다.

분묘기지권은 분묘를 수호하고 봉제사하는 목적을 달성하는 데 필요한 범위 내에서 타인의 토지를 사용할 수 있는 권리를 의미하는 것으로서, 분묘기지권은 분묘의 기지 자체 뿐만 아니라 그 분묘의 설치목적인 분묘의 수호 및 제사에 필요한 범위 내에서 분묘의 기지 주위의 공지를 포함한 지역에까지 미치는 것이고, 그 확실한 범위는 각 구체적인 경우에 개별적으로 정하여야 할 것이며, 매장 및 묘지등에관한법률 제4조 제1항 후단 및 같은법 시행령 제2조 제2항의 규정이 분묘의 점유면적을 1기당 20제곱미터로 제한하고 있으나, 여기서 말하는 분묘의 점유면적이라 함은 분묘의 기지면적만을 가리키며 분묘기지 외에 분묘의 수호 및 제사에 필요한 분묘기지 주위의 공지까지 포함한 묘지면적을 가리키는 것은 아니므로 분묘기지권의 범위가 위 법령이 규정한 제한면적 범위 내로 한정되는 것은 아니라 할 것이다.

대법원 1994.12.23. 선고 94다15530

분묘기지권에는 그 효력이 미치는 지역의 범위 내라고 할지라도 기존의 분묘 외에 새로운 분묘를 신설할 권능은 포함되지 아니하는 것이므로, 부부 중 일방이 먼저 사망하여 이미 그 분묘가 설치되고 그 분묘기지권이 미치는 범위 내에서 그 후에 사망한 다른 일방을 단분(단분)형태로 합장하여 분묘를 설치하는 것도 허용되지 않는다.

대법원 2001.8.21. 선고 2001다28367 판결

* 존속기간

존속기간의 약정이 없는 경우에는 권리자가 분묘의 수호와 봉사를 계속하는 동안 분묘기지권도 존속한다.

> 토지소유자의 승낙을 얻어 분묘가 설치된 경우 분묘소유자는 분묘기지권을 취득하고, 분묘기지권의 존속기간에 관하여는 당사자 사이에 약정이 있는 등 특별한 사정이 있으면 그에 따를 것이나, 그러한 사정이 없는 경우에는 권리자가 분묘의 수호와 봉사를 계속하며 그 분묘가 존속하고 있는 동안 존속한다고 해석함이 타당하다. 또, 분묘가 멸실된 경우라고 하더라도 유골이 존재하여 분묘의 원상회복이 가능하여 일시적인 멸실에 불과하다면 분묘기지권은 소멸하지 않고 존속하고 있다고 해석함이 상당하다.
>
> 대법원 2007.6.28. 선고 2005다44114 판결

* 공시방법

분묘 자체가 공시의 기능을 하고 있기 때문에 등기는 요구되지 않는다.

분묘가 평장되거나 암장된 경우에는 분묘기지권을 취득할 수 없다.

> 분묘기지권은 봉분 등 외부에서 분묘의 존재를 인식할 수 있는 형태를 갖추고 있는 경우에 한하여 인정되고, 평장되어 있거나 암장되어 있어 객관적으로 인식할 수 있는 외형을 갖추고 있지 아니한 경우에는 인정되지 않으므로, 이러한 특성상 분묘기지권은 등기 없이 취득한다.
>
> 대법원 1996.6.14. 선고 96다14036 판결

Ⅲ. 지역권[2)]

일정한 목적을 위하여 타인의 토지를 자기의 토지의 편익에 이용하는 부동산 용익물권의 일종이다.
타인의 토지를 통행하거나, 그 토지를 거쳐 물을 끌어오는 경우, 일조 또는 조망을 위한 지역권도 있다.
편익을 얻는 토지를 요역지라하고, 편익을 제공하는 토지를 승역지라고 한다.
지역권은 요역지의 이용가치를 높이기 위하여 승역지를 이용할 수 있는 권리이다.

Ⅳ. 전세권

1. 기초관계

* 전세권은 전세금을 지급하고 타인의 부동산을 점유하여 그 부동산의 용도에 좇아 사용, 수익하는 용익물권으로서 전세권이 소멸하면 목적부동산으로부터 전세권자는 전세금의 우선변제를 받을 수 있다.
입법례를 찾을 수 없는 우리나라의 특유제도임.

* 전세제도는 목적물의 임대차와 전세금의 이자부 소비대차가 결합한 제도.
타인의 부동산을 사용, 수익한다는 점에서 용익물권적 기능.
전세금반환 확보를 위한 담보물권적 기능(부동산 질권이라고 할 수도 있다).

* 등기여부에 따라 채권적 전세와 구별.
채권적 전세의 경우 주택임대차보호법이나 상가건물임대차보호법이 적용되고 민법상 임대차 규정이 유추 적용됨.

---

2) 실무상 지역권이 문제되는 경우는 거의 없는바, 본저에서는 지역권의 개념에 대해서만 설시하기로 한다.

> 전세권은 전세금을 지급하고 타인의 부동산을 점유하여 그 부동산의 용도에 좇아 사용·수익하며 그 부동산 전부에 대하여 후순위권리자 기타 채권자보다 전세금의 우선변제를 받을 권리를 내용으로 하는 물권이지만, 임대차는 당사자 일방이 상대방에게 목적물을 사용·수익하게 할 것을 약정하고 상대방이 이에 대하여 차임을 지급할 것을 약정함으로써 그 효력이 발생하는 채권계약으로서, 주택임차인이 주택임대차보호법 제3조 제1항의 대항요건을 갖추거나 민법 제621조의 규정에 의한 주택임대차등기를 마치더라도 채권계약이라는 기본적인 성질에 변함이 없다.
>
> 주택임차인이 그 지위를 강화하고자 별도로 전세권설정등기를 마쳤더라도 주택임차인이 주택임대차보호법 제3조 제1항의 대항요건을 상실하면 이미 취득한 주택임대차보호법상의 대항력 및 우선변제권을 상실한다.
>
> 대법원 2007.6.28. 선고 2004다69741 판결

2. 전세권의 성질

* 타물권 : 전세권은 타인의 부동산을 목적으로 하는 제한물권이다.
목적물은 부동산이다 : 다만 농경지는 제외(303조 2항)

* 용익물권 : 전세권은 목적물을 경제적 목적에 적합하도록 사용, 수익하는 것
지상권과 동일한 목적(건물 기타 공작물이나 수목을 소유하기 위하여...)을 위하여 전세권을 설정하는 것도 가능하다.

* 담보물권 : 전세권자는 전세금에 관하여 우선변제권을 갖는다.
후순위 권리자 기타 채권자보다 우선변제를 받을 권리(303조 1항)전세권설정자가 전세금반환을 지체한 때에는 전세권자는 전세권의 목적물을 경매청구(담보물권의 실행)할 수 있다.
전세권은 담보물권성을 갖는다.

3. 전세권의 취득

가. 취득사유

* 전세권설정자와 전세권자 사이의 설정계약과 등기에 의해 전세권 취득

목적물의 인도는 성립요건이 아니다 : 목적물의 인도 전이라도 전세권취득이 가능

담보목적의 경우 목적물 인도는 불요.

전세금의 지급 : 전세금 지급은 전세권의 요소를 이루므로 약정된 전세금의 지급이 있어야 전세권이 성립한다.

* 전세권의 양도와 상속에 의한 취득

* 전세 목적물의 양도 경우

전세목적물이 양도된 경우 전세권관계가 양도인과 전세권자 사이에 지속되는가, 아니면 양수인과 전세권자 사이에 지속되는가?

양수인이 전세권설정자의 지위를 승계한 것으로 본다(판례).

채권전세인 경우 대항요건을 갖추는 경우에 한해 양수인이 지위를 승계(주택임대차보호법 제3조 제3항).

> 전세권이 성립한 후 전세목적물의 소유권이 이전된 경우 민법이 전세권 관계로부터 생기는 상환청구, 소멸청구, 갱신청구, 전세금증감청구, 원상회복, 매수청구 등의 법률관계의 당사자로 규정하고 있는 전세권설정자 또는 소유자는 모두 목적물의 소유권을 취득한 신 소유자로 새길 수밖에 없다고 할 것이므로, 전세권은 전세권자와 목적물의 소유권을 취득한 신 소유자 사이에서 계속 동일한 내용으로 존속하게 된다고 보아야 할 것이고, 따라서 목적물의 신 소유자는 구 소유자와 전세권자 사이에 성립한 전세권의 내용에 따른 권리의무의 직접적인 당사자가 되어 전세권이 소멸하는 때에 전세권자에 대하여 전세권설정자의 지위에서 전세금 반환의무를 부담하게 된다.

대법원 2006.5.11. 선고 2006다6072 판결
※ 전세권과 분리된 전세금반환채권은 무담보 채권임.

나. 전세금

1) 전세권의 요소

전세금은 전세권을 설정할 때 전세권자가 전세권설정자에게 교부하되 전세권의 소멸과 동시에 전세권설정자가 반환하여야 할 금원이다.

전세금은 등기하여야 하며 등기된 액에 한하여 제3자에게 대항할 수 있다.

2) 전세금의 성질

* 사용대가로서의 성질

목적 부동산 사용의 대가이다.

전세권자는 전세금을 지급하는 것으로 족하고, 목적물을 사용, 수익하는 대가를 따로이 지급할 필요가 없다.

전세권 설정자도 사용대가를 일정한 기간을 두고 따로이 정기적으로 추심하는 대신에 전세금의 이자로 차임이나 지료에 충당한다.

* 보증금의 성질

전세금은 목적 부동산의 훼손, 멸실로 인한 손해배상채무를 담보하는 의미를 갖는다.

* 신용수수의 수단으로서의 성질

전세권설정자는 그의 부동산을 담보로 신용을 얻고 전세권자는 신용을 제공하여 목적 부동산을 유치, 사용하는 것이므로 부동산질권의 실질을 갖는다.

전세권이 용익물권적 성격과 담보물권적 성격을 겸비하고 있다는 점 및 목적물의 인도는 전세권의 성립요건이 아닌 점 등에 비추어 볼 때, 당사자가 주로 채권담보의 목적으로 전세권을 설정하였고, 그 설정과 동시에 목적물을 인도하지 아니한 경우라 하더라도, 장차 전세권자가 목적물을 사용·수익하는 것을 완전히 배제하는 것이 아니라면, 그 전세권의 효력을 부인할 수는 없다 할 것이고, 한편 전세금의 지급은 전세권 성립의 요소가 되는 것이지만 그렇다고 하여 전세금의 지급이 반드시 현실적으로 수수되어야만 하는 것은 아니고 기존의 채권으로 전세금의 지급에 갈음할 수도 있다.

대법원 2009.1.30. 선고 2008다67217 판결

4. 전세권자의 권리의무

가. 사용, 수익할 권리

목적물을 용도에 좇아 사용, 수익할 권리 : 용도는 구체적으로 설정계약에 의해 결정되고, 용도에 따른 사용, 수익을 하지 않는 경우(ex : 주거용으로 전세권을 설정했는데 술집을 차리는 경우)에는 전세권설정자는 전세권의 소멸을 청구할 수 있다(311조).

나. 전세권자의 현상유지, 수선의무

전세권설정자는 소극적인 인용의무만을 부담할 뿐이고, 목적물을 사용, 수익에 적합한 상태에 둘 적극적인 의무는 부담하지 않는다.

전세권자는 목적물의 현상유지와 통상의 관리에 속한 수선을 해야 할 의무를 부담한다. 통상적 유지나 관리를 위하여 필요비를 지출하게 되면 전세권자는 반환을 청구하지 못한다.

채권적 전세나 임대차와는 다르다.

다. 점유권과 물권적 청구권

전세권자는 점유보호청구권을 행사할 수 있고 전세권에 기한 반환청구, 방해제거 청구, 방해예방청구를 할 수 있다.

5. 전세권의 처분

가. 처분의 자유

전세권자는 전세권을 타인에게 양도하거나 담보로 제공할 수 있고, 존속기간 내에 목적물을 타인에게 전전세 또는 임대할 수 있다.

나. 양도, 담보제공, 임대

전세권 양도의 합의가 있고 등기를 하여야 그 효력이 발생.
전세권의 존속기간 내에서는 전세 목적물을 임대할 수 있다.
전세권을 타인에게 담보로 제공할 수 있다(306조) : 전세권을 목적으로 할 수 있는 담보는 저당권뿐이다.

> 저당권이 설정된 전세권의 존속기간이 만료된 경우에 저당권자는 민법 제370조, 제342조 및 민사집행법 제273조에 의하여 저당권의 목적물인 전세권에 갈음하여 존속하는 것으로 볼 수 있는 전세금반환채권에 대하여 압류 및 추심명령 또는 전부명령을 받는 등의 방법으로 권리를 행사하여 전세권설정자에 대해 전세금의 지급을 구할 수 있고, 저당목적물의 변형물인 금전 기타 물건에 대하여 일반 채권자가 물상대위권을 행사하려는 저당채권자보다 단순히 먼저 압류나 가압류의 집행을 함에 지나지 않은 경우에는 저당권자는 그 전은 물론 그 후에도 목적채권에 대하여 물상대위권을 행사하여 일반 채권자보다 우선변제를 받을 수가 있으며, 위와 같이 전세권부 근저당권자가 우선권 있는 채권에 기하여 전부명령을 받은 경우에는 형식상 압류가 경합되었다 하더라도 그 전부명령은 유효하다.
> 대법원 2008.12.24. 선고 2008다65396 판결

전세권에 대하여 저당권이 설정된 경우 그 전세권이 기간만료로 종료되면 전세권을 목적으로 하는 저당권은 당연히 소멸된다.

대법원 2008.4.10. 선고 2005다47663 판결

다. 전세금반환청구권의 양도 : 전세권과 분리하여 전세금반환청구권을 양도할 수 있는가?

전세권이 존속하는 동안은 전세금반환청구권만을 전세권과 분리하여 확정적으로 양도하는 것은 허용되지 않는다. 그러나 전세권이 존속기간 만료로 소멸한 경우 및 전세권설정계약이 합의해제 된 경우와 전세권이 존속 중이더라도 장래 전세권의 소멸로 전세금반환청구권이 발생하는 것을 조건으로 하는 경우에는 허용된다.

전세권은 전세금을 지급하고 타인의 부동산을 그 용도에 따라 사용·수익하는 권리로서 전세금의 지급이 없으면 전세권은 성립하지 아니하는 등으로 전세금은 전세권과 분리될 수 없는 요소일 뿐 아니라, 전세권에 있어서는 그 설정행위에서 금지하지 아니하는 한 전세권자는 전세권 자체를 처분하여 전세금으로 지출한 자본을 회수할 수 있도록 되어 있으므로 전세권이 존속하는 동안은 전세권을 존속시키기로 하면서 전세금반환채권만을 전세권과 분리하여 확정적으로 양도하는 것은 허용되지 않는 것이며, 다만 전세권 존속 중에는 장래에 그 전세권이 소멸하는 경우에 전세금 반환채권이 발생하는 것을 조건으로 그 장래의 조건부 채권을 양도할 수 있을 뿐이라 할 것이다.

대법원 2002.8.23. 선고 2001다69122 판결

전세권이 담보물권적 성격도 가지는 이상 부종성과 수반성이 있는 것이므로 전세권을 그 담보하는 전세금반환채권과 분리하여 양도하는 것은 허용되지 않는다고 할 것이나, 한편 담보물권의 수반성이란 피담보채권의 처분이 있으면 언제나 담보물권도 함께 처분된다는 것이 아니라, 채권 담보라고 하는 담보물권 제도의 존재 목적에 비추어 볼 때 특별한 사정이 없는 한 피담보채권의 처분에는 담보물권의 처분도 포함된다고 보는 것이 합리적이라는 것일 뿐이므로, 전세권이 존속기간의

> 만료로 소멸한 경우이거나 전세계약의 합의해지 또는 당사자 간의 특약에 의하여 전세권반환채권의 처분에도 불구하고, 전세권의 처분이 따르지 않는 경우 등의 특별한 사정이 있는 때에는 채권양수인은 담보물권이 없는 무담보의 채권을 양수한 것이 된다.
>
> 대법원 1997.11.25. 선고 97다29790 판결

6. 전전세

가. 의의

전전세는 전세권자의 전세권은 그대로 존속, 유지하면서 그 전세권을 목적으로 하는 전세권을 다시 설정하는 것을 말한다.

전세권자는 설정행위로 전전세가 금지되어 있지 않는 한, 그의 전세권의 존속기간 내에서 전전세할 수 있다(306조).

나. 요건

전전세도 물권이므로 전전세설정 합의 외에 등기하여야 효력 발생

당사자는 원전세권자와 전전세권자이다 : 원전세권설정자의 동의는 불요

전전세권의 존속기간은 원전세권의 존속기간 내이어야 한다.

전전세에 있어서도 반드시 전세금의 지급을 요한다.

전전세권은 원전세권을 기초로 하고 있으므로 전전세의 전세금은 원전세의 전세금을 초과할 수 없다(이설 있음).

원전세권의 일부를 목적으로 하는 전전세권도 유효하다.

다. 효과

전전세권이 설정되더라도 원전세권은 소멸하지 않는다.

원전세권자는 전전세에 의해 제한되는 범위 한도에서 스스로 목적 부동산을 사

용, 수익하지 못한다.

원전세권자는 전전세 하지 않았으면 면할 수 있었던 불가항력으로 인한 손해에 대하여 그 책임을 부담한다(308조).

전전세권이 존속하는 기간 동안 원전세권자는 전전세의 기초가 되는 원전세권을 소멸시키지 못한다.

원전세권이 소멸하면 전전세권도 소멸한다.

전전세권이 소멸하는 때에는 전전세권자는 전전세권설정자에게 목적 부동산을 인도하고 전전세권설정자에게 말소등기에 필요한 서류를 교부함과 동시에 전전세금의 반환을 청구할 수 있다.

전전세권자는 원전세권자가 전전세금의 반환을 지체한 때에는 전전세권의 목적 부동산을 경매할 수 있다(318조) : 이 경매권은 원전세권도 소멸하고 원전세권설정자가 원전세권자에 대한 원전세금의 반환을 지체하고 있는 때에만 행사할 수 있다.

7. 전세권의 소멸

가. 소멸사유

1) 존속기간의 만료 등

존속기간이 만료, 혼동, 소멸시효, 전세권에 우선하는 저당권의 실행, 토지수용에 의해 소멸

2) 그 밖의 사유

* 전세권설정자의 소멸청구(311조)

전세권자가 전세권설정계약 또는 그 목적물의 성질에 의하여 정해진 용법으로 목적물을 사용, 수익하지 않는 경우에 전세권설정자는 소멸을 청구할 수 있다.

소멸청구권은 형성권이다(다수설) : 소멸청구권 행사로 인해 말소등기 없어도 당연히 전세권은 소멸한다(채권적 청구권설에 의하면 말소등기를 하여야 전세

권이 소멸하게 된다).

* 전세권의 소멸통고(313조)

전세권의 존속기간을 약정하지 않은 경우, 각 당사자는 언제든지 상대방에 대해 전세권의 소멸을 통고할 수 있다 : 이 통고가 있는 경우 6개월이 경과하면 전세권은 소멸한다(형성권).

* 목적부동산의 멸실

전부멸실의 경우 : 전세권이 소멸한다.

전세권자에게 책임 있는 사유로 멸실되면 손해배상책임.

일부멸실의 경우 : - 불가항력의 경우

잔존부분만으로 전세권의 목적을 달성할 수 있으면 전세권은 잔존부분에 존속(전세금은 감액), 목적 달성할 수 없으면 전세권자는 설정자에 대하여 전세권 전부의 소멸을 통고하고 전세금 반환을 청구(314조 2항) : 형성권임.

\- 귀책사유 있는 경우

전세권자의 귀책사유에 의한 일부멸실의 경우 잔존 부분만으로 목적을 달성할 수 없으면 전세권설정자 또는 전세권자는 소멸청구(형성권) : 전세금은 손해배상금에 충당 전세권이 존속하는 경우에도 전세금의 감액은 인정되지 않음.

* 전세권의 포기

존속기간을 약정하고 있더라도 전세권자는 자유로이 그의 전세권을 포기할 수 있으나 전세권이 제3자의 권리의 목적인 때에는 포기할 수 없다.

전세권을 포기해도 전세권설정자의 전세금반환의무는 기한의 이익을 갖고 있다고 보아야 할 것임.

나. 전세권 소멸의 효과

1) 동시이행

전세권설정자는 전세권자로부터 목적물의 인도 및 전세권설정등기의 말소등기에 필요한 서류를 교부받음과 동시에 전세금을 반환하여야 한다(317조) : 동시이행관계

> 전세권설정자는 전세권이 소멸한 경우 전세권자로부터 그 목적물의 인도 및 전세권설정등기의 말소등기에 필요한 서류의 교부를 받는 동시에 전세금을 반환할 의무가 있을 뿐이므로, 전세권자가 그 목적물을 인도하였다고 하더라도 전세권설정등기의 말소등기에 필요한 서류를 교부하거나 그 이행의 제공을 하지 아니하는 이상, 전세권설정자는 전세금의 반환을 거부할 수 있고, 이 경우 다른 특별한 사정이 없는 한 그가 전세금에대한 이자 상당액의 이득을 법률상 원인 없이 얻는다고 볼 수 없다.
>
> 대법원 2002.2.5. 선고 2001다62091 판결

2) 전세금의 우선변제권(303조1항)

* 대항력이 없는 일반채권자에 대해서는 언제나 우선.

* 대항력이 있는 채권(등기 있는 임차권, 주택임대차보호법과 상가건물임대차보호법상의 대항력을 갖춘 임차인)과는 순위에 의하여 해결.

* 저당권과 경합하는 경우 : 설정등기 순위에 따름.
  뒤에 설정된 저당권에 의한 경매의 경우에는 먼저 설정된 전세권은 소멸하지 않는다.

* 우선변제권의 실행방법 : 전세권설정자가 전세금반환을 지체하면 경매 신청.
  일반채권자의 강제집행이나 담보권의 실행이 있는 경우 배당에 참가하여 우선변제를 받거나 경락매수인이 전세권의 부담을 인수.

3) 부속물수거권

전세권이 소멸한 때에는 전세권자는 그 목적물을 원상대로 회복하여야 하고, 그 목적물에 부속시킨 물건을 수거할 수 있다. 그러나 전세권설정자가 그 부속물의 매수를 청구한 때에는 그러하지 않다.

4) 부속물매수청구권

전세권이 소멸하면 설정자는 언제든지 부속물의 매수를 청구할 수 있다.
설정자의 동의를 얻어 부속시킨 경우이거나 설정자로부터 매수한 경우에는 전세권자는 설정자에 대해 부속물의 매수를 청구할 수 있다.

5) 유익비상환청구권

전세권자는 목적물의 현상유지와 수선의무가 있으므로 필요비 청구는 불가하지만 유익비의 경우에는 전세권설정자의 선택에 좇아 그 지출액이나 증가액의 상환을 청구할 수 있다.

제 7 장

담보물권

제7장 담보물권

Ⅰ. 기초관계

1. 담보물권의 기초

채무자가 채무를 이행하지 않은 경우에 채권자는 채무자의 일반재산에 대해 강제집행을 함으로써 채권 만족을 얻을 수 있다.

채권의 만족을 확실하게 하기 위한 수단으로서 담보제도가 등장.

인적담보 : 채무자의 재산뿐만 아니라 제3자의 책임재산도 추가하는 방법에 의한 담보(연대, 보증채무)제도.

물적담보 : 책임재산을 이루고 있는 재화 중 어느 특정의 재화를 가지고 담보에 충당하는 제도(각종의 담보물권).

* 물적 담보제도의 유형

1) 제한물권법리에 의한 경우

- 법정담보물권 : 일정한 요건을 갖춘 경우 법률의 규정에 의하여 당연히 성립하는 담보물권.

  유치권, 법정질권(648,650), 법정저당권(649,666), 우선특권 임금

  채권 : 최종 3월분은 담보물권에 우선, 기타 임금채권은 일반채권에 우선, 임대차보증금 : 확정일자 받으면 후순위담보권자보다 우선, 소액보증금은 다른 담보권자보다 우선)

- 약정담보물권 : 질권, 저당권, 전세권

2) 소유권이전법리에 의한 경우

환매, 재매매예약, 양도담보, 대물변제예약, 소유권유보부매매

3) 전형성에 따른 분류

- 전형담보 : 유치권, 질권, 저당권
- 비전형담보 : 양도담보, 가등기담보 등

* 담보물권의 특성

1) **부종성** : 담보물권은 피담보채권의 존재를 전제로 하여서만 존재할 수 있다. 채권이 소멸하면 담보물권도 소멸.
질권과 저당권의 경우에는 부종성이 다소 완화된다 : 근질, 근저당권
유치권은 부종성이 엄격히 적용

2) **수반성** : 피담보채권이 그 동일성을 유지하면서 상속, 양도 기타의 이유로 이전하게 되면 담보물권도 역시 그에 따라 이전한다.

3) **물상대위성** : 담보물권의 목적물이 멸실, 훼손, 공용징수됨으로써 그 목적물에 갈음하는 금전 기타의 물건으로 변하여 목적물의 소유자에게 귀속하게 된 경우에 담보물권은 그 목적물에 갈음하는 금전, 기타의 물건에 대해서도 역시 존속.

4) **불가분성** : 담보물권자는 피담보채권의 전부의 변제를 받을 때까지 목적물 전부에 대하여 권리를 행사할 수 있다.

* 담보물권의 효력

1) 우선변제적 효력

질권, 저당권에 인정되는 효력이다. 채권의 변제를 받지 못한 때에 채권자가 목적물을 환가해서 다른 채권자보다 우선하여 변제받을 수 있는 효력.

2) 유치적 효력

채권담보를 위해서 목적물을 유치하여 채무변제를 간접적으로 강제하는 효력이다. 유치권, 질권에 인정되는 효력.

2. 담보물권의 실행

가. 강제경매와 임의경매

강제경매 : 채권자가 채무자에 대해 갖고 있는 확정판결 등과 같은 집행권원에 기초하여 채무자 소유의 일반재산을 강제집행의 일환으로 행하는 경매.

임의경매 : 채무자가 변제기일까지 변제하지 않을 경우 담보물권인 저당권과 질권, 전세권 등의 실행으로 진행하는 경매.

임의경매는 전세권, 질권, 저당권 등 담보물권이 가지는 우선변제권을 실현하기 위하여 행해지는 경매와 유치권 등에 의한 경매와 같이 우선 변제권이 없지만 물건을 현금으로 환가하기 위해 행해지는 경매로 나뉜다.

나. 부동산에 대한 담보권실행을 위한 경매

담보권실행을 위한 경매절차 : 경매신청 → 경매개시결정(압류) → 매각 → 배당

* 경매신청 : 채권자는 부동산 소재지의 지방법원(전속관할)에 별지목록 기재 부동산에 관하여 경매절차를 개시하고 채권자를 위하여 이를 압류한다는 재판을 구한다는 취지의 부동산임의경매신청서를 제출함으로써 경매신청을 한다.

* 경매개시결정 : 집행법원의 사무를 처리하는 사법보좌관이 경매개시결정을 내린다. 경매절차를 개시하는 결정에는 동시에 그 부동산의 압류를 명하여야 한다(민사집행법 제83조 제1항).

경매개시결정을 하면 법원사무관등은 즉시 그 사유를 등기부에

기입하도록 등기관에게 촉탁하여야 하고, 등기관은 그 촉탁에 따라 경매개시결정사유를 기입하여야 한다(민사집행법 제94조). 압류는 경매개시결정이 채무자에게 송달된 때 또는 압류등기가 된 때 중에서 먼저 이루어진 때에 그 효력이 생긴다.

* 현황조사 : 법원은 경매개시결정을 한 뒤에 집행관에게 부동산의 현상, 점유관계, 차임 또는 보증금의 액수, 그 밖의 현황에 관하여 조사하도록 명하여야 한다(민사집행법 제85조 제1항).

* 잉여주의 : 압류채권자의 채권에 우선하는 채권에 관한 부동산의 부담을 매수인에게 인수하게 하거나, 매각대금으로 그 부담을 변제하는 데 부족하지 아니하다는 것이 인정된 경우가 아니면 그 부동산을 매각하지 못한다(민사집행법 제91조 제1항).

* 소멸주의 : 매각부동산 위의 모든 저당권은 매각으로 소멸된다(위 같은 조 제2항). 지상권·지역권·전세권 및 등기된 임차권은 저당권·압류채권·가압류채권에 대항할 수 없는 경우에는 매각으로 소멸된다(위 같은 조 제3항)

* 인수주의 : 지상권·지역권·전세권 및 등기된 임차권이 저당권·압류채권·가압류채권에 대항할 수 있는 경우에는 매수인이 인수한다. 다만, 그 중 전세권의 경우에는 전세권자가 배당요구를 하면 매각으로 소멸된다(위 같은 조 제4항).
매수인은 유치권에게 그 유치권으로 담보하는 채권을 변제할 책임이 있다(위 같은 조 제5항)

민법 제322조 제1항에 의하여 실시되는 유치권에 의한 경매도 강제경매나 담보권 실행을 위한 경매와 마찬가지로 목적부동산 위의 부담을 소멸시키는 것을 법정매각조건으로 하여 실시되고 우선채권자뿐만 아니라 일반채권자의 배당요구도 허용되며, 유치권자는 일반채권자와 동일한 순위로 배당을 받을 수 있다고 봄이 상당하다. 다만 집행법원은 부동산 위의 이해관계를 살펴 위와 같은 법정매각조건과는 달리 매각조건 변경결정을 통하여 목적부동산 위의 부담을 소멸시키지 않고 매수인으로 하여금 인수하도록 정할 수 있다.

대법원 2011.6.15.자 2010마1059 결정, 대법원 2011.6.17.자 2009마2063 결정 등 참조

그런데 부동산에 관한 강제경매 또는 담보권 실행을 위한 경매절차에서의 매수인은 유치권자에게 그 유치권으로 담보하는 채권을 변제할 책임이 있고(민사집행법 제91조 제5항, 제268조), 유치권에 의한 경매절차는 목적물에 대하여 강제경매 또는 담보권 실행을 위한 경매절차가 개시된 경우에는 정지되도록 되어 있으므로(민사집행법 제274조 제2항), 유치권에 의한 경매절차가 정지된 상태에서 그 목적물에 대한 강제경매 또는 담보권 실행을 위한 경매절차가 진행되어 매각이 이루어졌다면, 유치권에 의한 경매절차가 소멸주의를 원칙으로 하여 진행된 경우와는 달리 그 유치권은 소멸하지 않는다고 봄이 상당하다.

대법원 2011.8.18. 선고 2011다35593 판결

* 매각절차 : 집행관은 최고가매수신고인의 성명과 그 가격을 부르고 차순위매수신고를 최고한 뒤, 적법한 차순위매수신고가 있으면 차순위매수신고인을 정하여 그 성명과 가격을 부른 다음 매각기일을 종결한다고 고지하여야 한다(민사집행법 제115조 제1항).

* 매각허가결정 : 매각허가결정에는 매각한 부동산, 매수인과 매각가격을 적고 특별한 매각조건으로 매각한 때에는 그 조건을 적어야 한다(민사집행법 제128조 제1항).

* 소유권취득시기 : 매수인은 매각대금을 다 낸 때에 매각의 목적인 권리를 취득한다(민사집행법 제135조).

* 배당절차 : 매수인이 매각대금을 지급하면 법원은 배당에 관한 진술 및 배당을 실시할 기일을 정하고 이해관계인과 배당을 요구한 채권자에게 이를 통지하여야 한다(민사집행법 제145조 제1항).
매각대금으로 배당에 참가한 모든 채권자를 만족하게 할 수 없는 때에는 법원은 민법·상법, 그 밖의 법률에 의한 우선순위에 따라 배당하여야 한다(위 같은 조 제2항).

다. 유치권 등에 의한 경매

유치권은 우선변제적 효력이 없으므로 유치권자가 민법 제322조 제1항(유치권자는 채권의 변제를 받기 위하여 유치물을 경매할 수 있다)에 의해 경매를 신청하는 경우 그 경매는 물건을 금전으로 환가하기 위한 경매인데, 이러한 경매도 담보권 실행을 위한 경매의 예에 따라 실시한다(민사집행법 제274조).

Ⅱ. 유치권

1. 유치권의 의의

타인의 물건 또는 유가증권을 점유한 자가 그 물건이나 유가증권에 관하여 생긴 채권을 가지고 있는 경우에 그 채권의 변제를 받을 때까지 그 물건 또는 유가증권을 유치함으로써 채무자의 변제를 간접적으로 강제하는 담보물권이다(320조1항).
타인의 물건을 수선한 경우, 임차인이 임차물에 가한 필요비나 유익비를 반환받아야 하는 경우에 유치권이 성립할 수 있다.

유치권은 해당물건에 관해서 생긴 채권의 채권자에게 법률상 당연히 주어지는 법정담보물권, 다만 우선변제권이 주어지지 않는다.
유치함으로써 사실상 우선변제를 받게 하는 것이다.

우리 법에서 유치권제도는 무엇보다도 권리자에게 그 목적인 물건을 유치하여 계속 점유할 수 있는 대세적 권능을 인정한다(민법 제320조 제1항, 민사집행법 제91조 제5항 등 참조). 그리하여 소유권 등에 기하여 목적물을 인도받고자 하는 사람(물건의 점유는 대부분의 경우에 그 사용수익가치를 실현하는 전제가 된다)은 유치권자가 가지는 그 피담보채권을 만족시키는 등으로 유치권이 소멸하지 아니하는 한 그 인도를 받을 수 없으므로 실제로는 그 변제를 강요당하는 셈이 된다. 그와 같이 하여 유치권은 유치권자의 그 채권의 만족을 간접적으로 확보하려는 것이다. 그런데 우리 법상 저당권 등의 부동산담보권은 이른바 비점유담보로서 그 권리자가 목적물을 점유함이 없이 설정되고 유지될 수 있고 실제로도 저당권자 등이 목적물을 점유하는 일은 매우 드물다. 따라서 어떠한 부동산에 저당권 또는 근저당권과 같이 담보권이 설정된 경우에도 그 설정 후에 제3자가 그 목적물을 점유함으로써 그 위에 유치권을 취득하게 될 수 있다. 이와 같이 저당권 등의 설정 후에 유치권이 성립한 경우에도 마찬가지로 유치권자는 그 저당권의 실행절차에서 목적물을 매수한 사람을 포함하여 목적물의 소유자 기타 권리자에 대하여 위와 같은 대세적인 인도거절권능을 행사할 수 있다. 따라서 부동산유치권은 대부분의 경우에 사실상 최우선순위의 담보권으로서 작용하여, 유치권자는 자신의 채권을 목적물의 교환가치로부터 일반채권자는 물론 저당권자 등에 대하여도 그 성립의 선후를 불문하여 우선적으로 자기 채권의 만족을 얻을 수 있게 된다. 이렇게 되면 유치권의 성립 전에 저당권 등 담보를 설정받고 신용을 제공한 사람으로서는 목적물의 담보가치가 자신이 애초 예상·계산하였던 것과는 달리 현저히 하락하는 경우가 발생할 수 있다. 이와 같이 유치권제도는 "시간에서 앞선 사람은 권리에서도 앞선다"는 일반적 법원칙의 예외로 인정되는 것으로서, 특히 부동산담보거래에 일정한 부담을 주는 것을 감수하면서 마련된 것이다.

유치권은 목적물의 소유자와 채권자와의 사이의 계약에 의하여 설정되는 것이 아니라 법이 정하는 일정한 객관적 요건(민법 제320조 제1항, 상법 제58조, 제91조, 제111조, 제120조, 제147조 등 참조)을 갖춤으로써 발생하는 이른바 법정담보물권이다. 법이 유치권제도를 마련하여 위와 같은 거래상의 부담을 감수하는 것은 유치권에 의하여 우선적으로 만족을 확보하여 주려는 그 피담보채권에 특별한 보호가치가 있다는 것에 바탕을 둔 것으로서, 그러한 보호가치는 예를 들어 민법 제320조 이하의 민사유치권의 경우에는 객관적으로 점유자의 채권과 그 목적물 사이에 특수한 관계(민법 제320조 제1항의 문언에 의하면 "그 물건에 관한 생긴 채권"일 것, 즉 이른바 '물건과 채권과의 견련관계'가 있는 것)가 있는 것에서 인정된다. 나아가 상법 제58조에서 정하는 상사유치권은 단지 상인 간의 상행위에 기하여 채권을 가지는 사람이 채무자와의 상행위(그 상행위가 채권 발생의 원인이 된 상행위일 것이 요구되지 아니한다)에 기하여 채무자 소유의 물건을 점유하는 것만으로 바로 성립하는 것으로서, 피담보채권의 보호가치라는 측면에서 보면 위와 같이 목적물과 피담보채권 사이의 이른바 견련관계를 요구하는 민사유치권보다 그 인정범위가 현저하게 광범위하다.

이상과 같은 사정을 고려하여 보면, 유치권제도와 관련하여서는 거래당사자가 유치권을 자신의 이익을 위하여 고의적으로 작출함으로써 앞서 본 유치권의 최우선순위담보권으로서의 지위를 부당하게 이용하고 전체 담보권질서에 관한 법의 구상을 왜곡할 위험이 내재한다. 이러한 위험에 대처하여, 개별 사안의 구체적인 사정을 종합적으로 고려할 때 신의성실의 원칙에 반한다고 평가되는 유치권제도 남용의 유치권 행사는 이를 허용하여서는 안 될 것이다.

채무자가 채무초과의 상태에 이미 빠졌거나 그러한 상태가 임박함으로써 채권자가 원래라면 자기 채권의 충분한 만족을 얻을 가능성이 현저히 낮아진 상태에서 이미 채무자 소유의 목적물에 저당권 기타 담보물권이 설정되어 있어서 유치권의 성립에 의하여 저당권자 등이 그 채권 만족상의 불이익을 입을 것을 잘 알면서 자기 채권의 우선적 만족을 위하여 위와 같이 취약한 재정적 지위에 있는 채무자와의 사이에 의도적으로 유치권의 성립요건을 충족하는 내용의 거래를 일으키고 그에 기하여 목적물을 점유하게 됨으로써 유치권이 성립하였다면, 유치권자가 그 유치권을 저당권자 등에 대하여 주장하는 것은 다른 특별한 사정이 없는 한 신의칙에 반하는 권리행사 또는 권리남용으로서 허용되지 아니한다. 그리고 저당권자 등은 경매절차 기타 채권실행절차에서 위와 같은 유치권을 배제하기 위하여 그 부존재의 확인 등을 소로써 청구할 수 있다고 할 것이다.

채무자 갑 주식회사 소유의 건물 등에 관하여 을 은행 명의의 1순위 근저당권이 설정되어 있었는데, 2순위 근저당권자인 병 주식회사가 갑 회사와 건물 일부에 관하여 임대차계약을 체결하고 건물 일부를 점유하고 있던 중 을 은행의 신청에 의하여 개시된 경매절차에서 유치권신고를 한 사안에서, 경매개시결정 기입등기가 마쳐지기 전에 임대차계약이 체결되어 병 회사가 건물 일부를 점유하고 있으며, 병 회사의 갑 회사에 대한 채권은 상인인 병 회사와 갑 회사 사이의 상행위로 인한 채권으로서 임대차계약 당시 이미 변제기에 도달하였고 상인인 병 회사가 건물 일부를 임차한 행위는 채무자인 갑 회사에 대한 상행위로 인한 것으로 인정되므로, 병 회사는 상사유치권자로서 갑 회사에 대한 채권 변제를 받을 때까지 유치목적물인 건물 일부를 점유할 권리가 있으나, 위 건물 등에 관한 저당권 설정 경과, 병 회사와 갑 회사의 임대차계약 체결 경위와 내용 및 체결 후의 정황, 경매에 이르기까지의 사정 등을 종합하여 보면, 병 회사는 선순위 근저당권자인 을 은행의 신청에 의하여 건물 등에 관한 경매절차가 곧 개시되리라는 사정을 충분히 인식하면서 임대차계약을 체결하고 그에 따라 유치목적물을 이전받았다고 보이므로, 병 회사가 선순위 근저당권자의 신청에 의하여 개시된 경매절차에서 유치권을 주장하는 것은 신의칙상 허용될 수 없다.

대법원 2011.12.22. 선고 2011다84298 판결

2. 유치권의 특질

* 유치권은 점유를 상실하면 소멸
* 유치물의 점유를 침탈당하면 점유물반환청구권을 행사할 수 있음
* 유치권은 동산 + 부동산에 대해서도 성립
* 유치권자는 경매권은 있어도 우선변제권이 없다.

3. 유치권의 성립

가. 목적물

유치권의 목적이 되는 물건은 동산, 부동산과 유가증권이다.

부동산유치권의 경우에는 등기를 요하지 않는다(187조).

나. 채권과 목적물과의 견련관계

채권이 유치권의 목적물에 관하여 생긴 것이어야 한다. 채권과 목적물 사이에 견

련관계가 있어야 한다.

견련관계와 관련하여 '관하여 생긴 것'이 무엇을 의미하는가?

> 유치권은 그 목적물에 관하여 생긴 채권이 변제기에 있는 경우에 성립하는 것이므로 아직 변제기에 이르지 아니한 채권에 기하여 유치권을 행사할 수는 없다고 할 것이다.
>
> 대법원 2007.9.21. 선고 2005다41740 판결

* 채권이 목적물 자체로부터 발생한 경우 : 목적물에 지출한 비용상환청구권, 목적물로부터 받은 손해에 대한 손해배상청구권(758조 공작물책임)이 발생한 경우 견련성 인정. 건축비채권, 수리비채권 등이 해당됨.

> 주택건물의 신축공사를 한 수급인이 그 건물을 점유하고 있고 또 그 건물에 관하여 생긴 공사금 채권이 있다면, 수급인은 그 채권을 변제받을 때까지 건물을 유치할 권리가 있다고 할 것이고, 이러한 유치권은 수급인이 점유를 상실하거나 피담보채무가 변제되는 등 특단의 사정이 없는 한 소멸되지 않는다.
>
> 대법원 1995.9.15. 선고 95다16202,95다16219 판결

* 채권이 목적물의 반환청구권과 동일한 법률관계 또는 동일한 사실관계로부터 발한 경우 : 물건의 매매계약이 취소된 경우, 서로 우연히 물건을 바꾸어간 경우와 같이 채권이 목적물의 인도의무와 동일한 법률관계 또는 사실관계로부터 생긴 경우에 견련성을 인정.

민법 제320조 제1항은 "타인의 물건 또는 유가증권을 점유한 자는 그 물건이나 유가증권에 관하여 생긴 채권이 변제기에 있는 경우에는 변제를 받을 때까지 그 물건 또는 유가증권을 유치할 권리가 있다."고 규정하고 있으므로, 유치권의 피담보채권은 '그 물건에 관하여 생긴 채권'이어야 한다.

갑이 건물 신축공사 수급인인 을 주식회사와 체결한 약정에 따라 공사현장에 시멘트와 모래 등의 건축자재를 공급한 사안에서, 갑의 건축자재대금채권은 매매계약에 따른 매매대금채권에 불과할 뿐 건물 자체에 관하여 생긴 채권이라고 할 수는 없음에도 건물에 관한 유치권의 피담보채권이 된다고 본 원심판결에 유치권의 성립요건인 채권과 물건 간의 견련관계에 관한 법리오해의 위법이 있다고 한 사례.

대법원 2012.1.26. 선고 2011다96208 판결

부동산 매도인이 매매대금을 다 지급받지 아니한 상태에서 매수인에게 소유권이전등기를 마쳐주어 목적물의 소유권을 매수인에게 이전한 경우에는, 매도인의 목적물인도의무에 관하여 동시이행의 항변권 외에 물권적 권리인 유치권까지 인정할 것은 아니다. 왜냐하면 법률행위로 인한 부동산물권변동의 요건으로 등기를 요구함으로써 물권관계의 명확화 및 거래의 안전·원활을 꾀하는 우리 민법의 기본정신에 비추어 볼 때, 만일 이를 인정한다면 매도인은 등기에 의하여 매수인에게 소유권을 이전하였음에도 매수인 또는 그의 처분에 기하여 소유권을 취득한 제3자에 대하여 소유권에 속하는 대세적인 점유의 권능을 여전히 보유하게 되는 결과가 되어 부당하기 때문이다. 또한 매도인으로서는 자신이 원래 가지는 동시이행의 항변권을 행사하지 아니하고 자신의 소유권이전의무를 선이행함으로써 매수인에게 소유권을 넘겨 준 것이므로 그에 필연적으로 부수하는 위험은 스스로 감수하여야 한다. 따라서 매도인이 부동산을 점유하고 있고 소유권을 이전받은 매수인에게서 매매대금 일부를 지급받지 못하고 있다고 하여 매매대금채권을 피담보채권으로 매수인이나 그에게서 부동산 소유권을 취득한 제3자를 상대로 유치권을 주장할 수 없다.

대법원 2012.1.12. 자 2011마2380 결정

* 견련관계가 인정되는 경우

1) 물건으로 인한 손해배상청구권 - 이웃에 공이 날아들어 유리창을 깬 경우
2) 물건에 관한 채권 - 비용상환청구권

* 견련관계가 부인되는 경우

1) 임차보증금 또는 권리금의 반환채권

> 임대인과 임차인 사이에 건물명도시 권리금을 반환하기로 하는 약정이 있었다 하더라도 그와 같은 권리금반환청구권은 건물에 관하여 생긴 채권이라 할 수 없으므로 그와 같은 채권을 가지고 건물에 대한 유치권을 행사할 수 없다.
> 대법원 1994.10.14. 선고 93다62119 판결

2) 임차인이 부속물매수청구권을 행사한 경우에 부속물매수대금채권과 건물 또는 건물의 부지인 대지의 반환의무 상호간
3) 이중매매 또는 타인의 물건의 매매로 인한 손해배상청구권
4) 계약명의신탁에서 명의신탁자가 명의수탁자에 대해 갖는 부당이득반환청구권

> 명의신탁자와 명의수탁자가 이른바 계약명의신탁약정을 맺고 명의수탁자가 당사자가 되어 명의신탁약정이 있다는 사실을 알지 못하는 소유자와 부동산에 관한 매매계약을 체결한 뒤 수탁자 명의로 소유권이전등기를 마친 경우에는, 명의신탁자와 명의수탁자 사이의 명의신탁약정은 무효이지만 그 명의수탁자는 당해 부동산의 완전한 소유권을 취득하게 되고(부동산 실권리자명의 등기에 관한 법률 제4조 제1항, 제2항 참조), 반면 명의신탁자는 애초부터 당해 부동산의 소유권을 취득할 수 없고 다만 그가 명의수탁자에게 제공한 부동산 매수자금이 무효의 명의신탁약정에 의한 법률상 원인 없는 것이 되는 관계로 명의수탁자에 대하여 동액 상당의 부당이득반환청구권을 가질 수 있을 뿐이다. 명의신탁자의 이와 같은 부당이득반환청구권은 부동산 자체로부터 발생한 채권이 아닐 뿐만 아니라 소유권 등에 기한 부동산의 반환청구권과 동일한 법률관계나 사실관계로부터 발생한 채

권이라고 보기도 어려우므로, 결국 민법 제320조 제1항에서 정한 유치권 성립요건으로서의 목적물과 채권 사이의 견련관계를 인정할 수 없다.
대법원 2009.3.26. 선고 2008다34828 판결

5) 수급인 소유인 기성부분에 대해 수급인이 도급인에 대해 갖게 되는 공사대금 채권

유치권은 타물권인 점에 비추어 볼 때 수급인의 재료와 노력으로 건축되었고 독립한 건물에 해당되는 기성부분은 수급인의 소유라 할 것이므로 수급인은 공사대금을 지급받을 때까지 이에 대하여 유치권을 가질 수 없다.
대법원 1993.3.26. 선고 91다14116 판결

수급인의 공사대금채권이 도급인의 하자보수청구권 내지 하자보수에 갈음한 손해배상채권 등과 동시이행의 관계에 있는 점 및 피담보채권의 변제기 도래를 유치권의 성립요건으로 규정한 취지 등에 비추어 보면, 건물신축 도급계약에서 수급인이 공사를 완성하였더라도, 신축된 건물에 하자가 있고 그 하자 및 손해에 상응하는 금액이 공사잔대금액 이상이어서, 도급인이 수급인에 대한 하자보수청구권 내지 하자보수에 갈음한 손해배상채권 등에 기하여 수급인의 공사잔대금 채권 전부에 대하여 동시이행의 항변을 한 때에는, 공사잔대금 채권의 변제기가 도래하지 아니한 경우와 마찬가지로 수급인은 도급인에 대하여 하자보수의무나 하자보수에 갈음한 손해배상의무 등에 관한 이행의 제공을 하지 아니한 이상 공사잔대금 채권에 기한 유치권을 행사할 수 없다고 보아야 한다.
대법원 2014.1.16. 선고 2013다30653 판결

4. 유치권취득시기의 제한

* 유치권은 최소한 부동산의 경매개시결정등기시까지 취득되어야 유치권을 행사할 수 있는 것임.

그러므로 부동산에 관하여 경매개시결정등기가 된 뒤에 비로소 부동산의 점유를 이전 받거나 피담보채권이 발생하여 유치권을 취득한 경우에는 경매절차의 매수인에 대하여 유치권을 행사할 수 없다.

* 체납처분압류가 되어 있는 부동산의 경우 그러한 사정만으로 경매절차가 개시되어 경매개시결정등기가 되기 전에 그 부동산에 관하여 민사유치권을 취득하였다면 유치권자가 경매절차의 매수인에게 그 유치권을 행사할 수 있음.

민법상 유치권은 타인의 물건을 점유한 자가 그 물건에 관하여 생긴 채권을 가지는 경우에 법률상 당연히 성립하는 법정담보물권이다(민법 제320조 제1항). 따라서 어떤 부동산에 이미 저당권과 같은 담보권이 설정되어 있는 상태에서도 그 부동산에 관하여 민사유치권이 성립될 수 있다. 한편 민사집행법은 경매절차에서 저당권 설정 후에 성립한 용익물권은 매각으로 소멸된다고 규정하면서도, 유치권에 관하여는 그와 달리 저당권 설정과의 선후를 구별하지 아니하고 경매절차의 매수인이 유치권의 부담을인수하는 것으로 규정하고 있으므로(민사집행법 제91조 제3항, 제5항), 민사유치권자는저당권 설정 후에 유치권을 취득한 경우에도 경매절차의 매수인에게 유치권을 행사할수 있다. 이는 점유하는 물건에 관하여 생긴 채권이라는 민사유치권의 피담보채권이가지는 특수한 성격을 고려하여 공평의 원칙상 그 피담보채권의 우선적 만족을 확보하여 주려는 것이다.

그러나 부동산에 관하여 이미 경매절차가 개시되어 진행되고 있는 상태에서 비로소그 부동산에 유치권을 취득한 경우에도 아무런 제한 없이 유치권자에게 경매절차의 매수인에 대한 유치권의 행사를 허용하면 경매절차에 대한 신뢰와 절차적 안정성이 크게위협받게 됨으로써 경매 목적 부동산을 신속하고 적정하게 환가하기가 매우 어렵게 되고 경매절차의 이해관계인에게 예상하지 못한 손해를 줄 수도 있으므로, 그러한 경우에까지 압류채권자를 비롯한 다른 이해관계인들의 희생하에 유치권자만을 우선 보호하는 것은 집행절차의 법적 안정성이라는 측면에서 받아들일 수 없다.

그리하여 대법원은 부동산에 관하여 경매개시결정등기가 된 뒤에 비로소 부동산의점유를 이전받거나 피담보채권이 발생하여 유치권을 취득한 경우에는 경매절차의 매수인에 대하여 유치권을 행사할 수 없다고 본 것이다(대법원 2005.8.19. 선고 2005다22688 판결 , 대법원 2006.8.25. 선고 2006다22050 판결 등 참조).

이는 집행절차의 법적 안정성을 보장할 목적으로 매각절차인 경매절차가 개시된 뒤에 유치권을 취득한 경우에는 그 유치권을 경매절차의 매수인에게 행사할 수 없다고 보는 것이므로, 부동산에 저당권이 설정되거나 가압류등기가 된 뒤에 유치권을 취득하였더라도 경매개시결정등기가 되기 전에 민사유치권을 취득하였다면 경매절차의 매수인에게 유치권을 행사할 수 있다(대법원 2009.1.15. 선고 2008다70763 판결, 대법원 2011.11.24. 선고 2009다19246 판결 참조).

한편 부동산에 관한 민사집행절차에서는 경매개시결정과 함께 압류를 명하므로 압류가 행하여짐과 동시에 매각절차인 경매절차가 개시되는 반면, 국세징수법에 의한 체납처분절차에서는 그와 달리 체납처분에 의한 압류(이하 '체납처분압류'라고 한다)와 동시에 매각절차인 공매절차가 개시되는 것이 아닐 뿐만 아니라, 체납처분압류가 반드시공매절차로 이어지는 것도 아니다. 또한 체납처분절차와 민사집행절차는 서로 별개의절차로서 공매절차와 경매절차가 별도로 진행되는 것이므로, 부동산에 관하여 체납처분압류가 되어 있다고 하여 경매절차에서 이를 그 부동산에 관하여 경매개시결정에 따른 압류가 행하여진 경우와 마찬가지로 볼 수는 없다.

따라서 체납처분압류가 되어 있는 부동산이라고 하더라도 그러한 사정만으로 경매절차가 개시되어 경매개시결정등기가 되기 전에 그 부동산에 관하여 민사유치권을 취득한 유치권자가 경매절차의 매수인에게 그 유치권을 행사할 수 없다고 볼 것은 아니다.

대법원 2014.3.20. 선고 2009다60336 판결

5. 유치권의 효력

가. 유치권자의 권리

1) 목적물을 유치할 권리

유치는 점유를 계속하고 인도를 거절하는 것을 의미.

유치권은 물권이므로 채무자뿐만 아니라 모든 사람에 대해 행사될 수 있다. 즉 목적물의 양수인은 물론 강제집행에 의한 매수인에 대해서도 채권의 변제가 있

을 때까지 인도를 거절할 수 있다.

상대방의 목적물인도청구에 대해 유치권을 행사하여 인도를 거절하는 경우에 이론상으로는 원고패소 판결을 하여야 하나 실무상으로는 상환급부판결을 한다. 경매절차에서의 매수인은 유치권자에게 유치권으로 담보하는 채권을 변제할 책임이 있다(민사집행법 제91조 제5항).

유치권의 성립요건이자 존속요건인 유치권자의 점유는 직접점유이든 간접점유이든 관계가 없으나, 다만 유치권은 목적물을 유치함으로써 채무자의 변제를 간접적으로 강제하는 것을 본체적 효력으로 하는 권리인 점 등에 비추어, 그 직접점유자가 채무자인 경우에는 유치권의 요건으로서의 점유에 해당하지 않는다고 할 것이다.

대법원 2008.4.11. 선고 2007다27236 판결

부동산 경매절차에서의 매수인은 민사집행법 제91조 제5항에 따라 유치권자에게 그 유치권으로 담보하는 채권을 변제할 책임이 있는 것이 원칙이고, 채무자 소유의 건물 등 부동산에 경매개시결정의 기입등기가 되어 압류의 효력이 발생한 이후에 채무자가 위 부동산에 관한 공사대금 채권자에게 그 점유를 이전함으로써 그로 하여금 유치권을 취득하게 한 경우, 그와 같은 점유의 이전은 목적물의 교환가치를 감소시킬 우려가 있는 처분행위에 해당하여 민사집행법 제92조 제1항, 제83조 제4항에 따른 압류의 처분금지효에 저촉되므로 점유자로서는 위 유치권을 내세워 그 부동산에 관한 경매절차의 매수인에게 대항할 수 없으나, 이러한 법리는 경매로 인한 압류의 효력이 발생하기 전에 유치권을 취득한 경우에는 적용되지 아니하고, 유치권 취득시기가 근저당권 설정 이후라거나 유치권 취득 전에 설정된 근저당권에 기하여 경매절차가 개시되었다고 하여 달리 볼 이유가 없다.

대법원 2011.5.13. 자 2010마1544 결정

2) 경매권과 우선변제권

경매권 : 유치권자는 채권의 변제를 위하여 목적물을 현금화할 수 있다. 현금화 방법은 경매에 의한 것이 원칙, 특별한 경우에는 감정인의 평가에 의한 현금화가 가능.

> 민사집행법 제91조 제2항, 제3항, 제268조는 경매의 대부분을 차지하는 강제경매와 담보권 실행을 위한 경매에서 소멸주의를 원칙으로 하고 있을 뿐만 아니라 이를 전제로 하여 배당요구의 종기결정이나 채권신고의 최고, 배당요구, 배당절차 등에 관하여 상세히 규정하고 있는 점, 민법 제322조 제1항에 "유치권자는 채권의 변제를 받기 위하여 유치물을 경매할 수 있다."고 규정하고 있는데, 유치권에 의한 경매에도 채권자와 채무자의 존재를 전제로 하고 채권의 실현·만족을 위한 경매를 상정하고 있는 점, 반면에 인수주의를 취할 경우 필요하다고 보이는 목적부동산 위의 부담의 존부 및 내용을 조사·확정하는 절차에 대하여 아무런 규정이 없고 인수되는 부담의 범위를 제한하는 규정도 두지 않아, 유치권에 의한 경매를 인수주의를 원칙으로 진행하면 매수인의 법적 지위가 매우 불안정한 상태에 놓이게 되는 점, 인수되는 부담의 범위를 어떻게 설정하느냐에 따라 인수주의를 취하는 것이 오히려 유치권자에게 불리해질 수 있는 점 등을 함께 고려하면, 유치권에 의한 경매도 강제경매나 담보권 실행을 위한 경매와 마찬가지로 목적부동산 위의 부담을 소멸시키는 것을 법정매각조건으로 하여 실시되고 우선채권자뿐만 아니라 일반채권자의 배당요구도 허용되며, 유치권자는 일반채권자와 동일한 순위로 배당을 받을 수 있다고 보아야 한다.
>
> 대법원 2011.6.15. 자 2010마1059 결정

우선변제권 : 경매에서 그 매각대금으로 우선변제를 받을 수 있는가?
유치권은 우선변제권을 인정하지 않으므로 우선변제권 부인.

3) 과실수취권

유치물의 과실을 수취하여 다른 채권보다 먼저 그 채권의 변제에 충당할 수 있다.
용익물권이 아니므로 유치물의 과실을 취득할 수 있는 권리는 없다.

4) 유치물사용권

유치권은 채권담보의 목적으로 목적물을 점유하는 권리이므로 원칙상 유치물을 사용 할 수 없다

예외적으로 유치물의 보존에 필요한 범위 내에서 채무자의 승낙이 없더라도 사용 가능, 채무자의 승낙이 있으면 사용가능.

5) 비용상환청구권

유치물에 관하여 비용을 지출한 경우라면 그 상환을 청구할 수 있다.

이 비용상환청구권에 의하여 유치권자는 다시 유치물 위에 유치권을 취득한다.

건물점유자가 건물의 원시취득자에게 그 건물에 관한 유치권이 있다고 하더라도 그 건물의 존재와 점유가 토지소유자에게 불법행위가 되고 있다면 그 유치권으로 토지소유자에게 대항할 수 없다.

대법원 1989.2.14. 선고 87다카3073 판결

나.유치권자의 의무

* 유치권자는 선량한 관리자로서의 주의로 유치물을 점유하여야 한다.
* 유치권자는 채무자의 승낙 없이 유치물을 사용, 대여, 담보제공하지 못한다.
* 이상의 의무를 위반하면 소유자는 유치권의 소멸을 청구할 수 있다.

6. 유치권의 소멸

유치권은 멸실, 혼동, 포기 등에 의해 소멸

피담보채권의 소멸에 의해 소멸 : 유치권을 행사하고 있더라도 피담보채권의 소멸 시효가 진행되는 것을 방해하지 않는다.

유치권은 점유상실로 인하여 소멸

채무자는 상당한 담보를 제공하고 유치권의 소멸을 청구

상사유치권은 민사유치권과 달리 피담보채권이 '목적물에 관하여' 생긴 것일 필요는 없지만 유치권의 대상이 되는 물건은 '채무자 소유'일 것으로 제한되어 있다(상법 제58조, 민법 제320조 제1항 참조). 이와 같이 상사유치권의 대상이 되는 목적물을 '채무자 소유의 물건'에 한정하는 취지는, 상사유치권의 경우에는 목적물과 피담보채권 사이의 견련관계가 완화됨으로써 피담보채권이 목적물에 대한 공익비용적 성질을 가지지 않아도 되므로 피담보채권이 유치권자와 채무자 사이에 발생하는 모든 상사채권으로 무한정 확장될 수 있고, 그로 인하여 이미 제3자가 목적물에 관하여 확보한 권리를 침해할 우려가 있어 상사유치권의 성립범위 또는 상사유치권으로 대항할 수 있는 범위를 제한한 것으로 볼 수 있다. 즉 상사유치권이 채무자 소유의 물건에 대해서만 성립한다는 것은, 상사유치권은 성립 당시 채무자가 목적물에 대하여 보유하고 있는 담보가치만을 대상으로 하는 제한물권이라는 의미를 담고 있다 할 것이고, 따라서 유치권 성립 당시에 이미 목적물에 대하여 제3자가 권리자인 제한물권이 설정되어 있다면, 상사유치권은 그와 같이 제한된 채무자의 소유권에 기초하여 성립할 뿐이고, 기존의 제한물권이 확보하고 있는 담보가치를 사후적으로 침탈하지는 못한다고 보아야 한다. 그러므로 채무자 소유의 부동산에 관하여 이미 선행(先行)저당권이 설정되어 있는 상태에서 채권자의 상사유치권이 성립한 경우, 상사유치권자는 채무자 및 그 이후 채무자로부터 부동산을 양수하거나 제한물권을 설정받는 자에 대해서는 대항할 수 있지만, 선행저당권자 또는 선행저당권에 기한 임의경매절차에서 부동산을 취득한 매수인에 대한 관계에서는 상사유치권으로 대항할 수 없다.

대법원 2013.2.28 선고 2010다57350 판결

부동산에 가압류등기가 경료되면 채무자가 당해 부동산에 관한 처분행위를 하더라도 이로써 가압류채권자에게 대항할 수 없게 되는데, 여기서 처분행위란 당해 부동산을 양도하거나 이에 대해 용익물권, 담보물권 등을 설정하는 행위를 말하고 특별한 사정이 없는 한 점유의 이전과 같은 사실행위는 이에 해당하지 않는다. 다만 부동산에 경매개시결정의 기입등기가 경료되어 압류의 효력이 발생한 후에 채무자가 제3자에게 당해 부동산의 점유를 이전함으로써 그로 하여금 유치권을 취득하게 하는 경우 그와 같은 점유의 이전은 처분행위에 해당한다는 것이 당원의 판례이나, 이는 어디까지나 경매개시결정의 기입등기가 경료되어 압류의 효력

이 발생한 후에 채무자가 당해 부동산의 점유를 이전함으로써 제3자가 취득한 유치권으로 압류채권자에게 대항할 수 있다고 한다면 경매절차에서의 매수인이 매수가격 결정의 기초로 삼은 현황조사보고서나 매각물건명세서 등에서 드러나지 않는 유치권의 부담을 그대로 인수하게 되어 경매절차의 공정성과 신뢰를 현저히 훼손하게 될 뿐만 아니라, 유치권신고 등을 통해 매수신청인이 위와 같은 유치권의 존재를 알게 되는 경우에는 매수가격의 즉각적인 하락이 초래되어 책임재산을 신속하고 적정하게 환가하여 채권자의 만족을 얻게 하려는 민사집행제도의 운영에 심각한 지장을 줄 수 있으므로, 위와 같은 상황하에서는 채무자의 제3자에 대한 점유이전을 압류의 처분금지효에 저촉되는 처분행위로 봄이 타당하다는 취지이다. 따라서 이와 달리 부동산에 가압류등기가 경료되어 있을 뿐 현실적인 매각절차가 이루어지지 않고 있는 상황하에서는 채무자의 점유이전으로 인하여 제3자가 유치권을 취득하게 된다고 하더라도 이를 처분행위로 볼 수는 없다.

대법원 2011.11.24. 선고 2009다19246 판결

유치권은 그 목적물에 관하여 생긴 채권이 변제기에 있는 경우에 비로소 성립하고(민법 제320조), 한편 채무자 소유의 부동산에 경매개시결정의 기입등기가 마쳐져 압류의 효력이 발생한 후에 유치권을 취득한 경우에는 그로써 부동산에 관한 경매절차의 매수인에게 대항할 수 없다. 따라서 채무자 소유의 건물에 관하여 증·개축 등 공사를 도급받은 수급인이 경매개시결정의 기입등기가 마쳐지기 전에 채무자로부터 건물의 점유를 이전받았다 하더라도 경매개시결정의 기입등기가 마쳐져 압류의 효력이 발생한 후에 공사를 완공하여 공사대금채권을 취득함으로써 그때 비로소 유치권이 성립한 경우에는, 수급인은 유치권을 내세워 경매절차의 매수인에게 대항할 수 없다.

대법원 2013.6.27. 선고 2011다50165 판결

Ⅲ. 질권

질권이란 채권자가 그의 채권의 담보로서 채무자 또는 제3자인 물상보증인으로부터 받은 물건 또는 재산권을 채무의 변제가 있을 때까지 유치함으로써, 채무의 변제를 간접적으로 강제하는 동시에 변제가 없는 때에는 그 목적물로부터 우선적으로 변제를 받는 권리이다.

유치적 효력과 우선변제적 효력 인정.

1. 동산질권

가. 성립

1) 질권설정계약

질권자는 피담보채권의 채권자에 한하는데 반해 질권설정자는 피담보채무의 채무자인 것이 보통이나 제3자(물상보증인)도 가능.

2) 목적 동산의 인도

질권의 설정은 질권자에게 목적물을 인도함으로써 그 효력이 생긴다(330조).

점유개정의 금지 : 인도 중 현실의 인도와 간이인도, 반환청구권의 양도만 인정. 질권자는 설정자로 하여금 질물의 점유를 하게 하지 못한다(332조).

3) 동산질권의 목적물 : 양도성 : 양도할 수 없는 물건(마약 등)을 목적으로 하지 못한다. 양도성이 있어야 교환가치를 실현할 수 있고 이를 전제로 우선변제권이 실현될 수 있기 때문.

민사집행법 기타의 법률에서 압류가 금지되는 동산의 입질은 금지(유치적 효력과 우선변제적 효력을 실현시킬 수 없으므로).

나. 효력

1) **동산질권의 유치적 효력** : 채권자는 피담보채권의 변제를 받을 때까지 질물을 유치할 수 있다(335조).

2) **동산질권의 우선변제적 효력** : 동산질권자는 다른 채권자보다 먼저 자기채권의 우선변제를 받을 권리가 있다(329조).
동일한 동산에 수 개의 질권이 설정된 때에는 그 순위는 질권설정의 선후에 의한다(333조).

2. 권리질권

동산 이외의 재산권을 목적으로 하는 질권을 말한다(345조)

권리질에 있어서 재산권의 유치적 효력은 주로 설정자에 의한 재산권행사를 저지하거나 그 재산권이 갖는 교환가치를 확보하는데 있으므로 저당권과 유사성을 보여준다.

가. 채권질권의 대상

1) **채권질권의 목적이 될 수 있는 것**

- 통상의 채권 ; 채권은 원칙적으로 양도성을 갖기 때문(449조)
- 질권자 자신에 대한 채권 : 은행이 정기예금에 대하여 질권을 취득하고 예금자에게 금융을 주거나, 보험회사가 보험금에 대하여 질권을 취득하고 보험가입자에게 금융을 주는 경우.

2) **채권질권의 목적이 될 수 없는 채권**

- 법률상 담보에 제공하는 것이 금지된 채권 : 공무원 또는 군인의 연금청구권
- 양도성이 없는 채권 : 성질상 양도할 수 없는 채권 : 특정인에게 강의하는 것을 내용으로 하는 채권이나 특정인의 초상을 그리는 것을 목적으로 하는 채권

법률상 양도가 금지된 채권 : 근로자의 재해보상청구권 (근로기준법 제86조)과 부양청구권(979조)
양도금지의 특약이 있는 채권 : 당사자의 특약은 선의의 제3자에게 대항할 수 없으므로(449조2항) 질권자가 이를 모르고 질권의 설정을 받은 경우에는 유효하게 질권을 취득함.

나. 채권질권의 설정방법

일반적인 설정방법은 채권양도에 관한 방법으로 한다.
채권증서가 있으면(예금통장, 보험증권, 차용증서) 그 증서를 질권자에게 교부하여야 질권설정의 효력이 생긴다(347조).

> 민법 제347조는 채권을 질권의 목적으로 하는 경우에 채권증서가 있는 때에는 질권의 설정은 그 증서를 질권자에게 교부함으로써 효력이 생긴다고 규정하고 있다. 여기에서 말하는 '채권증서'는 채권의 존재를 증명하기 위하여 채권자에게 제공된 문서로서 특정한 이름이나 형식을 따라야 하는 것은 아니지만, 장차 변제 등으로 채권이 소멸하는 경우에는 민법 제475조에 따라 채무자가 채권자에게 그 반환을 청구할 수 있는 것이어야 한다. 이에 비추어 임대차계약서와 같이 계약 당사자 쌍방의 권리의무관계의 내용을 정한 서면은 그 계약에 의한 권리의 존속을 표상하기 위한 것이라고 할 수는 없으므로 위 채권증서에 해당하지 않는다.
> 대법원 2013.8.22. 선고 2013다32574 판결

다. 채권질권의 공시방법

* 지명채권 : 지명채권의 입질을 가지고 제3채무자에게 대항하려면 질권설정을 통지하거나 제3채무자가 이를 승낙하여야 한다.
* 지시채권 : 지시채권의 입질은 증서에 배서하여 질권자에게 교부하여야 효력이 생긴다.
* 무기명채권 : 무기명채권의 입질은 증서를 질권자에게 교부함으로써 효력이 생긴다.

질권자가 피담보채권을 초과하여 질권의 목적이 된 금전채권을 추심하였다면 그 중 피담보채권을 초과하는 부분은 특별한 사정이 없는 한 법률상 원인이 없는 것으로서 질권설정자에 대한 관계에서 부당이득이 되고, 이러한 법리는 채무담보 목적으로 채권이 양도된 경우에서도 마찬가지이다.

대법원 2011.4.14. 선고 2010다5694 판결

질권의 목적인 채권의 양도행위는 민법 제352조 소정의 질권자의 이익을 해하는 변경에 해당되지 않으므로 질권자의 동의를 요하지 아니한다.

대법원 2005.12.22. 선고 2003다55059 판결

질권의 목적이 된 채권이 금전채권인 때에는 질권자는 자기채권의 한도에서 질권의 목적이 된 채권을 직접 청구할 수 있고, 채권질권의 효력은 질권의 목적이 된 채권의 지연손해금 등과 같은 부대채권에도 미치므로 채권질권자는 질권의 목적이 된 채권과 그에 대한 지연손해금채권을 피담보채권의 범위에 속하는 자기채권액에 대한 부분에 한하여 직접 추심하여 자기채권의 변제에 충당할 수 있다.

대법원 2005.2.25. 선고 2003다40668 판결

근질권의 목적이 된 금전채권에 대하여 근질권자가 아닌 제3자의 압류로 강제집행절차가 개시된 경우, 제3채무자가 그 절차의 전부명령이나 추심명령에 따라 전부금 또는 추심금을 제3자에게 지급하거나 채권자의 경합 등을 사유로 위 금전채권의 채권액을 법원에 공탁하게 되면 그 변제의 효과로서 위 금전채권은 소멸하고 그 결과 바로 또는 그 후의 절차진행에 따라 종국적으로 근질권도 소멸하게 되므로, 근질권자는 위 강제집행절차에 참가하거나 아니면 근질권을 실행하는 방법으로 그 권리를 행사할 것이 요구된다. 이런 까닭에 위 강제집행절차가 개시된 때로부터 위와 같이 근질권이 소멸하게 되기까지의 어느 시점에서인가는 근질권의 피담보채권도 확정된다고 하지 않을 수 없다. 근질권자가 제3자의 압류 사실을 알고서도 채무자와 거래를 계속하여 추가로 발생시킨 채권까지 근질권의 피담보채권에 포함시킨다고 하면 그로 인하여 근질권자가 얻을 수 있는 실익은 별 다른 것이 없는 반면 제3자가 입게 되는 손해는 위 추가된 채권액만큼 확대되고 이는 사실상 채무자의 이익으로 귀속될 개연성이 높아 부당할 뿐 아니라, 경우에

> 따라서는 근질권자와 채무자가 그러한 점을 남용하여 제3자 등 다른 채권자의 채권 회수를 의도적으로 침해할 수 있는 여지도 제공하게 된다. 따라서 이러한 여러 사정을 적정·공평이란 관점에 비추어 보면, 근질권이 설정된 금전채권에 대하여 제3자의 압류로 강제집행절차가 개시된 경우 근질권의 피담보채권은 근질권자가 위와 같은 강제집행이 개시된 사실을 알게 된 때에 확정된다고 봄이 타당하다.
> 대법원 2009.10.15. 선고 2009다43621 판결

Ⅳ. 저당권

1. 기초관계

가. 저당권의 의의

저당권은 채무자 또는 제3자(물상보증인)가 채무의 담보로 제공한 부동산 기타의 목적물을 채권자가 이들로부터 인도받지 않고도 채무의 변제가 없는 경우에 그 목적물로부터 우선변제를 받을 수 있는 담보물권이다(356조).

나. 피담보채권과 저당권의 부종성

1) 발생에 관한 부종성

채권의 무효, 취소인 경우 저당권은 성립하지 않는다.

장래의 채권을 위한 저당권의 설정 : 특히 순위보전에 있어 중요한 의의를 가진다. 저당권의 실행 당시에 채권과 저당권이 함께 존재하면 저당권의 부종성은 충족되는 것이므로 장래에 발생할 특정의 채권을 위해서 저당권을 설정할 수 있다.

2) 소멸에 관한 부종성

피담보채권의 전부 또는 일부가 변제 기타의 사유로 소멸한 때에는 저당권은 이에 상응하여 당연히 소멸하는 것이 원칙이다.

다. 피담보채권의 범위

저당권의 피담보채권의 범위는 원칙적으로 저당권설정계약에 의하여 정해진다. 다만 360조라는 보충규정을 두고 있다.

"저당권은 원본, 이자, 위약금, 채무불이행으로 인한 손해배상 및 저당권의 실행비용을 담보한다. 그러나 지연배상에 대해서는 원본의 이행기일을 도과한 후의 1년분에 한하여 저당권을 행사할 수 있다(360조)."

2. 저당권의 성립

저당권은 약정담보물권으로서 저당권설정을 목적으로 하는 당사자간의 물권적 합의와 등기에 의하여 성립한다(186조).

가. 저당권설정계약

저당권설정자와 저당권자 사이에 목적 부동산에 대한 저당권설정계약이 체결되어야 한다.

근저당권은 채권담보를 위한 것이므로 원칙적으로 채권자와 근저당권자는 동일인이 되어야 하지만, 제3자를 근저당권 명의인으로 하는 근저당권을 설정하는 경우 그 점에 대하여 채권자와 채무자 및 제3자 사이에 합의가 있고, 채권양도, 제3자를 위한 계약, 불가분적 채권관계의 형성 등 방법으로 채권이 그 제3자에게 실질적으로 귀속되었다고 볼 수 있는 특별한 사정이 있는 경우에는 제3자 명의의 근저당권설정등기도 유효하다고 보아야 할 것이고, 한편 부동산을 매수한 자가 소유권이전등기를 마치지 아니한 상태에서 매도인인 소유자의 승낙 아래 매수 부동산을 타에 담보로 제공하면서 당사자 사이의 합의로 편의상 매수인 대신 등기부상 소유자인 매도인을 채무자로 하여 마친 근저당권설정등기는 실제 채무자인 매수인의 근저당권자에 대한 채무를 담보하는 것으로서 유효하다고 볼 것인바, 위 양자의 형태가 결합된 근저당권이라 하여도 그 자체만으로는 부종성의 관점에서 근저당권이 무효라고 보아야 할 어떤 질적인 차이를 가져오는 것은 아니라 할 것이다. 그리고 매매잔대금 채무를 지고 있는 부동산 매수인이 매도인과 사이에 소유권이전등기를 경료하지 아니한 상태에서 그 부동산을 담보로 하여 대출받는 돈으로 매매잔대금을 지급하기로 약정하는 한편, 매매잔대금의 지급을 위하여 당좌수표를 발행·교부하고 이를 담보하기 위하여 그 부동산에 제1 순위 근저당권을 설정하되, 그 구체적 방안으로서 채권자인 매도인과 채무자인 매수인 및 매도인이 지정하는 제3자 사이의 합의 아래 근저당권자를 제3자로, 채무자를 매도인으로 하기로 하고, 이를 위하여 매도인이 제3자로부터 매매잔대금 상당액을 차용하는 내용의 차용금증서를 작성·교부하였다면, 매도인이 매매잔대금 채권의 이전 없이 단순히 명의만을 제3자에게 신탁한 것으로 볼 것은 아니고, 채무자인 매수인의 승낙 아래 매매잔대금 채권이 제3자에게 이전되었다고 보는 것이 일련의 과정에 나타난 당사자들의 진정한 의사에 부합하는 해석일 것이므로, 제3자 명의의 근저당권설정등기는 그 피담보채무가 엄연히 존재하고 있어 그 원인이 없거나 부종성에 반하는 무효의 등기라고 볼 수 없다.

대법원 2001.3.15. 선고 99다48948 전원합의체 판결

자기 소유 부동산을 타인에게 명의신탁한 명의신탁자가 제3자와의 거래관계에서 발생하는 차용금 채무를 담보하기 위하여 위 부동산에 제3자 명의로 근저당권을 설정함에 있어서 당사자 간의 편의에 따라 명의수탁자를 채무자로 등재한 경우 위 부동산의 근저당권이 담보하는 채무는 명의신탁자의 제3자에 대한 채무로 보아야 한다.

대법원 1999.7.22. 자 99마2870 결정

나. 저당권설정등기

등기는 저당권의 성립요건이다. 동일목적물 위에 성립한 저당권과 다른 물권(예컨대 전세권)의 우열관계는 등기의 선후에 의한다.

등기사항은 채권액, 채무자, 변제기, 이자 및 그 발생시기와 지급시기, 원본 또는 이자의 지급장소 등.

3. 저당권의 효력 및 실행

가. 저당권의 효력이 미치는 범위

1) 저당부동산에 부합된 물건과 종물에 미친다(358조)

저당권은 목적물을 사용, 수익하는 권리가 아니므로 과실에는 저당권의 효력이 미치지 아니한다. 다만 저당부동산에 대한 압류가 행해지면 과실에 대해서도 저당권의 효력이 미친다(359조).

2) 피담보채권의 범위

원본, 이자, 위약금, 채무불이행으로 인한 손해배상 및 저당권의 실행비용, 다만 지연손해금은 원본의 이행기일을 경과한 후의 1년분에 한한다(360조).

> 저당권의 피담보채무의 범위에 관하여 민법 제360조가 지연배상에 대하여는 원본의 이행기일을 경과한 후의 1년분에 한하여 저당권을 행사할 수 있다고 규정하고 있는 것은 저당권자의 제3자에 대한 관계에서의 제한이며 채무자나 저당권설정자가 저당권자에 대하여 대항할 수 있는 것이 아니고, 민법 제360조가 양도담보의 경우에 준용된다고 하여도 마찬가지로 해석하여야 할 것인 만큼, 양도담보의 채무자가 양도담보권자에 대하여 민법 제360조에 따른 피담보채권의 제한을 주장할 수는 없는 것이다.
>
> 대법원 1992.5.12. 선고 90다8855 판결

나. 우선변제적 효력

1) 일반채권자에 대한 관계 : 저당권자는 일반채권자에 대해서 언제나 우선한다. 다만 예외가 있다(주택 또는 상가임대차보호법상 일정한 요건을 갖춘 채권, 최종3월분의 임금과 최종3년간의 퇴직금 및 재해보상금 채권, 국세기본법 35조상의 국세채권).

(국세와의 우선권)
- 저당부동산 소유자가 체납하고 있는 국세 또는 지방세는 법정기일(신고방식에 의한 국세의 경우 신고일, 납세고지서 등으로 징수하는 국세의 경우 고지서의 발송일) 전에 설정된 저당권에 우선하여 징수하지 못한다.
- 당해 재산에 대하여 부과되는 국세는 언제나 저당권에 우선한다.

(임금채권과의 우선권)
- 근로관계가 종료한 경우 최종 3월분의 임금, 최종 3년분의 퇴직금 및 재해보상금에 대한 채권(원금채권)은 저당권에 의해 담보되는 채권에 우선한다.
- 임금 등에 대한 지연손해금채권은 최우선변제권 인정 안 됨.

2) 전세권에 대한 관계 : 등기의 선후에 의해 결정.

3) 유치권에 대한 관계 : 유치권은 우선변제권이 없으므로 유치권과 저당권은 이론상 경합하거나 우열의 문제가 발생하지 않는다.
경매절차에서의 매수인은 유치권자에게 변제하지 않으면 경매의 목적물을 수취할 수 없기 때문에 사실상 유치권자에게 우선변제적 효력이 인정된다.

4) 저당권 상호간의 관계 :
- 순위 확정의 원칙 : 등기선후에 따라 후순위저당권자는 선순위저당권자가 변제를 받고 남은 잔액에 대해서만 우선변제권을 행사.
- 순위승진의 원칙 : 선순위저당권이 소멸하면 후순위저당권은 그 순위가 승진하게 됨.

다. 저당권의 실행

> 경매의 신청 - 경매개시결정(동시에 부동산의 압류를 명한다)과 송달 - 현황조사(부동산 감정평가 등) - 매각 - 매각허가결정 - 매수대금완납 - 매각대금의 배당

- 매각허가결정이 있은 후 매수인이 매각대금을 완납한 때에 매수인은 등기 없이 저당목적물에 대한 권리를 취득한다.

- 저당권은 매각으로 인하여 소멸한다.

- 유치권은 경매가 있더라도 그대로 유효하며 매수인은 유치권자에게 변제할 책임이 있다.

- 저당권을 설정하기 전에 제3자가 목적물에 이미 용익물권 또는 대항력 있는 권리(임차권)을 가지고 있는 경우에는 저당권이 실행되더라도 용익권자는 매수인에게 대항할 수 있으나 저당권 설정 후 성립한 용익권의 경우는 매수인에게 대항할 수 없다.

- 가등기 : 담보가등기는 순서와 관계없이 모두 말소되지만 순위보전을 위한 가등기의 경우 최선순위인 경우에는 말소되지 않는다. 다만 가등기 이전에 선순위의 담보권 또는 가압류가 있어 그것이 말소되면 순위보전을 위한 가등기도 말소된다.

- 가압류 : 압류효력 발생 전의 가압류는 배당을 받으므로 존속시킬 필요가 없고, 압류 이후의 가압류는 매수인에게 대항할 수 없어 말소된다.

- 가처분 : 압류효력 후에 등기된 가처분만 말소되고, 그 이전에 등기된 것은 매수인에게 인수된다. 다만 압류의 효력발생 전에 등기된 가처분이라 할지라도 그보다 선순위로서 매각에 의해 소멸되는 담보권 또는 가압류가 있는 경우에는 함께 소멸한다.

4. 저당권의 물상대위성

가. 의의

목적물이 멸실, 훼손 또는 공용징수로 인하여 저당권이 소멸하는 경우에 저당권 설정자가 받을 금전 기타 물건에 대하여 저당권을 행사할 수 있다.

손해배상청구권, 수용보상금청구권, 손실보상청구권에 대해 물상대위를 인정.

나. 물상대위권의 행사

- 물상대위권을 행사하기 위해서는 저당권자가 대위물의 지급 또는 인도 전에 이를 압류하여야 한다.

  압류를 하면 특정성이 유지되므로 저당권을 행사하는데 문제가 없다.

  저당권자는 배당요구를 함으로써 우선변제를 받을 수 있다.

민법 제370조, 제342조 단서가 저당권자는 물상대위권을 행사하기 위하여 저당권설정자가 받을 금전 기타 물건의 지급 또는 인도 전에 압류하여야 한다고 규정한 것은 물상대위의 목적인 채권의 특정성을 유지하여 그 효력을 보전함과 동시에 제3자에게 불측의 손해를 입히지 않으려는 데에 그 취지가 있다. 따라서 저당목적물의 변형물인 금전 기타 물건에 대하여 이미 제3자가 압류하여 그 금전 또는 물건이 특정된 이상 저당권자가 스스로 이를 압류하지 않고서도 물상대위권을 행사하여 일반 채권자보다 우선변제를 받을 수 있으나, 그 행사방법은 민사집행법 제273조에 의하여 담보권의 존재를 증명하는 서류를 집행법원에 제출하여 채권압류 및 전부명령을 신청하는 것이거나 민사집행법 제247조 제1항에 의하여 배당요구를 하는 것이므로, 이러한 물상대위권의 행사에 나아가지 아니한 채 단지 수용대상토지에 대하여 담보물권의 등기가 된 것만으로는 그 보상금으로부터 우선변제를 받을 수 없다. 그렇다면 저당권자가 물상대위권의 행사에 나아가지 아니하여 우선변제권을 상실한 이상, 다른 채권자가 그 보상금 또는 이에 관한 변제공탁금으로부터 이득을 얻었다고 하더라도 저당권자는 이를 부당이득으로서 반환청구할 수 없다.

대법원 2010.10.28. 선고 2010다46756 판결

- 물상대위권의 행사는 채권압류 및 전부명령을 신청하거나 배당요구를 하는 방법으로 한다. 다만 배당요구종기까지 하여야 한다.

- 압류 또는 배당요구가 있기 전에 금전 또는 물건이 지급되거나 배당된 경우 저당권설정자가 지급받은 경우에 그 변제는 유효하므로 저당권자는 더 이상 물상 대위를 할 수 없고 저당권설정자에 대해 부당이득반환을 구할 수 있다. 채권양수인이나 압류채권자가 지급받거나 배당받은 경우라면 저당권자는 그에게 부당이득반환을 구할 수 없다.

5. 공동저당

가. 의의

채권자가 동일한 채권의 담보로서 수개의 부동산 위에 저당권을 설정하는 것을 말한다.

나. 공동저당권의 성립

* 설정계약 : 하나의 채권담보로서 수개의 부동산 위에 저당권이 설정되면 공동저당권이 성립한다.
  공동저당은 때를 달리하여 설정되는 경우도 있고, 수개의 목적물의 소유자 내지 수개의 저당권의 순위를 달리하여 설정되는 경우도 있다.
* 등기 : 각 부동산에 관하여 저당권설정의 등기를 요한다.
  각 저당권의 등기에 있어서 다른 부동산과 함께 1개의 채권의 공동담보로 되어 있다는 것을 아울러 기재하여야 한다.

다. 공동저당의 효력

* 공동저당권의 실행

  복수의 저당권 전부를 동시에 실행하거나 일부만을 실행할 수 있다.

  일부만을 실행하는 경우에도 그 매각대금으로부터 피담보채권의 전액을 변제받을 수 있다.

* 후순위 권리자의 보호

동시배당의 경우 : 부담의 안분.

이시배당의 경우 : 후순위저당권자의 대위.

* 동시배당(368조 제1항)

- 각 부동산의 경매대가를 비례안분하여 비례안분액을 초과하는 부분은 후순위 저당권자의 변제에 충당되고 후순위 저당권자가 없으면 소유자에게 배당됨.

- 선순위자가 있으면 각 부동산별로 매각대금에서 그의 피담보채권액을 공제하여 경매대가를 정하고 이를 기준으로 각 공동저당의 책임분담을 결정함.

X 부동산 (시가4000원)	Y 부동산 (시가 2000원)
A 1번 저당권(3000원 채권)	A 1번 저당권(3000원 채권)
C 2번 저당권(2000원 채권)	D 2번 저당권(1000원 채권)

※ A는 X부동산으로부터 2000원, Y부동산으로부터 1000원을 지급받는다.
C는 X부동산에서 2000원, D는 Y부동산에서 1000원을 지급받는다.

* 이시배당(368조 제2항)

- 저당부동산 중 일부의 경매대가를 먼저 배당하는 경우에는 그 대가에서 그 채권 전부의 변제를 받을 수 있다.

- 경매한 부동산의 차순위저당권자는 선순위저당권자가 동시배당에 의하여 다른 부동산의 경매대가에서 변제를 받을 수 있는 금액의 한도에서 선순위자를 대위하여 저당권을 행사할 수 있다.

X 부동산 (시가4000원)	Y 부동산 (시가 2000원)
A 1번 저당권(3000원 채권)	A 1번 저당권(3000원 채권)

C 2번 저당권(2000원 채권) D 2번 저당권(1000원 채권)

※ A는 X부동산만을 먼저 경매하여 그 대가 4000원으로부터 3000원을 변제받는다.
C는 X부동산에서 일단 1000원을 변제받고, A의 1번 저당권을 대위하여 Y부동산에서 1000원을 변제받는다.
마지막으로 D는 Y부동산에서 1000원을 변제받는다.

* 물상보증인 또는 제3취득자와의 관계(368조와 482조의 관계)

- 물상보증인 소유 부동산의 경매대가를 먼저 배당하는 경우
  물상보증인은 전액에 관하여 공동저당권자를 대위한다.
  물상보증인 소유 부동산 위의 후순위 저당권자는 물상보증인이 대위취득한 1번 저당권에 대하여 물상대위를 할 수 있다.

- 채무자 소유 부동산의 경매대가를 먼저 배당하는 경우

(B는 채무자, C는 물상보증인)

X 부동산 (B소유, 시가2000원)	Y 부동산 (C소유, 시가 2000원)
A 1번 저당권(2000원 채권)	A 1번 저당권(2000원 채권)
D 2번 저당권(1000원 채권)	E 2번 저당권(2000원 채권)

A가 Y부동산을 먼저 경매하여 경매대가 2000원으로 2000원 채권 변제를 받음.

※ C는 2000원에 대하여 X부동산에 대위하게 되어 D는 배당을 전혀 받지 못함.
E는 C가 대위하는 1번 저당권에 물상대위하여 그의 채권 2000원을 모두 변제받는다.

채무자 소유 부동산의 후순위저당권자는 물상보증인 소유 부동산에 공동저당권을 대위할 수 없다.

공동저당의 목적인 채무자 소유의 부동산과 물상보증인 소유의 부동산에 각각 채권자를 달리하는 후순위 저당권이 설정되어 있는 경우, 물상보증인 소유의 부동산에 대하여 먼저 경매가 이루어져 그 경매대금의 교부에 의하여 1번 저당권자가 변제를 받은 때에는 물상보증인은 채무자에 대하여 구상권을 취득함과 동시에 민법 제481조, 제482조의 규정에 의한 변제자대위에 의하여 채무자 소유의 부동산에 대한 1번 저당권을 취득하고, 이러한 경우 물상보증인 소유의 부동산에 대한 후순위저당권자는 물상보증인에게 이전한 1번 저당권으로 우선하여 변제를 받을 수 있으며, 이러한 법리는 수인의 물상보증인이 제공한 부동산 중 일부에 대하여 경매가 실행된 경우에도 마찬가지로 적용되어야 하므로(이 경우 물상보증인들 사이의 변제자대위의 관계는 민법 제482조 제2항 제4호, 제3호에 의하여 규율될 것이다.), 자기 소유의 부동산이 먼저 경매되어 1번 저당권자에게 대위변제를 한 물상보증인은 다른 물상보증인의 부동산에 대한 1번 저당권을 대위취득하고, 그 물상보증인 소유 부동산의 후순위 저당권자는 1번 저당권에 대하여 물상대위를 할 수 있으므로 물상보증인이 대위취득한 선순위 저당권설정등기에 대하여는 말소등기가 경료될 것이 아니라 물상보증인 앞으로 대위에 의한 저당권이전의 부기등기가 경료되어야 하고, 아직 경매되지 아니한 공동저당물의 소유자로서는 1번 저당권자에 대한 피담보채무가 소멸하였다는 사정만으로 말소등기를 청구할 수 없다.
대법원 2001.6.1. 선고 2001다21854 판결

공동저당의 목적인 채무자 소유의 부동산과 물상보증인 소유의 부동산 중 채무자 소유의 부동산에 대하여 먼저 경매가 이루어져 그 경매대금의 교부에 의하여 1번 공동저당권자가 변제를 받더라도, 채무자 소유의 부동산에 대한 후순위저당권자는 민법 제368조 제2항 후단에 의하여 1번 공동저당권자를 대위하여 물상보증인 소유의 부동산에 대하여 저당권을 행사할 수 없다.
대법원 1995.6.13. 자 95마500 결정

공동저당의 목적인 채무자 소유의 부동산과 물상보증인 소유의 부동산에 각각 채

권자를 달리하는 후순위 저당권이 설정되어 있는 경우, 물상보증인 소유의 부동산에 대하여 먼저 경매가 이루어져 그 경매대금의 교부에 의하여 1번 저당권자가 변제를 받은 때에는 물상보증인은 채무자에 대하여 구상권을 취득함과 동시에 민법 제481조, 제482조의 규정에 의한 변제자대위에 의하여 채무자 소유의 부동산에 대한 1번 저당권을 취득하고, 이러한 경우 물상보증인 소유의 부동산에 대한 후순위 저당권자는 물상보증인에게 이전한 1번 저당권으로부터 우선하여 변제를 받을 수 있다. 따라서 자기 소유의 부동산이 먼저 경매되어 1번 저당권자에게 대위변제를 한 물상보증인은 1번 저당권을 대위취득하고, 그 물상보증인 소유의 부동산의 후순위 저당권자는 1번 저당권에 대하여 물상대위를 할 수 있으므로, 물상보증인이 대위취득한 선순위 저당권설정등기에 대하여는 말소등기가 경료될 것이 아니라 물상보증인 앞으로 대위에 의한 저당권이전의 부기등기가 경료되어야 하고, 아직 경매되지 아니한 공동저당물의 소유자로서는 1번 저당권자에 대한 피담보채무가 소멸하였다는 사정만으로 말소등기를 청구할 수 없다.

대법원 2012.7.26. 선고 2010다78708 판결

공동저당의 목적인 채무자 소유의 부동산과 물상보증인 소유의 부동산에 각각 채권자를 달리하는 후순위저당권이 설정되어 있는 경우, 물상보증인 소유의 부동산에 대하여 먼저 경매가 이루어져 그 경매대금의 교부에 의하여 1번저당권자가 변제를 받은 때에는 물상보증인은 채무자에 대하여 구상권을 취득함과 동시에 민법 제481조, 제482조의 규정에 의한 변제자대위에 의하여 채무자 소유의 부동산에 대한 1번저당권을 취득하고, 이러한 경우 물상보증인 소유의 부동산에 대한 후순위저당권자는 물상보증인에게 이전한 1번저당권으로부터 우선하여 변제를 받을 수 있으며, 자기 소유의 부동산이 먼저 경매되어 1번저당권자에게 대위변제를 한 물상보증인은 1번저당권을 대위취득하고, 그 물상보증인 소유의 부동산의 후순위저당권자는 1번저당권에 대하여 물상대위를 할 수 있다.

대법원 2011.8.18. 선고 2011다30666 판결

채무자 소유의 수개 부동산에 관하여 공동저당권이 설정된 경우 민법 제368조 제2항 후문에 의한 후순위저당권자의 대위권은 선순위 공동저당권자가 공동저당의 목적물인 부동산 중 일부의 경매대가로부터 배당받은 금액이 그 부동산의 책

> 임분담액을 초과하는 경우에 비로소 인정되는 것이지만, 후순위저당권자로서는 선순위 공동저당권자가 피담보채권을 변제받지 않은 상태에서도 추후 공동저당 목적 부동산 중 일부에 관한 경매절차에서 선순위 공동저당권자가 부동산의 책임분담액을 초과하는 경매대가를 배당받는 경우 다른 공동저당 목적 부동산에 관하여 선순위 공동저당권자를 대위하여 저당권을 행사할 수 있다는 대위의 기대를 가진다고 보아야 하고, 후순위저당권자의 이와 같은 대위에 관한 정당한 기대는 보호되어야 하므로, 선순위 공동저당권자가 피담보채권을 변제받기 전에 공동저당 목적 부동산 중 일부에 관한 저당권을 포기한 경우에는, 후순위저당권자가 있는 부동산에 관한 경매절차에서, 저당권을 포기하지 아니하였더라면 후순위저당권자가 대위할 수 있었던 한도에서는 후순위저당권자에 우선하여 배당을 받을 수 없다고 보아야 하고, 이러한 법리는 동일한 채권의 담보를 위하여 공유인 부동산에 공동저당의 관계가 성립된 경우에도 마찬가지로 적용된다고 보아야 한다.
>
> 민법 제368조 제2항에 의하여 공동저당 부동산의 후순위저당권자에게 인정되는 대위를 할 수 있는 지위 내지 그와 같은 대위에 관한 정당한 기대를 보호할 필요성은 그 후 공동저당 부동산이 제3자에게 양도되었다는 이유로 달라지지 않는다. 즉 공동저당 부동산의 일부를 취득하는 제3자로서는 공동저당 부동산에 관하여 후순위저당권자 등 이해관계인들이 갖고 있는 기존의 지위를 전제로 하여 공동저당권의 부담을 인수한 것으로 보아야 하기 때문에 공동저당 부동산의 후순위저당권자의 대위에 관한 법적 지위 및 기대는 공동저당 부동산의 일부가 제3자에게 양도되었다는 사정에 의해 영향을 받지 않는다.
>
> 대법원 2011.10.13. 선고 2010다99132 판결

6. 근저당

가. 의의

근저당이란 계속적인 거래관계로부터 발생, 소멸하는 불특정다수의 장래채권을 결산기에 계산한 후 잔존하는 채무를 일정한 한도액의 범위 내에서 담보하는 저당권을 말한다.

나. 근저당권의 특질

1) **피담보채권의 불확정성** : 장래의 증감, 변동하는 불특정의 채권을 담보한다는 점에서 보통의 저당권과 다르다.

보통의 저당권도 채권액의 이자나 손해배상액에 의하여 피담보채권액이 점차 증가할 수 있는 바, 보통 저당권은 현재 또는 장래의 특정 채권을 담보하는 것이고, 근저당권은 장래의 불특정채권을 담보하여야 한다.

2) **성립, 존속, 소멸에 있어서의 부종성의 불요** : 근저당권에 있어서는 저당권의 부종성이 엄격하게 요구되지 않는다.

근저당권에 있어서는 피담보채권이 증감변동하여 일정한 액수로 고정되어 있지 않다.

다. 근저당권의 성립

1) **근저당권설정계약**

근저당권이 성립하기 위해서는 보통저당권과 동일하게 당사자간의 근저당권설정계약이 있어야 한다.

2) **등기**

근저당권이 성립하기 위해서는 근저당권설정등기가 있어야 한다.
등기원인으로서 "근저당권설정계약"을 기재하여야 함.
최고액 : 채권의 최고액은 반드시 등기하여야 함.

라. 근저당권의 효력

1) **채권최고액**

근저당에 있어서 최고액이란 근저당권에 의하여 담보되는 한도액, 즉 담보목적물로부터 우선변제를 받을 수 있는 최고한도액을 의미한다.

피담보채권액이 최고액을 넘는 때에는 그 최고액까지만 우선변제, 그 초과부분은 근저당에 의하여 담보되지 않는다.

2) 피담보채권의 범위

등기된 채권최고액을 한도로 결산기에 실제 존재하는 채권액 전부.

근저당권의 물상보증인은 민법 357조에서 말하는 채권의 최고액만을 변제하면 근저당권설정등기의 말소청구를 할 수 있고 채권최고액을 초과하는 부분의 채권액까지 변제할 의무가 있는 것이 아니다.
대법원 1974.12.10. 선고 74다998 판결

근저당권은 원본, 이자, 위약금, 채무불이행으로 인한 손해배상 및 근저당권의 실행비용을 담보하는 것이며, 이것이 근저당에 있어서의 채권최고액을 초과하는 경우에 근저당권자로서는 그 채무자 겸 근저당권설정자와의 관계에 있어서는 그 채무의 일부인 채권최고액과 지연손해금 및 집행비용만을 받고 근저당권을 말소시켜야 할 이유는 없을 뿐 아니라, 채무금 전액에 미달하는 금액의 변제가 있는 경우에 이로써 우선 채권최고액 범위의 채권에 변제충당한 것으로 보아야 한다는 이유도 없으니 채권 전액의 변제가 있을 때까지 근저당의 효력은 잔존채무에 여전히 미친다고 할 것이다.
대법원 2010.5.13. 선고 2010다3681 판결

근저당권이라 함은 그 담보할 채권의 최고액만을 정하고 채무의 확정을 장래에 유보하여 설정하는 저당권을 말하는 것이므로 그 피담보채무가 확정될 때까지의 채무의 소멸 또는 이전은 근저당권에 영향을 미치지 않는다. 그리고 근저당부동산에 대하여 소유권, 전세권 등의 권리를 취득한 제3자는 피담보채무가 확정된 이후에 채권최고액의 범위 내에서 그 확정된 피담보채무를 변제하고 근저당권의 소멸을 청구할 수 있으나(대법원 2002.5.24. 선고 2002다7176 판결 등 참조), 채무자가 그 부동산의 소유자 겸 근저당설정자인 경우에는 그 피담보채무는 채무자가 채권자인 근저당권자에 대하여 부담하는 채무 전액으로 보아야 하므로 채무자로서는 채권최고액이 아니라 확정된 피담보채무액 전액을 변제공탁하지 않는

한 적법한 변제공탁이 될 수 없다.

대법원 2011.7.28. 선고 2010다88507 판결

3) 채권최고액과 제360조

원본, 이자, 위약금, 채무불이행으로 인한 손해배상금도 채권최고액에 포함됨. 다만, 제360조 단서가 적용되는지에 대해서 판례는 이를 부인함.

근저당권은 원본, 이자, 위약금, 채무불이행으로 인한 손해배상 및 근저당권의 실행비용을 담보하는 것이며, 이것이 근저당에 있어서의 채권최고액을 초과하는 경우에 근저당권자로서는 그 채무자 겸 근저당권설정자와의 관계에 있어서는 그 채무의 일부인 채권최고액과 지연손해금 및 집행비용만을 받고 근저당권을 말소시켜야 할 이유는 없을 뿐 아니라, 채무금 전액에 미달하는 금액의 변제가 있는 경우에 이로써 우선 채권최고액 범위의 채권에 변제충당한 것으로 보아야 한다는 이유도 없으니 채권 전액의 변제가 있을 때까지 근저당의 효력은 잔존채무에 여전히 미친다고 할 것이다.

대법원 2010.5.13. 선고 2010다3681 판결

근저당권의 피담보채권 중 지연이자는 근저당권의 채권최고액의 한도 내에서 그 전액이 담보되는 것이므로, 공동근저당의 목적 부동산 중 일부에 대해 경매가 실행되어 그 경매 대가로 피담보채권의 일부가 변제되었다 하여도 잔존 원본에 대한 지연이자가 다시 발생하였다면 그 이후에 실행된 다른 목적 부동산의 경매 대가에 의해 채권최고액의 범위 안에서 그 지연이자도 원본에 앞서 변제되어야 할 것이므로, 공동근저당 목적 부동산이 일부씩 나누어 순차로 경매 실행됨으로써 근저당권자가 배당받은 원본 및 지연이자의 합산액이 결과적으로 채권최고액으로 되어 있는 금액을 초과하였더라도 그것만으로 책임한도 범위 내의 피담보채권이 모두 소멸하였다고 볼 수는 없다.

대법원 2009.12.10. 선고 2008다72318 판결

4) 담보되는 채권의 확정

피담보채권이 확정되면 그 이후에 발생하는 채권은 그 근저당권에 의하여 담보되지 못한다.

피담보채권의 확정 전에 발생한 원본채권에 관하여 확정 후에 발생하는 이자나 지연손해금 채권은 채권최고액의 범위 내에서 여전히 담보된다.

피담보채권이 확정된 때부터 근저당권은 보통의 저당권과 마찬가지로 다루어진다.

- 계속적 거래관계의 종료

  근저당권존속기간의 만료, 기본계약상 결산기의 도래, 당사자의 합의 또는 기본계약의 해지 등에 의하여 계속적 거래관계가 종료하면 그때까지의 잔존채권으로 피담 보채권이 확정된다.

- 근저당권자의 경매신청

  근저당권자가 피담보채무의 불이행을 이유로 경매신청을 하면 경매신청시에 피담보채권이 확정된다.

- 근저당권자 아닌 자의 경매신청

  다른 채권자가 저당부동산에 대하여 경매신청을 한 경우 매수인이 매각대금을 완납한 때에 근저당권자의 피담보채권이 확정된다.

> 계속적 거래계약에 기한 채무를 담보하기 위하여 존속기간의 약정이 없는 근저당권을 설정한 경우에 그 거래관계가 종료됨으로써 피담보채무로 예정된 원본채무가 더 이상 발생할 가능성이 없게 된 때에는 그 때까지 잔존하는 채무가 근저당권에 의하여 담보되는 채무로 확정되며, 이 때 근저당권을 설정한 채무자나 물상보증인은 근저당권자에 대한 의사표시로써 피담보채무의 확정을 구할 수 있고 그 확정 당시에 피담보채무가 존재하지 아니하게 되었다면 근저당권의 말소를 구할 수 있다.
>
> 대법원 1996.10.29. 선고 95다2494 판결

근저당권이라 함은 그 담보할 채권의 최고액만을 정하고 채무의 확정을 장래에 유보하여 설정하는 저당권을 말하고, 이 경우 그 피담보채무가 확정될 때까지의 채무의 소멸 또는 이전은 근저당권에 영향을 미치지 아니하므로, 근저당부동산에 대하여 소유권을 취득한 제3자는 피담보채무가 확정된 이후에 그 확정된 피담보채무를 채권최고액의 범위 내에서 변제하고 근저당권의 소멸을 청구할 수 있다고 할 것이며, 피담보채무는 근저당권설정계약에서 근저당권의 존속기간을 정하거나 근저당권으로 담보되는 기본적인 거래계약에서 결산기를 정한 경우에는 원칙적으로 존속기간이나 결산기가 도래한 때에 확정되지만, 이 경우에도 근저당권에 의하여 담보되는 채권이 전부 소멸하고 채무자가 채권자로부터 새로이 금원을 차용하는 등 거래를 계속할 의사가 없는 경우에는, 그 존속기간 또는 결산기가 경과하기 전이라 하더라도 근저당권설정자는 계약을 해지하고 근저당권설정등기의 말소를 구할 수 있고, 한편 존속기간이나 결산기의 정함이 없는 때에는 근저당권의 피담보채무의 확정방법에 관한 다른 약정이 있으면 그에 따르되 이러한 약정이 없는 경우라면 근저당권설정자가 근저당권자를 상대로 언제든지 해지의 의사표시를 함으로써 피담보채무를 확정시킬 수 있다.

대법원 2002.5.24. 선고 2002다7176 판결

근저당권자가 피담보채무의 불이행을 이유로 경매신청을 한 경우에는 경매신청시에 근저당 채무액이 확정되고, 그 이후부터 근저당권은 부종성을 가지게 되어 보통의 저당권과 같은 취급을 받게 되는바, 위와 같이 경매신청을 하여 경매개시결정이 있은 후에 경매신청이 취하되었다고 하더라도 채무확정의 효과가 번복되는 것은 아니다.

대법원 2002.11.26. 선고 2001다73022 판결

당해 근저당권자는 저당부동산에 대하여 경매신청을 하지 아니하였는데 다른 채권자가 저당부동산에 대하여 경매신청을 한 경우 민사소송법 제608조 제2항, 제728조의 규정에 따라 경매신청을 하지 아니한 근저당권자의 근저당권도 경락으로 인하여 소멸하므로, 다른 채권자가 경매를 신청하여 경매절차가 개시된 때로부터 경락으로 인하여 당해 근저당권이 소멸하게 되기까지의 어느 시점에서인가는 당해 근저당권의 피담보채권도 확정된다고 하지 아니할 수 없는데, 그 중 어

느 시기에 당해 근저당권의 피담보채권이 확정되는가 하는 점에 관하여 우리 민법은 아무런 규정을 두고 있지 아니한바, 부동산 경매절차에서 경매신청기입등기 이전에 등기되어 있는 근저당권은 경락으로 인하여 소멸되는 대신에 그 근저당권자는 민사소송법 제605조가 정하는 배당요구를 하지 아니하더라도 당연히 그 순위에 따라 배당을 받을 수 있고, 이러한 까닭으로 선순위 근저당권이 설정되어 있는 부동산에 대하여 근저당권을 취득하는 거래를 하려는 사람들은 선순위 근저당권의 채권최고액 만큼의 담보가치는 이미 선순위 근저당권자에 의하여 파악되어 있는 것으로 인정하고 거래를 하는 것이 보통이므로, 담보권 실행을 위한 경매절차가 개시되었음을 선순위 근저당권자가 안 때 이후의 어떤 시점에 선순위 근저당권의 피담보채무액이 증가하더라도 그와 같이 증가한 피담보채무액이 선순위 근저당권의 채권최고액 한도 안에 있다면 경매를 신청한 후순위 근저당권자가 예측하지 못한 손해를 입게 된다고 볼 수 없는 반면, 선순위 근저당권자는 자신이 경매신청을 하지 아니하였으면서도 경락으로 인하여 근저당권을 상실하게 되는 처지에 있으므로 거래의 안전을 해치지 아니하는 한도 안에서 선순위 근저당권자가 파악한 담보가치를 최대한 활용할 수 있도록 함이 타당하다는 관점에서 보면, 후순위 근저당권자가 경매를 신청한 경우 선순위 근저당권의 피담보채권은 그 근저당권이 소멸하는 시기, 즉 경락인이 경락대금을 완납한 때에 확정된다고 보아야 한다.

대법원 1999.9.21. 선고 99다26085 판결

V. 비전형담보

양도담보, 가등기담보, 소유권유보, 재매매예약, 환매 등이 이용되고 있다.

양도담보는 매매형식의 양도담보(매도담보 : 환매, 재매매의 예약)와 소비대차계약 형식의 양도담보(협의의 양도담보)로 분류된다.

민법 제607조, 608조와 가등기담보등에관한법률의 적용을 받는다.

1. 가등기담보

가. 의의 및 성격

금전채권을 담보할 목적으로 채권자와 채무자 사이에서 채무자 소유의 부동산을 목적물로 하는 대물변제예약 또는 매매예약을 하고, 채무자의 채무불이행이 있는 경우에 채권자가 그의 예약완결권을 행사하여 그 목적물의 소유권을 확보할 수 있도록 가등기를 하는 담보형식을 말한다.

가등기담보등에관한법률에서 경매청구권, 우선변제권 등을 인정하고 있음을 고려할 때 특별법에 의해 인정된 담보물권으로 이해해야 할 것임.

나. 가등기담보권의 설정

가등기담보권은 가등기담보계약과 가등기를 함으로써 설정된다.

가등기담보계약 : 피담보채권의 존재 : 피담보채권은 소비대차 또는 준소비대차 계약에 의한 채권이어야 한다.

채무불이행시에 일정한 권리를 채권자에게 이전한다는 내용의 계약이 있어야 함.

소비대차계약을 체결함과 동시에 채권담보 목적으로 소유권을 이전하는 양도담보계약은 가등기담보계약에 해당되지 않는다.

> 가등기담보법은 차용물의 반환에 관하여 다른 재산권을 이전할 것을 예약한 경우에 적용되므로 매매대금채권을 담보하기 위하여 경료된 양도담보에는 그 법은 적용되지 아니한다고 할 것인바, 이 사건 양도담보의 피담보채권은 매매대금채권에 해당하므로 이 사건 양도담보의 실행에 가등기담보법의 적용은 없다고 할 것이고, 매매대금채권을 피담보채권으로 한 양도담보권설정계약 후 대여금채권이 그 피담보채권에 포함되었다고 하더라도 원래의 매매대금채권을 위한 양도담보권의 실행에는 지장이 없다.
>
> 대법원 2001.3.23. 선고 2000다29356,29363 판결

가등기담보등에관한법률은 차용물의 반환에 관하여 다른 재산권을 이전할 것을 예약한 경우에 적용되는 것인바, 매매계약에 따른 소유권이전등기청구권 보전을 위한 가등기를 매매계약 해제에 따른 대금반환채무를 담보하는 담보가등기로 유용하기로 당사자 사이에 합의하였다고 하더라도 이는 차용물의 반환에 관하여 대물변제예약으로 마친 것으로 볼 수는 없어서 같은 법이 적용되지 않는다.
대법원 1996.11.29. 선고 96다31895 판결

가등기담보등에관한법률은 차용물의 반환에 관하여 차주가 차용물에 갈음하여 다른 재산권을 이전할 것을 예약한 경우에 적용되는 것이므로 공사대금채권을 담보할 목적으로 가등기가 경료된 경우에는 위 법률이 적용되지 아니한다.
대법원 1992.4.10. 선고 91다45356, 91다45363 판결

채권자와 채무자가 담보계약을 체결하였지만 담보목적 부동산에 관하여 가등기나 소유권이전등기를 마치지 않은 상태에서 채권자가 귀속정산 절차에 의하지 않고 담보목적 부동산을 타에 처분하여 채권을 회수할 수 있도록 약정한 경우, 담보목적 부동산에 관하여 가등기나 소유권이전등기를 마치지 않은 경우에는 담보권을 취득하였다고 할 수 없으므로 그러한 약정이 가등기담보법의 규제를 잠탈하기 위한 탈법행위에 해당한다는 등의 특별한 사정이 없는 한 가등기담보법을 위반한 것으로 보아 무효라고 할 수는 없다.
대법원 2013.9.27. 선고 2011다106778 판결

채권자와 채무자가 가등기담보권설정계약을 체결하면서 가등기 이후에 발생할 채권도 후순위권리자에 대하여 우선변제권을 가지는 가등기담보권의 피담보채권에 포함시키기로 약정할 수 있고, 가등기담보권을 설정한 후에 채권자와 채무자의 약정으로 새로 발생한 채권을 기존 가등기담보권의 피담보채권에 추가할 수도 있으나, 가등기담보권 설정 후에 후순위권리자나 제3취득자 등 이해관계 있는 제3자가 생긴 상태에서 새로운 약정으로 기존 가등기담보권에 피담보채권을 추가하거나 피담보채권의 내용을 변경, 확장하는 경우에는 이해관계 있는 제3자의 이익을 침해하게 되므로, 이러한 경우에는 피담보채권으로 추가, 확장한 부분은 이해관계 있는 제3자에 대한 관계에서는 우선변제권 있는 피담보채권에 포함되지 않는다

고 보아야 한다.
대법원 2011.7.14. 선고 2011다28090 판결

가등기 : 공시방법으로서 가등기 또는 가등록을 갖추어야 한다.

다. 가등기담보권의 효력

담보권의 실행이 있기까지는 담보목적물의 소유권은 대내외적으로 가등기담보권설정자에게 있다.

가등기담보권설정자는 소유자로서 담보목적물을 사용·수익할 수 있다.

가등기담보권자는 그 권리를 제3자에게 양도할 수 있고 목적부동산에 대하여 다른 채권자의 경매신청에 따른 경매개시결정이 있으면 그 배당절차에서 우선변제권을 갖는다.

가등기담보법 제13조, 제14조, 제15조에 의하면, 청산절차를 거치기 전에 강제경매 등의 신청이 행하여진 경우 담보가등기권자는 그 가등기에 기한 본등기를 청구할 수 없고, 그 가등기가 부동산의 매각에 의하여 소멸하되 다른 채권자보다 자기 채권을 우선변제받을 권리가 있을 뿐이다.
대법원 2010.11.9. 자 2010마1322 결정

라. 가등기담보권의 실행

채무자가 변제기에 피담보채무를 변제하지 않는 경우에 가등기담보권자가 담보목적물의 소유권을 취득하거나 경매를 청구하여 그 대금으로부터 피담보채권의 만족을 얻는 것을 말한다.

* 권리취득에 의한 실행

- 실행통지 : 변제기 후에 청산금의 평가액을 채무자 등에게 통지하여야 한다 (가담법제3조1항).

- 청산 : 실행통지가 도달한 날로부터 2월(청산기간)이 경과하기까지 변제가 없는 경우에 가등기담보권자는 청산에 들어가게 된다.
  가등기권자는 청산금을 설정자에게 지급하는 것을 상환으로 가등기에 기한 본등기청구 및 목적물인도청구를 할 수 있다.
  청산금은 실행통지 당시의 목적부동산의 가액에서 그 시점의 피담보채권액을 공제한 차액이다.

- 소유권취득 : 실행통지와 청산을 거쳐 담보가등기에 기한 본등기를 하면 목적물에 대한 소유권을 취득한다.
  청산금의 지급과 소유권이전등기 및 목적물 인도는 동시이행관계에 있다.

가등기담보등에관한법률은 재산권 이전의 예약에 의한 가등기담보에 있어서 그 재산의 예약 당시의 가액이 차용액 및 이에 붙인 이자의 합산액을 초과하는 경우에 한하여 그 적용이 있다 할 것이므로, 가등기담보부동산에 대한 예약 당시의 시가가 그 피담보채무액에 미치지 못하는 경우에 있어서는 같은 법 제3, 4조가 정하는 청산금평가액의 통지 및 청산금지급 등의 절차를 이행할 여지가 없다.
대법원 1993.10.26. 선고 93다27611 판결

가등기담보 등에 관한 법률 제3조, 제4조의 각 규정에 의하면 담보가등기의 경우 청산금의 평가액을 채무자 등에게 통지한 후 채무자에게 정당한 청산금을 지급하거나 지급할 청산금이 없는 경우에는 채무자가 그 청산의 통지를 받은 날로부터 2월의 청산기간이 경과하여야 하는 청산절차를 거친 후에야 그 가등기에 기한 본등기를 청구할 수 있는데, 위 각 규정을 위반하여 담보가등기에 기한 본등기가 이루어진 경우에는 그 본등기는 무효이다.
대법원 2010.11.9. 자 2010마1322 결정

채권자가 가등기담보 등에 관한 법률에 의한 가등기담보권을 실행하여 그 담보목적 부동산의 소유권을 취득하기 위하여 채무자 등에게 하는 담보권 실행의 통지에는 채권자가 주관적으로 평가한 통지 당시의 목적 부동산의 가액과 피담보채권액을 명시함으로써 청산금의 평가액을 채무자 등에게 통지하면 족하며, 채권자가 이와 같이 주관적으로 평가한 청산금의 액수가 정당하게 평가된 청산금의 액수에 미치지 못한다고 하더라도 담보권 실행의 통지로서의 효력이나 청산기간의 진행에는 아무런 영향이 없고 청산기간이 경과한 후에는 그 가등기에 기한 본등기를 청구할 수 있다. 이 경우에, 채무자 등은 채권자가 통지한 청산금액을 다투고 정당하게 평가된 청산금을 지급받을 때까지 목적부동산의 소유권이전등기 및 인도채무의 이행을 거절하거나 피담보채무 전액을 채권자에게 지급하고 채권담보의 목적으로 마쳐진 가등기의 말소를 구할 수 있을 뿐 아니라, 채권자에게 정당하게 평가된 청산금을 청구할 수도 있다.

대법원 2008.4.11. 선고 2005다36618 판결

채권자가 가등기담보권을 실행하여 그 담보목적부동산의 소유권을 취득하기 위하여 채무자에게 담보권 실행을 통지하고 2월의 청산기간이 경과한 후에도 채무자는 정당하게 평가된 청산금을 지급받을 때까지 목적부동산의 소유권이전등기 및 인도채무의 이행을 거절하면서 피담보채무 전액과 그 이자 및 손해금을 지급하고 그 채권담보의 목적으로 경료된 가등기의 말소를 청구할 수 있다.

대법원 1994.6.28. 선고 94다3087 판결

* 경매에 의한 실행

경매를 청구해서 채권만족을 구할 수 있다. 이 경우 경매에 관하여는 가등기담보권을 저당권으로 본다(가담법 제12조 1항).

2. 양도담보

가. 의의

양도담보는 채권담보 목적으로 물건의 소유권을 채권자에게 이전하고 채무자가

이행하지 아니하는 경우에는 채권자가 그 목적물로부터 우선변제를 받게 되지만 채무자가 이행을 하는 경우에는 목적물을 다시 원소유자에게 반환함으로써 채권을 담보하는 비전형담보이다.

양도담보 가운데 소비대차에 기한 채권을 담보하기 위한 것이 아니거나 부동산 가액이 차용액 및 이자의 합산액에 미달하는 경우에는 가담법이 적용되지 않음.

가등기담보 등에 관한 법률(이하 '가등기담보법'이라 한다) 제3조, 제4조는 채권자가 가등기담보법 제2조 제1호에 정한 담보계약에 따른 '담보권'을 실행하는 방법으로서 귀속정산 절차를 규정한 것이므로, 가등기담보법 제3조, 제4조가 적용되기 위해서는 채권자가 담보목적부동산에 관하여 가등기나 소유권이전등기 등을 마침으로써 '담보권'을 취득하였음을 요한다. 이와 달리 채권자가 채무자와 담보계약을 체결하였지만, 담보목적부동산에 관하여 가등기나 소유권이전등기를 마치지 아니한 경우에는 '담보권'을 취득하였다고 할 수 없으므로, 이러한 경우에는 가등기담보법 제3조, 제4조는 원칙적으로 적용될 수 없다. 따라서 채권자와 채무자가 담보계약을 체결하였지만, 담보목적부동산에 관하여 가등기나 소유권이전등기를 마치지 아니한 상태에서 채권자로 하여금 귀속정산 절차에 의하지 않고 담보목적부동산을 타에 처분하여 채권을 회수할 수 있도록 약정하였다 하더라도, 그러한 약정이 가등기담보법의 규제를 잠탈하기 위한 탈법행위에 해당한다는 등의 특별한 사정이 없는 한 가등기담보법을 위반한 것으로 보아 무효라고 할 수는 없다.

대법원 2013.9.27. 선고 2011다106778 판결

채무의 담보를 위하여 채무자가 자기의 비용과 노력으로 신축하는 건물의 건축허가 명의를 채권자 명의로 하였다면 이는 완성될 건물을 양도담보로 제공하기로 하는 담보권 설정의 합의로서, 완성된 건물에 관하여 자신 명의로 소유권보존등기를 마친 채권자는 채무자가 변제기를 도과하여 피담보채무의 이행지체에 빠졌을 때에는 담보계약에 의하여 취득한 목적 부동산의 처분권을 행사하기 위한 환가절차의 일환으로서 즉, 담보권의 실행으로서 채무자에 대하여 그 건물의 명도를 구할 수 있고, 제3자가 채무자로부터 적법하게 건물의 점유를 이전받아 있는 경우에는 그 제3자를 상대로 명도청구를 할 수도 있으며, 여기의 제3자에는 담보권설정 후

에 대항요건을 갖춘 주택임차인도 당연히 포함된다.

가등기담보등에관한법률은 차용물의 반환에 갈음하여 다른 재산권을 이전할 것을 예약한 경우에 적용되는 것으로서, 매매대금의 지급을 담보하기 위하여 부동산의 소유권을 이전하는 경우에는 적용되지 아니한다.

대법원 2001.1.5. 선고 2000다47682 판결

나. 법적 성격

가담법이 적용되는 양도담보와 가담법이 적용되지 않는 양도담보를 나누어 판단하여야 할 것이다.

* 담보물권설 : 소유권은 여전히 채무자에게 있고 채권자가 양도담보권이라는 제한물권을 취득하는 것이라는 견해
  가담법이 적용되는 양도담보의 경우 특별법에 의한 담보물권이라고 이해됨.

* 신탁적 소유권이전설 : 양도담보권자는 목적물의 완전한 소유권을 취득하지만, 그 소유권을 행사함에 있어서는 양도담보권설정자에 대하여 담보목적을 넘어서 그 소유권을 행사하지 아니 할 채무를 부담할 뿐이라고 한다.
  채무변제기 전에 제3자에게 소유권을 양도하면 양수인은 목적물의 소유권을 유효하게 취득하게 된다.
  가담법이 적용되지 않는 양도담보의 경우 소유권이 채권자에게 신탁적으로 이전한다고 이해됨.

* 판례 : 부동산 : 가담법 시행 전에는 신탁적 소유권설 입장이었으나 가담법 시행 이후에는 명확하지는 않지만 주로 담보물권설 입장에 있는 것 같다.

동산 : 판례는 신탁적 소유권이전설의 입장이다.

채권담보를 위하여 소유권이전등기를 경료한 양도담보권자는 채무자가 변제기를 도과하여 피담보채무의 이행지체에 빠졌을 때에는 담보계약에 의하여 취득한 목적 부동산의 처분권을 행사하기 위한 환가절차의 일환으로서 즉, 담보권의 실행으로서 채무자에 대하여 그 목적 부동산의 인도를 구할 수 있고 제3자가 채무자로부터 적법하게 목적 부동산의 점유를 이전받아 있는 경우에는 그 목적 부동산의 인도청구를 할 수도 있다 할 것이나 직접 소유권에 기하여 그 인도를 구할 수는 없다.
대법원 1991.11.8. 선고 91다21770 판결(담보물권설 입장)

건물 소유를 목적으로 한 대지 임차권을 가지고 있는 자가 위 대지상의 자기소유 건물에 대하여 제3자에 대한 채권담보의 목적으로 제3자 명의의 소유권이전등기를 경료하여 준 이른바 양도담보의 경우에는, 채권담보를 위하여 신탁적으로 양도담보권자에게 건물의 소유권이 이전될 뿐 확정적, 종국적으로 이전되는 것은 아니고 또한 특별한 사정이 없는 한 양도담보권자가 건물의 사용수익권을 갖게 되는 것도 아니므로, 이러한 경우 위 건물의 부지에 관하여 민법 제629조 소정의 해지의 원인인 임차권의 양도 또는 전대가 이루어지지 않았다고 해석함이 상당하다.
대법원 1995.7.25. 선고 94다46428 판결(신탁적 소유권이전설 입장)

동산에 대하여 양도담보권설정계약이 이루어진 경우에 양도담보권자는 양도담보권설정자를 제외한 제3자에 대한 관계에 있어서는 자신이 그 동산의 소유자임을 주장하여 권리를 행사할 수 있다.
대법원 1999.9.7. 선고 98다47283 판결

금전채무를 담보하기 위하여 채무자가 그 소유의 동산을 채권자에게 양도하되 점유개정의 방법으로 인도하고 채무자가 이를 계속 점유하기로 약정한 경우 특별한 사정이 없는 한 그 동산의 소유권은 신탁적으로 이전되는 것에 불과하여, 채권자와 채무자 사이의 대내적 관계에서는 채무자가 소유권을 보유하나 대외적인 관계에서의 채무자는 동산의 소유권을 이미 채권자에게 양도한 무권리자가 되는 것이어서 다시 다른 채권자와 사이에 양도담보설정계약을 체결하고 점유개정의 방법으로 인도하더라도 선의취득이 인정되지 않는 한 나중에 설정계약을 체결한 채권자로서는 양도담보권을 취득할 수 없는데, 현실의 인도가 아닌 점유개정의 방법으로는 선의취득이 인정되지 아니하므로 결국 뒤의 채권자는 적법하게 양도담보권을 취득할 수 없다.

대법원 2005.2.18. 선고 2004다37430 판결

다. 양도담보권의 설정

* 설정계약과 피담보채권 : 채권자와 채무자 혹은 제3자(물상보증인) 사이에서 양도담보설정계약 체결.

피담보채권은 금전채권이 보통이지만 반드시 한정되는 것은 아님

* 공시방법 : 동산 : 인도(점유개정도 가능)

부동산 : 매매를 원인으로 소유권이전등기를 경료하거나 양도담보계약을 등기원인으로 기재하여 소유권이전등기를 경료하는 방식.

채권 : 양도담보의 목적물이 채권 기타 재산권인 경우 그 권리 이전에 필요한 공사방법을 갖추어야 함.

라. 양도담보권의 효력

* 대내적 효력 : 목적물의 점유와 이용은 특별한 사정이 없는 한 양도담보권설정자에게 있다.

일반적으로 부동산을 채권담보의 목적으로 양도한 경우 특별한 사정이 없는 한 목적부동산에 대한 사용수익권은 채무자인 양도담보 설정자에게 있는 것이므로

설정자와 양도담보권자 사이에 양도담보권자가 목적물을 사용·수익하기로 하는 약정이 없는 이상 목적부동산을 임대할 권한은 양도담보 설정자에게 있다.

대법원 2001.12.11. 선고 2001다40213 판결

일반적으로 부동산을 채권담보의 목적으로 양도한 경우 특별한 사정이 없는 한 목적부동산에 대한 사용수익권은 채무자인 양도담보설정자에게 있으므로, 양도담보권자는 사용수익할 수 있는 정당한 권한이 있는 채무자나 채무자로부터 그 사용수익할 수 있는 권한을 승계한 자에 대하여는 사용수익을 하지 못한 것을 이유로 임료 상당의 손해배상이나 부당이득반환청구를 할 수 없다.

대법원 2008.2.28. 선고 2007다37394,37400 판결

* 대외적 효력

- 양도담보권 처분

가담법 적용을 받는 경우 : 채권자는 피담보채권과 함께 양도담보권을 처분할 수 있다. 양도담보권 양도를 위한 물권적 합의와 이전등기를 하여야 하고 채권양도에 관한 요건을 갖추어야 한다.

가담법 적용을 받지 않는 경우 : 대외적으로 소유권의 이전이므로 담보권의 양도는 문제되지 않는다.

- 목적물 처분

가담법 적용을 받는 경우 : 양도담보권자에 의한 처분행위는 원칙적으로 무효. 양도담보권자가 설정자에게 청산금을 지급할 때까지 소유권을 취득하지 못하므로 양도담보권자는 목적부동산을 소유권자로서 처분할 수 없다. 다만 양수인이 선의로 등기부상의 표시를 신뢰하여 소유권이전등기가 양수인 명의로 경료된 경우 채무자는 말소등기를 청구하지 못하므로 양수인은 확정적으로 소유권을 취득(가담법 11조 단서, 등기에 공신력을 인정하는 것과 같은 결과를 가져옴).

가담법적용을 받지 않는 경우 : 동산인 경우 양도담보설정자는 목적물에 대한 처분 권한을 갖지 못하므로 목적물을 제3자에게 처분할 수 없고 제3자가 선의취득요건을 갖춘 경우에만 권리를 취득할 수 있는데 점유개정에 의한 선의취득은 인정되지 않음을 명심(신탁적 소유권이전설 입장).

부동산의 경우 소유권이 양도담보권자에게 이전되므로 그로부터 소유권을 양수한 자는 유효하게 소유권을 취득하게 된다.

마. 양도담보권의 실행 (우선변제권)

양도담보의 실행도 실행통지 - 청산 - 소유권취득의 순서로 진행되므로 가등기담보의 경우와 유사하다.

* 실행통지

피담보채권의 변제기가 도래한 후에 통지 당시의 목적부동산의 평가액과 민법 제360조의 규정에 의한 채권액을 통지하여야 한다. 평가액이 피담보채권액에 미달하는 때에는 청산금이 없다는 뜻을 통지하여야 한다.

* 청산금의 지급과 소유권취득

통지가 상대방에게 도달한 날로부터 2월의 청산기간이 경과함으로써 청산금액이 확정되고, 그 금액이 채무자 등에게 지급된 때 양도담보권자는 담보목적물의 소유권을 취득할 수 있다.

채무자 등은 청산금채권을 변제받을 때까지 채무액을 지급함으로써 채권담보 목적으로 경료된 소유권이전등기의 말소를 청구할 수 있다.

가등기담보법 제3조, 제4조의 각 규정에 비추어 볼 때 위 각 규정을 위반하여 담보가등기에 기한 본등기가 이루어진 경우에는 그 본등기는 무효이고, 설령 그와 같은 본등기가 가등기권리자와 채무자 사이에 이루어진 특약에 의하여 이루어졌

> 다 하더라도 만일 그 특약이 채무자에게 불리한 것으로서 무효라고 한다면 그 본등기는 여전히 무효이며, 다만 가등기권리자가 가등기담보법 제3조, 제4조에서 정한 절차에 따라 청산금의 평가액을 채무자 등에게 통지한 후 채무자에게 정당한 청산금을 지급하거나 지급할 청산금이 없는 경우에는 채무자가 그 청산의 통지를 받은 날로부터 2월의 청산기간이 경과하면 위 무효인 본등기는 실체적 법률관계에 부합하는 유효한 등기가 될 수 있을 뿐인바, 이는 채권담보조로 소유권이전등기가 경료된 양도담보의 경우에도 마찬가지이다.
>
> 대법원 2007.12.13. 선고 2007다49595 판결

3. 동산·채권담보권

동산과 채권에 관한 전형적인 담보는 질권인데, 동산·채권 등의 담보에 관한 법률(2012.6.11. 시행)을 제정하여 동산담보권, 채권담보권, 지식재산담보권을 인정.

가. 동산담보권

1) 의의

동산을 담보로 제공하기로 하는 담보약정에 따라 동산을 목적으로 등기한 담보권. 담보약정과 등기(담보등기)를 하여야 동산담보권이 성립한다.

2) 목적물

하나의 동산은 물론이고 여러 개의 동산도 목적물이 된다.

선박, 건설기계, 자동차, 항공기 : 공부가 있으므로 제외.

화물상환증, 선하증권, 창고증권이 작성된 동산 : 제외됨.

무기명채권증서 등의 증권 : 제외됨.

3) 담보등기의 효력

동산담보권의 득실변경은 담보등기부에 등기하여야 효력이 생긴다.

동일한 동산에 관하여 담보등기부의 등기가 행해진 경우에 그에 따른 권리 사이

의 순위는 등기 선후에 따른다.

4) 동산담보권 효력

- 우선변제적 효력 : 담보권자는 담보목적물에 대하여 다른 채권자보다 자기채권을 우선변제 받을 권리가 있다.

- 경매청구 : 담보권자는 자기 채권을 변제받기 위하여 담보목적물의 경매를 청구할 수 있다.
  정당한 이유가 있는 경우 담보권자는 담보목적물로써 직접 변제에 충당하거나 담보목적물을 매각하여 그 대금을 변제에 충당할 수 있다(귀속청산, 처분청산)

5) 근담보권

동산담보권은 그 담보할 채무의 최고액만을 정하고 채무의 확정을 장래에 보류하여 설정할 수 있다.
이 경우 그 채무가 확정될 때까지 채무의 소멸 또는 이전은 이미 설정된 동산담보권에 영향을 미치지 않는다.

나. 채권담보권

1) 의의

채권담보권은 담보약정에 따라 금전의 지급을 목적으로 하는 지명채권을 목적으로 등기한 담보권으로서 담보약정과 담보등기를 하여야 성립한다.

2) 담보권의 목적

지명채권에 한정된다.
채권의 당사자 사이에 양도금지특약이 있는 경우에는 채권담보권의 담보로 제공할 수 없다.

3) 담보등기의 효력

약정에 따른 채권담보권의 득실변경은 담보등기부에 등기한 때에 지명채권의 채무자(이하 제3채무자) 외의 제3자에게 대항할 수 있다.

담보권자 또는 담보권설정자는 제3채무자에게 담보등기부의 등기사항증명서를 건네주는 방법으로 통지하거나 제3채무자가 승낙하지 아니하면 제3채무자에게 대항하지 못한다.

동일한 채권에 관하여 담보등기부의 등기와 채권양도의 통지 또는 승낙이 있는 경우에 담보권자 또는 담보의 목적인 채권의 양수인은 제3채무자 외의 제3자에게 등기와 그 통지의 도달 또는 승낙의 선후에 따라 그 권리를 주장할 수 있다.

4) 채권담보권의 실행

담보권자는 피담보채권의 한도에서 채권담보권의 목적이 된 채권을 직접 청구할 수 있다.

채권담보권의 목적이 된 채권이 피담보채권보다 먼저 변제기에 이른 경우에 담보권자는 제3채무자에게 그 변제금액의 공탁을 청구할 수 있다.

제3채무자가 변제금액을 공탁하는 경우 채권담보권은 그 공탁금에 존재하게 된다.

사례형 문제 예시

사례형 문제 예시

(사례형 문제 예시 I)

공통된 기초사실

김태평과 나중전은 2011.1.3. 김태평이 나중전에게 청주시 상당구 용정동 1671 대 275㎡ 부동산(이하 이사건 부동산이라 함)을 매매대금 5억 원에 매도하되, 계약금 5000만원은 계약 당일에 지급받고, 중도금 1억5000만원은 2011.2.28.까지 지급받으며, 잔대금 3억 원은 2011.5.31.까지 지급받기로 하는 내용의 매매계약(이하 이건 매매계약이라 함)을 체결하였고, 계약 내용에 따라 김태평은 나중전으로 부터 계약일에 5000만원을, 2011.2.28.에 중도금 1억5000만원을 지급받았다.

1문 :

추가된 사실관계

이 사건 부동산 부근에 대학이 유치된다는 소문에 따라 부동산 가격이 급등하고 있으므로 김태평이 이 사건 부동산을 이중으로 매매할 것을 염려한 나중전은 김태평에게 중도금을 지급한 날인 2011.2.28.에 이 사건 부동산에 가등기를 설정하였다. 한편 김태평은 나중전이 잔대금지급기일인 2011.5.31.까지 잔대금을 지급하지 않자 2012.6.5. 이 사건 부동산을 허인우에게 7억원에 매도하고 같은 달 10. 허인우에게 소유권이전등기를 경료해 주었다. 이러한 사실을 뒤늦게 안 나중전은 김태평을 찾아가 잔금지급이 늦은 점에 대해 백배 사죄하며 잔금을 받아 줄 것을 청하였으나 김태평은 이의 수령을 거절하며 오히려 나중전에게 가등기를 말소해 줄 것을 요구하였다. 나중전은 어쩔 수 없이 청주지방법원에 공탁금 수령자를 김태평으로 정하여 금 3억원을 변제공탁하였다.

문 제

이 사건 부동산의 권리관계는 어떻게 되는가에 대해 논거와 함께 서술하시오.

2문 :

추가된 사실관계(다만 제1문에 추가된 사실관계와는 별개임)

김태평과 나중전은 이 사건 매매계약과는 별도로 이 사건 부동산에 대한 인도의무는 매매대금을 모두 지급하여야 이행하는 것으로 하되 나중전이 중도금까지 지급하면 나중전에게로 이 사건 부동산에 대한 소유권이전등기를 경료해 주기로 구두약정을 하였는데, 이는 나중전에게로 이 사건 부동산에 대한 소유권이전등기가 마쳐지면 나중전이 이 사건 부동산을 담보로 제공하고 금융기관으로부터 대출을 받아 이 사건 매매계약에 따른 잔대금을 지급하도록 하는 편의를 제공하기 위함이었다. 김태평은 2011.3.2. 나중전에게 이 사건 부동산에 관한 소유권이전등기를 경료해 주었고, 나중전은 새나라저축은행으로부터 3억원을 대출받음에 있어 2011.4.15. 이 사건 부동산에 관하여 채권자를 새나라저축은행, 채무자를 나중전, 채권최고액을 3억6000만원으로 하는 근저당권설정등기를 경료하였다. 나중전은 새나라저축은행으로부터 대출받은 3억원을 이 사건 부동산의 잔대금을 지급하는데 사용하지 않고 자신이 운영하는 개인회사의 운영자금으로 사용하는 바람에 잔대금지급기일까지 잔대금을 지급할 수 없었다. 김태평은 잔대금지급기일까지 잔대금이 지급되지 않자 2011.6.5. 나중전에게 매매계약을 해제한다는 취지의 내용증명통지를 하였고 그 통지는 2011.6.7. 나중전에게 도달되었다.

문 제

이 사건 부동산에 관한 법률관계는 어떻게 될 것인지에 대해 논거와 함께 서술하시오.

3문 :

추가된 사실관계(다만 제1문, 제2문에 추가된 사실관계와는 별개임)

> 이 사건 부동산은 현재 미등기 상태이고 토지대장에는 김삼식이 사정받았다가 윤철수 명의로 소유권이전등록이 되었고, 다시 김태평에게로 소유권이전등록이 된 것으로 기재되어 있다.

문 제

나중전이 이 사건 부동산을 취득하기 위해서는 어떠한 절차를 거쳐야 하는지에 대해 논거와 함께 서술하시오.

4문 :

추가된 사실관계(다만 제1문, 제2문, 제3문에 추가된 사실관계와는 별개임)

이 사건 부동산은 방귀남 소유 부동산인데 김태평이 2008.7.1. 이를 매수하였지만 아직까지 소유권이전등기를 경료하지 않고 있는 상태이다. 방귀남은 김태평에게 이 사건 부동산을 인도하면서 소유권이전등기를 경료하는데 필요한 모든 서류를 교부해 주었는데, 김태평은 아직까지 자신 명의로 소유권이전등기를 경료하지 아니한 채 이를 나중전에게 매도한 것이다.

문 제

나중전이 이 사건 부동산에 대한 소유권이전등기를 경료받는데 있어 방귀남으로부터 직접 경료 받으려면 어떠한 과정을 거쳐야 하는지에 대해 논거를 제시하며 서술하시오.

5문 :

추가된 사실관계(제4문의 추가사실에 추가함)

이 사건 부동산 소재지는 국토의계획및이용에관한법률상의 토지거래허가구역인데, 나중전은 자신과 방귀남을 매매 당사자로 하는 토지거래허가를 받아 자신 앞으로 소유권이전등기를 경료하였다.

문 제

나중전이 이 사건 부동산에 대한 소유권을 취득할 수 있는지 여부 및 그 이유에 대해 설시하시오.

6문 :

추가된 사실관계(앞에서 본 모든 추가사실과 별개임)

나중전은 이 사건 부동산을 김태평으로부터 매수한 후 매매계약에 따른 매매대금을 모두 지급하였고, 2011.6.1. 김태평으로부터 인도받았으며 2011.6.5. 자신 앞으로 소유권이전등기를 마쳤다. 나중전은 이 사건 부동산을 인도받은 후 강미래로부터 위 부동산의 사용료로 매월 100만원씩을 지급받기로 하고 강미래에게 위 부동산을 인도해주었고, 강미래는 위 부동산을 사설주차장으로 사용하면서 주차장업을 영위하고 있다. 한편 김태평은 이 사건 부동산에 대한 매매계약이 자신의 궁박, 경솔 또는 무경험으로 인하여 현저하게 공정을 잃은 계약이라며 무효를 주장하고 있는데 매매계약 체결당시의 정황과 사정을 고려해 볼 때 이 사건 계약이 불공정한 법률행위임에 틀림없는 것으로 밝혀졌다.

문 제

이 사건 부동산의 현재 소유자가 누구인지에 대해 논거를 제시하며 설명하고, 위 부동산의 사용수익 반환필요성 여부에 대해 논거를 제시하며 설명하시오.

7문 :

추가된 사실관계(앞에서 본 모든 추가사실과 별개임)

나중전은 이 사건 부동산에 대한 매매잔금을 모두 지급하고 2011.6.10. 김태평으로부터 위 부동산에 대한 소유권이전등기를 경료받았다. 한편 이 사건 부동산은 1990.5.10. 김태평이 문채린에게 매도하여 같은 해 7.10. 문채린 명의로 소유권이전등기를 경료해 주고 같은 날에 인도까지 마쳤었는데 그 매매계약체결 당시 김태평이 미성년자였는지라 김태평의 모인 설수자에 의해 매매계약이 취소되었고, 같은 해 8.10.자로 문채린 명의의 소유권이전등기를 말소하였다. 그러나 이 사건 부동산은 아직까지 문채린이 점유하고 있는 상태이다.

문 제

이 사건 부동산에 대한 권리관계가 어떻게 되는지에 대해 논거를 제시하며 설명하시오.

8문 :

추가된 사실관계(앞에서 본 모든 추가사실과 별개임)

> 나중전은 자신의 집을 팔아서 매매잔대금을 마련할 생각이었는데 갑작스런 부동산 경기의 냉각으로 인해 집이 팔리지 않았고, 따라서 아직까지 매매잔금을 지급하지 못하고 있는 상태이다. 한편 김태평은 나중전이 매매잔대금을 지급하지 않자 나중전 명의로 소유권이전등기를 해주지 않고 있는데 나중전이 매매대금을 지급하면 언제든지 소유권이전등기를 경료해 줄 수 있도록 소유권이전등기신청에 필요한 서류를 미리 갖추어 놓고 있는 중이다. 한편 이 사건 부동산은 나윤수가 1993.4.1.부터 지금까지 자주점유하고 있는 상태이다.

문 제

지금시점에서 이 사건 부동산에 대한 권리관계가 어떻게 되는지에 대해 논거를 제시하며 설명하시오.

9문 :

추가된 사실관계(앞에서 본 모든 추가사실과 별개임)

이 사건 부동산은 원래 고형식 소유 부동산이었는데 김태평이 이를 매수한 후 2002.4.1. 위 부동산을 인도받았고 같은 해 4.4. 위 부동산에 대한 소유권이전등기를 경료받았다. 고형식은 이 사건 부동산에 대한 매매계약이 자신의 궁박, 경솔 또는 무경험으로 인하여 현저하게 공정을 잃은 계약이라며 무효를 주장하고 있는데 매매계약 체결당시의 정황과 사정을 고려해 볼 때 이 사건 계약이 불공정한 법률행위임에 틀림없는 것으로 밝혀졌다. 한편 나중전은 2011.5.31. 이 사건 부동산에 대한 잔대금을 지급하면서 위 부동산을 김태평으로부터 인도받았고, 2011.6.4. 이 사건 부동산에 관하여 2011.1.3.자 매매를 원인으로 한 소유권이전등기를 경료받았다.

문 제

지금시점에서 이 사건 부동산에 대한 권리관계가 어떻게 되는지에 대해 논거를 제시하며 설명하시오.

10문 :

추가된 사실관계(앞에서 본 모든 추가사실과 별개임)

나중전은 김태평에게 이 사건 부동산의 매매잔금을 모두 지급하고 2011.6.1. 자신 명의의 소유권이전등기를 경료한 후, 위 부동산 지상에 5층 규모의 근린상가건물을 축조하던 중 2층까지 공사를 마친 상태에서 경제적인 어려움으로 인해 더 이상 공사를 진행할 수 없게 됨에 따라 건축 중인 건물을 현원빈에게 매도하였다. 현원빈은 건축 중인 건물을 인수한 후 건축주 명의변경을 하고 공사를 계속 진행시켜 최근에 건물을 완공시켰다. 현원빈에 의해 완성된 건물은 아직 소유권보존등기가 경료되지 아니한 상태로서 미등기 상태이다.

문 제

지금시점에서 완공된 건물 중 1,2층 부분의 소유관계가 어떻게 되는지에 대해 논거를 제시하며 설명하시오.

(사례형 문제 예시Ⅱ)

공통된 기초사실

박시원과 민채원은 2012.3.3. 박시원이 민채원에게 청주시 흥덕구 성화동 1821-12 전 270㎡ 부동산(이하 이사건 부동산이라 함)을 매매대금 1억원에 매도하되, 계약금 1000만원은 계약 당일에 지급받고, 중도금 4000만원은 2012.5.3.까지 지급받으며, 잔대금 5000만원은 2012.8.3.까지 지급받기로 하는 내용의 매매계약(이하 이건 매매계약이라 함)을 체결하였고, 계약 내용에 따라 박시원은 민채원으로부터 계약일에 1000만원을, 2012.5.3.에 중도금 4000만원을, 2012.12.6.에 잔금으로 금5000만원을 각 지급받았다.

1문 :

추가된 사실관계

이 사건 부동산은 1964.1.18. 우장현 명의로 소유권보존등기가 경료되었다가 1982.7.11. 단양우씨 통정랑공파에게 1982.7.1. 명의신탁해지를 원인으로 한 소유권이전등기가 경료되었고, 2003.12.17. 박시원에게 2003.5.2. 매매를 원인으로 한 소유권이전등기가 경료되었으며, 2012.12.10. 민채원에게 2012.3.3. 매매를 원인으로 한 소유권이전등기가 경료되었다. 우장현은 단양우씨 통정랑공파와 명의신탁약정을 한 1964.1.10. 이래 계속하여 위 부동산에 농작물을 경작해 오다 2003.5.17. 박시원에게 이 사건 부동산을 인도하였고, 박시원은 2012.12.6. 이 사건 부동산을 민채원에게 인도하였으며, 현재 민채원이 이 사건 부동산을 경작하고 있다. 단양우씨 통정랑공파는 종중회의 없이 종중의 대표자인 우성식이 이 사건 부동산을 처분한 것이고 박시원은 그러한 사실을 알지 못한 채 이 사건 부동산을 매수한 것이다. 우성식은 이 사건 부동산을 처분한 것에 대해 배임죄로 징역2년 형을 선고받아 청주교도소에서 복역하였다.

문 제

이 사건 부동산의 권리관계는 어떻게 되는가에 대해 논거와 함께 서술하시오.

2문 :

추가된 사실관계(1문의 추가사실과 별개임)

이 사건 부동산은 박시원이 2012.12.8. 민채원에게 소유권이전등기(청주지방법원 2012.12.8.접수 제38217호)를 경료해 주었다. 한편 한대한은 이 사건 부동산과 인접한 청주시 흥덕구 성화동 1821-10 전 3,600제곱미터를 1991.7.12. 김중국으로부터 매수한 바 있는데 이 사건 토지가 자신이 매수한 토지에 포함되었다고 착각하고 이 사건 토지를 그 시경부터 지금까지 경작해 오고 있다.

문 제

이 사건 부동산의 권리관계는 어떻게 되는가에 대해 논거와 함께 서술하시오.

3문 :

추가된 사실관계(앞서 본 추가사실들과 별개임)

이 사건 부동산은 2011.1.1. 국토교통부장관에 의해 국토의계획및이용에관한법률 제117조 상의 토지거래허가구역으로 지정된 바 있고, 박시원은 이 사건 부동산을 2010.6.3. 단양우씨 통정랑공파 종중으로부터 매수하여 소유권이전등기를 경료해 오지 않고 점유만 이전받은 상태다. 민채원은 단양우씨 통정랑공파 종중과 박시원의 동의 아래 위 종중과 민채원을 이 사건 부동산에 관한 매매당사자로 하는 토지거래허가를 받은 후 자신 앞으로 소유권이전등기를 경료하였다.

문 제

이 사건 당사자들의 권리관계에 대해 논거를 제시하며 설명하시오.

4문 :

추가된 사실관계(앞서 본 추가사실들과 별개임)

이 사건 부동산은 2012.12.28. 민채원 명의로 소유권이전등기가 경료되었다. 한편 이 사건 부동산은 원래 나정숙 소유 부동산이었는데 나정숙의 동거인인 박시원이 나정숙의 대리인으로 민채원과 매매계약을 체결하였고, 민채원에게 소유권이전등기를 경료한 것이다. 원래 나정숙과 박시원은 동거하는 사이였는데 나정숙이 뇌졸중으로 쓰러져 충북대학교병원에서 수술을 받고 입원치료를 받게 되자 치료비를 마련한다는 명목으로 박시원이 나정숙의 위임 없이 이 사건 부동산을 민채원에게 매도한 것이다. 박시원은 안방 장롱서랍에 있던 나정숙의 인감도장과 주민등록증을 꺼내어 소지한 후 이를 이용하여 나정숙의 대리인이라며 민채원과 매매계약을 체결한 것인데 민채원은 박시원이 나정숙의 인감도장과 주민등록증을 소지하고 있었으므로 당연히 나정숙의 대리인이라고 생각을 하고 매매계약을 체결하였던 것이다. 민채원은 믿고 매매계약을 체결한 것이므로 박시원이 매매계약에 관한 대리권을 수여받았는지에 대한 확인은 전혀 하지 아니 하였다. 나정숙은 2013.5.2. 유족으로 아들인 김태평을 남기고 사망하였다.

문 제

이 사건 부동산의 권리관계에 대해 논거를 제시하며 설명하시오.

5문 :

추가된 사실관계(앞서 본 추가사실들과 별개임)

민채원은 2012.12.6. 이 사건 부동산을 박시원으로부터 인도받고 위 부동산에 대한 소유권이전등기를 2012.12.28. 경료하였다. 민채원은 위 부동산에 비닐하우스를 지어 오이를 비롯한 야채를 경작해오고 있다. 이 사건 부동산의 현재시가는 3억5000만원 정도이고 돈에 대한 이자는 연5% 정도이며 이 사건 부동산의 월 임료는 50만원 정도이다. 이 사건부동산에 관한 매매계약은 박시원이 무경험상태에서 경솔하게 체결한 것으로서 현저하게 공정을 잃은 법률행위라는 것이 증명되는데, 이 점에 대하여 민채원은 아무런 인식이 없이 위 부동산의 가격이 저렴하였기에 위 부동산을 매수하였던 것이다.

문 제

이 사건 당사자 사이의 권리관계에 대해 논거를 제시하며 설명하시오.

(사례형 문제 예시Ⅲ)

공통된 기초사실

청주시 상당구 영운동 1178-12 대 660제곱미터에 관한 부동산등기부에는 김대한이 청주지방법원 동청주등기소 2012.11.18. 접수 제23161호로 소유권이전등기를 경료한 것으로 기재되어 있고, 그 등기원인은 2012.5.1.매매로 되어 있으며, 선행 소유자는 윤화란으로 되어 있다.

한편, 위 부동산에 대한 부동산등기부에 의하면 2013.3.6. 가압류등기가 경료되었는데 가압류 채권자는 이태국이고 청구금액은 5000만원인 것으로 기재되어 있고, 청주지방법원 동청주등기소 2012.7.11. 접수 제 17211호로 2012.7.10. 설정계약을 원인으로 한 전세권설정등기가 되어 있는데 전세권자는 류영국, 전세금은 1억원, 존속기간은 2015.7.10.인 것으로 기재되어 있으며, 청주지방법원 동청주등기소 2013.5.8. 접수 제 9213호로 2013.5.4. 설정계약을 원인으로 한 저당권설정등기가 되어 있는데 저당권자는 최중국, 채권금액은 1억원인 것으로 기재되어 있다.

1문 :

추가된 사실관계

고위공직자인 오미국은 2012년 4월 중순경 자신의 처남인 김대한에게 윤화란 소유의 위 부동산을 매입했으면 좋겠는데 자신의 이름으로 매입을 하면 고위공직자가 투기를 하였다는 오해를 살 우려가 있으니 김대한 명의로 부동산을 매입해 달라고 부탁을 하였고 김대한은 오미국의 청을 받아들이기로 하였다. 김대한은 2012.5.1. 윤화란과 위 부동산에 관한 매매계약을 체결하였고 오미국이 보내준 돈 5억원으로 매매대금(계약일에 계약금으로 5000만원, 2012.11.15. 중도금 및 잔금으로 4억5000만원을 오미국으로부터 전달받아 윤화란에게 지급함)을 지급하였는데 윤화란은 매매계약체결 당시만 해도 김대한이 오미국을 위해 계약을 체결한다는 사실을 알지 못한 채 매매계약서상의 매수인 명의가 김대한이었기에 당연히 김대한이 위 부동산을 매수하는 것이려니 생각하였다. 윤화란은 최근에 오미국이 찾아와 위 부동산의 실제 소유자는 자신이라는 얘기를 하는 것을 듣고 그간의 정황을 알 수 있었다.

문 제

김대한, 오미국, 윤화란의 권리관계는 어떻게 되는가에 대해 논거와 함께 서술하시오.

2문 :

추가된 사실관계(앞서 본 추가사실의 연속임)

최중국은 2013.5.4. 한 달만 사용하겠다는 김대한에게 무이자로 금1억원을 대여하면서 저당권설정등기를 하였던 것인데 김대한이 만기까지 대여금을 변제하지 않자 2013.6.8. 위 부동산에 대하여 경매신청을 하였고, 2013.6.13. 경매개시결정이 있었으며, 2013.8.2. 문월남이 매각대금 5억원을 완납하였고, 2013.8.8. 문월남에게 소유권 이전등기가 경료되었다.

문 제

문월남, 류영국, 이태국, 김대한, 최중국, 오미국의 권리관계는 어떻게 되는가에 대해 논거와 함께 서술하시오.

3문 :

추가된 사실관계(앞서 본 추가사실과 별개임)

한수아는 위 부동산에 관하여 청주지방법원 동청주등기소 2013.5.18. 접수 제 18121호로 2013.5.18. 설정계약을 원인으로 한 저당권설정등기를 경료했는데 저당권자는 한수아, 채권금액은 1억원이다.
한편, 최중국은 위 채권을 담보하기 위하여 위 부동산 이외에 노병수 소유의 청주시 흥덕구 개신동 1123 대 120 제곱미터에도 저당권설정등기(공동저당)를 경료했는데 그 등기는 청주지방법원 2013.5.8. 접수 제15231호로 저당권자는 최중국, 채권금액은 1억이다. 위 부동산에는 다른 제한물권 및 가압류등기는 없는 상태이다.
이태국은 2013.1.3. 한 달만 사용하겠다는 김대한에게 무이자로 5000만원을 대여하였는데 김대한이 변제기까지 변제하지 않자 김대한에 대해 지급명령신청을 하였고, 김대한이 이의신청을 하지 않음으로써 지급명령이 확정되었다. 이태국은 2013.7.15. 가압류한 부동산에 대해 강제경매신청을 하였는데 2013.7.28. 경매개시결정이 있었고, 최고매수신고를 한 문월남이 2013.8.12. 3억원의 매각대금을 완납하였고 2013.8.30. 문월남에게로 소유권이전등기가 경료되었다.
한편, 류영국은 권리관계가 복잡한 것이 싫다며 전세권의 소멸을 바라고 있다.

문 제

문월남, 류영국, 이태국, 김대한, 최중국, 한수아, 노병수의 권리관계는 어떻게 되는가에 대해 논거와 함께 서술하시오.

오 지 용

학　력 1981년 청주고등학교 졸업
1988년 경희대학교 졸업(법학사)
2002년 경희대학교 국제법무대학원 졸업(법학석사)
2010년 청주대학교 대학원 졸업(법학박사)

약　력 1987년 제29회 사법시험 합격
1990년 사법연수원 수료(19기)
1990년-2006년 경희법무법인 변호사
2006년 이래 현재 충북대학교 법과대학 · 법학전문대학원 교수

저　서 손해배상의 이론과 실무(동방문화사)
불법행위의 법리(진원사)
법문서작성요강(디비북스)
민사기록연습(디비북스)

주요논문 새로운 손해배상산정방식의 모색
계약책임에 있어서의 비용배상
자동차 임의대인배상보험의 보험사고
상호명의신탁적 구분소유관계에 관한 소고
요건사실로서의 운행에 관한 소고
대리운전에 있어 운행자성과 타인성의 판단기준
무보험자동차에 의한 상해보험의 중복보험규정 적용여부에 관한 고찰

물권이야기

지은이 / 오 지 용　　**인쇄** / 2015. 01. 05
펴낸이 / 조 형 근　　**발행** / 2015. 01. 05
펴낸곳 / 도서출판 동방문화사

주　소 / 서울시 서초구 방배동 905-16. 101호
전　화 / 02)3473-7294　　**팩　스** / (02)587-7294
메　일 / 34737294@hanmail.net　　**등　록** / 서울 제22-1433호

저자와의 합의, 인지생략

파본은 바꿔 드립니다.

정　가 / 26,000원
ISBN 978-89-97569-82-3 93360